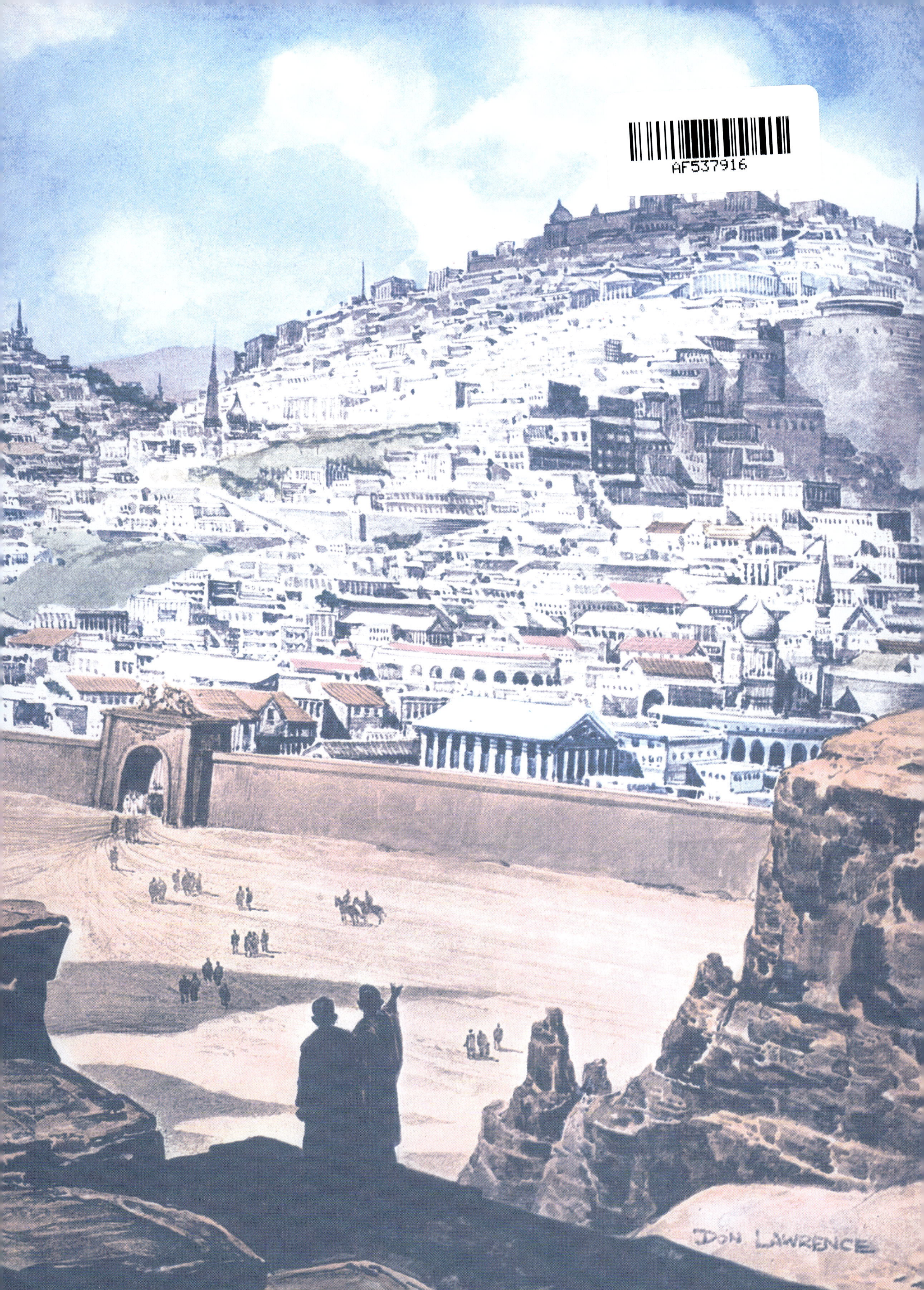
DON LAWRENCE

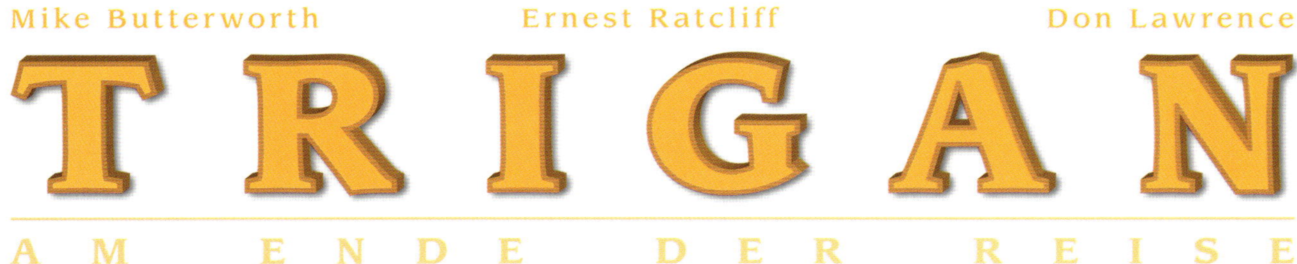
Mike Butterworth
Ernest Ratcliff
Don Lawrence
TRIGAN
AM ENDE DER REISE

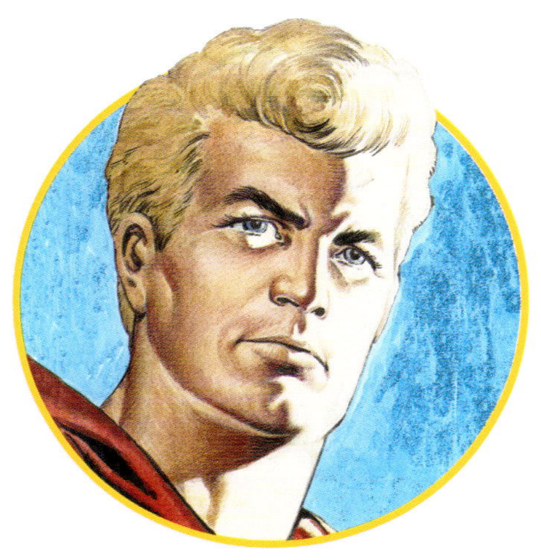

Band 18

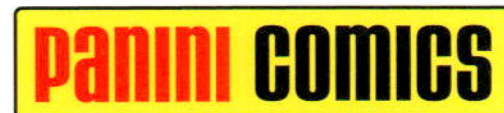
Panini Comics

Umschlagabbildung:
Cover des Buchs Trigië: De werelden van Don Lawrence, *Big Balloon 1998.*

Abbildungen Seite 3 und 4:
Innenillustration der Trigië*-Neuausgabe von Big Balloon 1992 und*
Cover-Illustration von Tales from the Trigan Empire, *Hawk Books 1989.*

TRIGAN, BAND 18 – Am Ende der Reise

Bibliografische Information der Deutschen Nationalbibliothek:
Die Deutsche Nationalbibliothek verzeichnet diese Publikation in der Deutschen Nationalbibliografie;
detaillierte bibliografische Daten sind im Internet über http://dnb.d-nb.de abrufbar.

Dieses Buch wurde auf chlorfreiem, umweltfreundlich hergestellten Papier gedruckt.

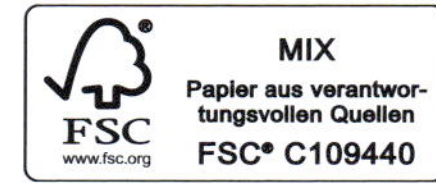

Deutsche Ausgabe:
Panini Verlags GmbH, Rotebühlstraße 87, 70178 Stuttgart

Geschäftsführer: Hermann Paul
Head of Editorial: Jo Löffler
Redaktion: Jonah Tabéh, Alexander Bubenheimer, Uwe Peter, Sonja Gebauer
Übersetzung: Susie Picard, Uwe Peter
Head of Marketing: Holger Wiest
Marketing & Kooperationen: Rebecca Haar (E-Mail: marketing@panini.de)
Layout & Satz: LetterFactory, Dortmund
Druck: Liberdúplex, Barcelona
Presse & PR: Steffen Volkmer

Printed in Spain

YDTRIG018

ISBN 978-3-7416-1248-0
1. Auflage, Juli 2019

Finden Sie uns im Netz:

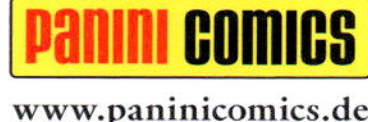

www.paninicomics.de

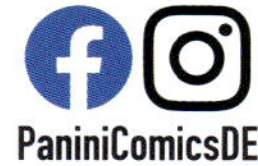

„Bei den Sternen!“

Herzlich willkommen, liebe *Trigan*-Fans, zum Abschlussband unserer Albenreihe über Aufstieg und Untergang des Kaiserreichs Trigan.

Vor ziemlich genau vier Jahren haben wir die so aufregende wie fantastische Reise zum entfernten Planeten Elekton begonnen, die nun mit dem vorliegenden Band 18 ihr Ende findet.

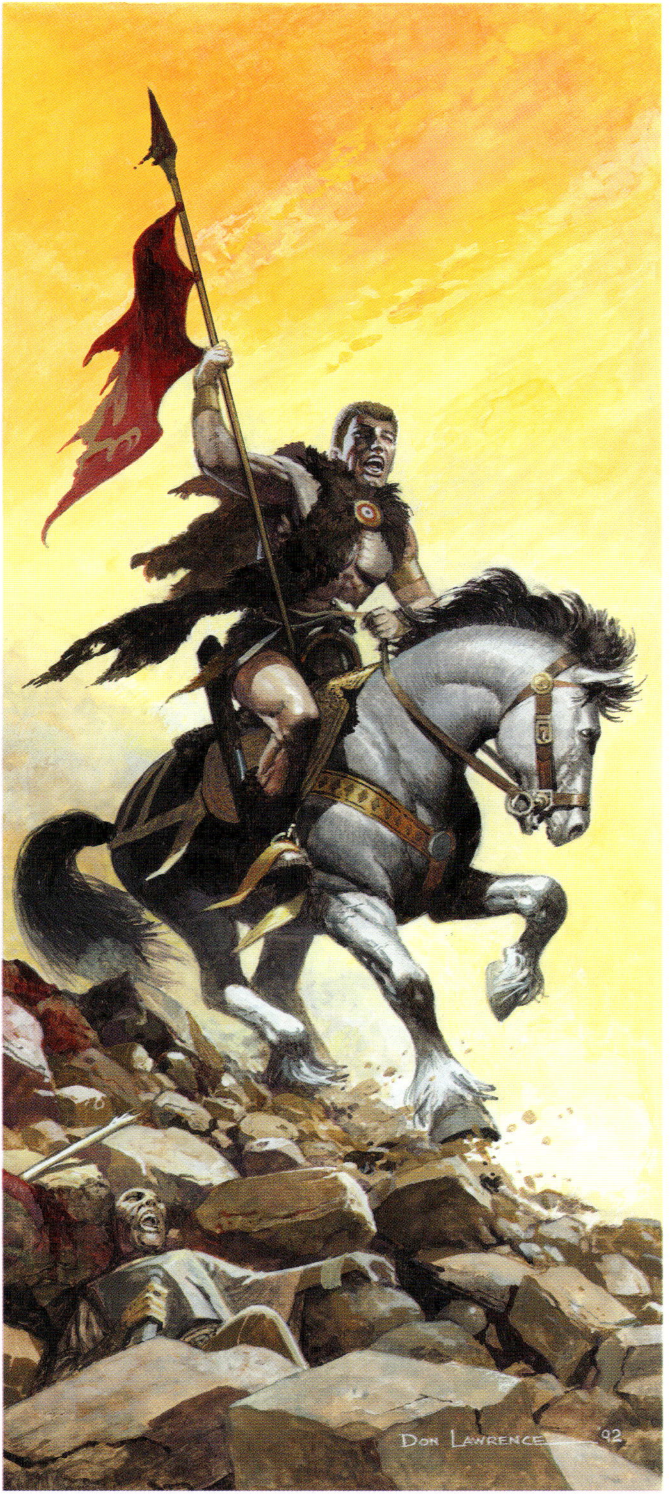

Erklärtes Ziel dieser Kollektion war es, sämtliches *Trigan*-Material aus der Feder des Altmeisters Don Lawrence in einer durchgängigen, kommentierten Edition in Deutschland zur Verfügung zu stellen, dabei aber die Chronologie der *Trigan*-Saga nicht außer Acht zu lassen. Ein Umstand, der dazu geführt hat, dass auch Werke von Ron Embleton, Miguel Quesada und Philip Corke mit in die Reihe eingeflossen sind, die im Zeitraum von Herbst 1967 bis März 1975 aus den verschiedensten Gründen für den *Trigan*-Hauptzeichner eingesprungen waren. Das wiederum hat die Panini-*Trigan*-Kollektion umso reichhaltiger und interessanter gemacht, wie wir finden.

Die eingefleischten *Trigan*-Fans wissen nur zu gut, dass auch nach dem finalen Ausstieg Don Lawrence' im Sommer 1976 in der Folge weitere *Trigan*-Storys das Licht der Sterne erblickt haben, nämlich die Arbeiten von Oliver Frey und Gerry Wood. Tatsächlich hatten wir mit dem Gedanken gespielt, auch diesen Bestandteil der *Trigan*-Historie in unsere Kollektion zu integrieren, allerdings scheiterte das Vorhaben schlicht und einfach an der mangelnden Verfügbarkeit von qualitativ akzeptablen Vorlagen. Von daher setzt Band 18 nun tatsächlich den Schlussakkord, allerdings nicht, ohne euch nochmals ein ganzes Füllhorn an Faszinierendem aus dem *Trigan*-Universum zu präsentieren.

Im finalen Band erwarten euch u. a. eine umfassende, chronologisch geordnete Cover-Galerie, Interviews mit drei Weggefährten Dons, die ihre Erlebnisse mit ihm schildern und faszinierende Einblicke in Leben und Werk des Meisters gestatten. Außerdem haben wir weitere Dossiers für euch parat, ebenso wie eine bislang in Deutschland unveröffentlichte achtseitige *Trigan*-Story aus der Zeichenfeder von Ernest Ratcliff. Darüber hinaus plaudern wir ein bisschen aus dem redaktionellen Nähkästchen mit dem unvergleichlichen Horst Gotta, dem es mehr als einmal gelungen ist, aus eigentlich kaum mehr verwendbarem Ursprungsmaterial den Geist des großen Meisters wieder zum Vorschein zu bringen.

Wir wünschen euch viel Vergnügen mit dem Abschlussband der *Trigan*-Saga und bedanken uns ganz herzlich bei euch für eure Treue!

Die Panini *Trigan*-Redaktion

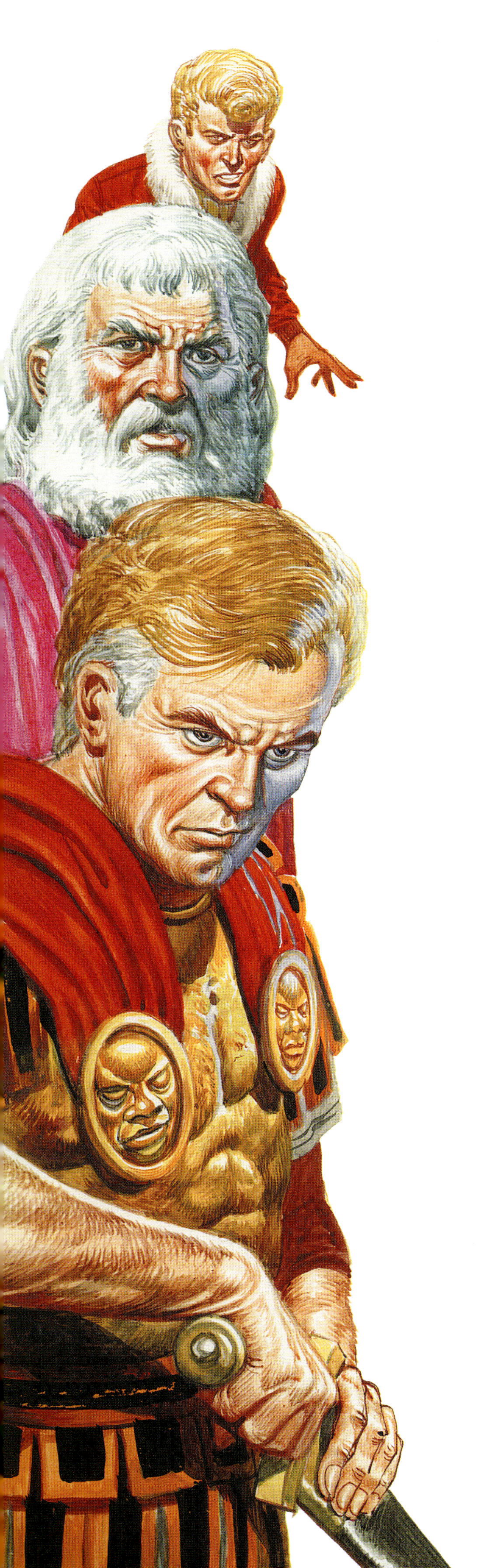

Inhaltsverzeichnis

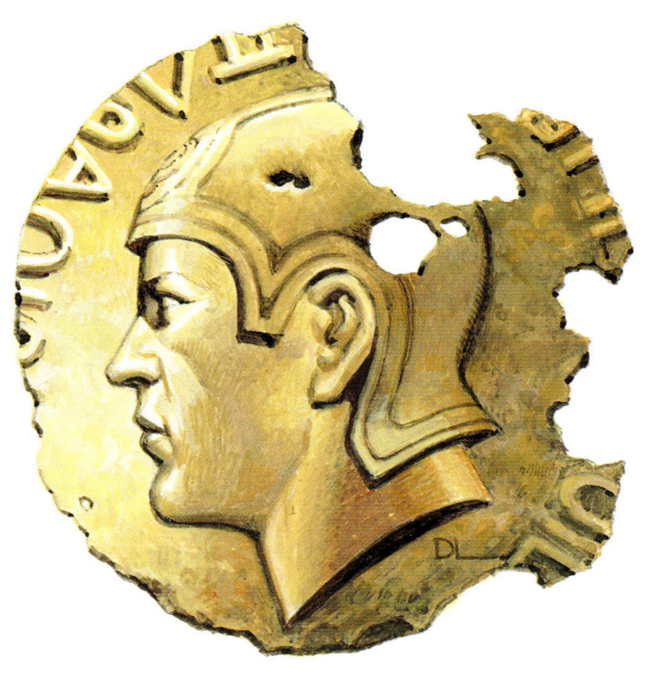

DER RAT DES WEISEN VON VORG

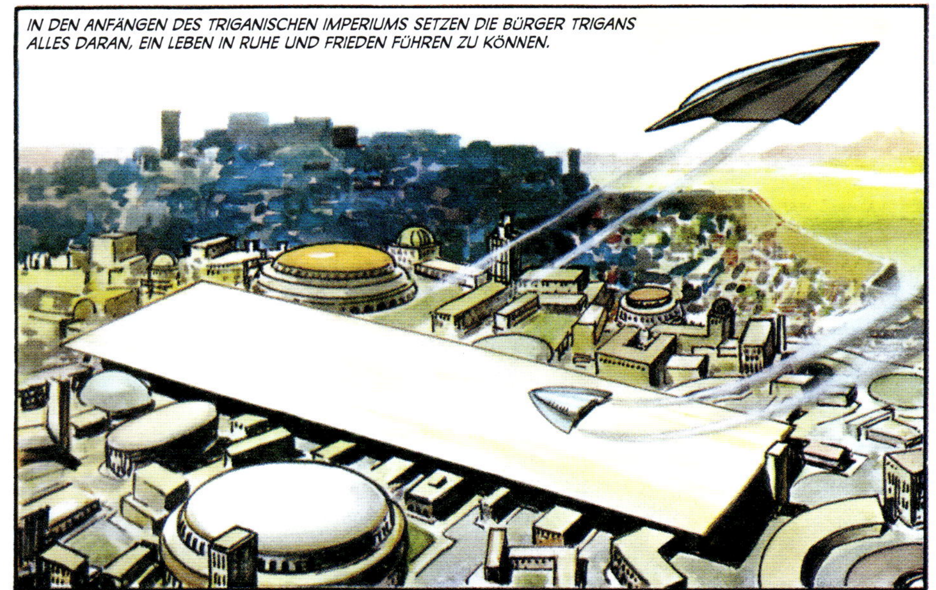

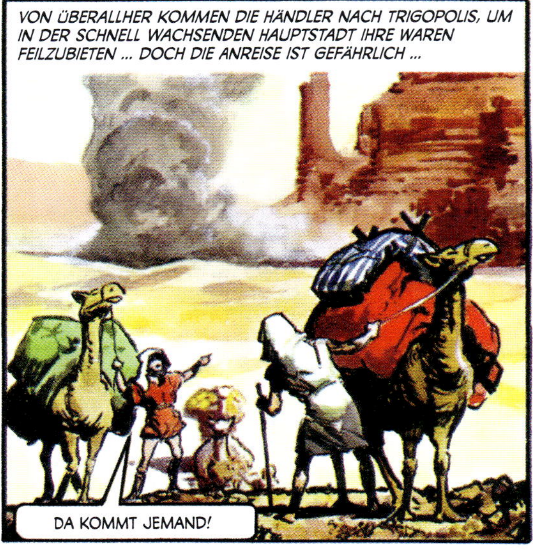

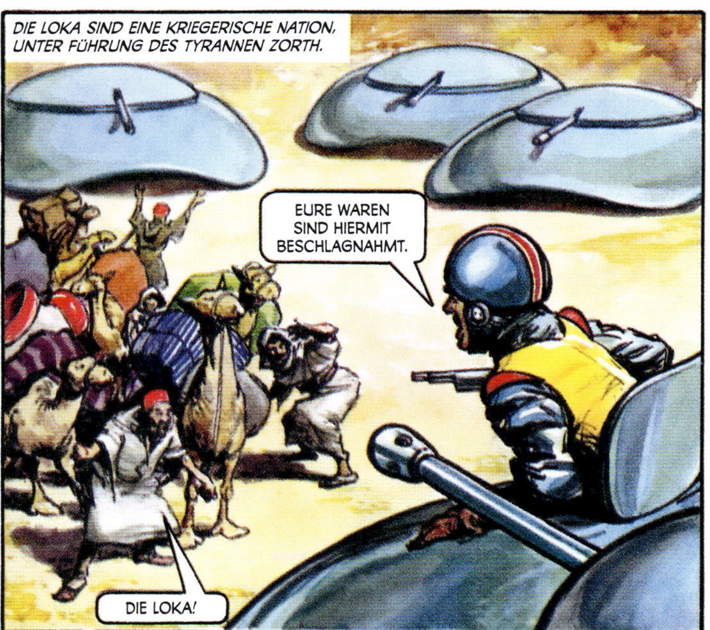

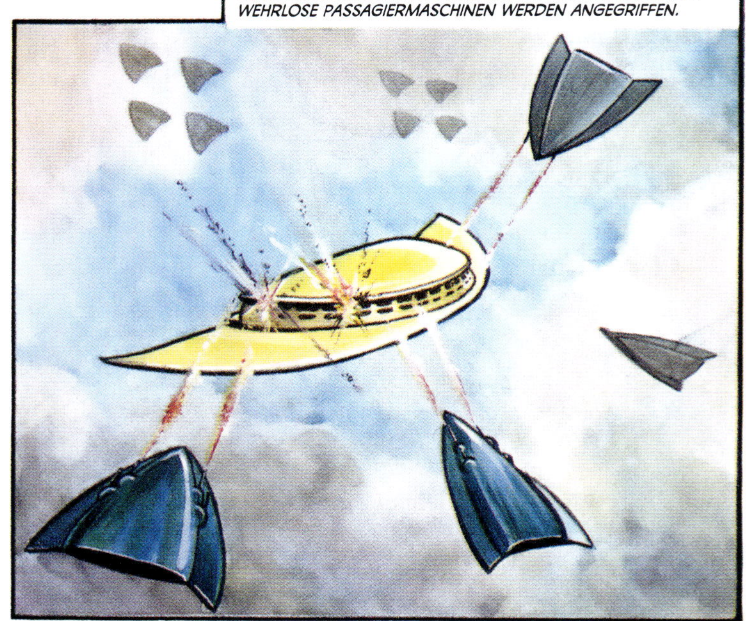

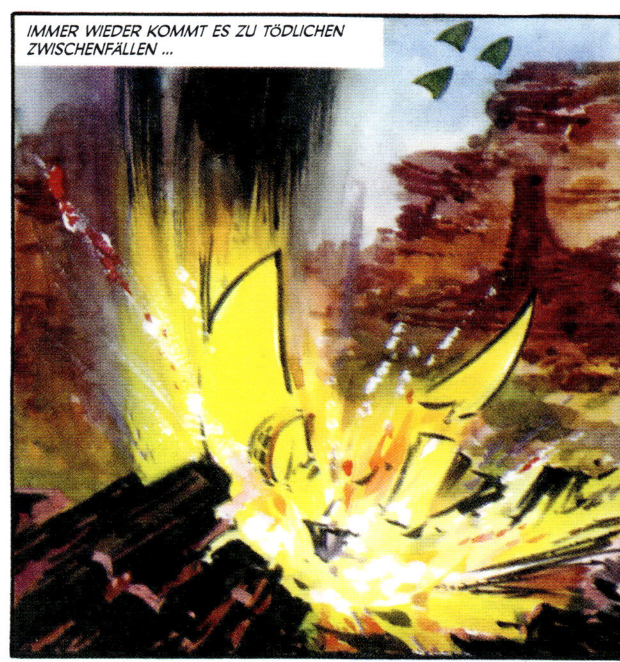

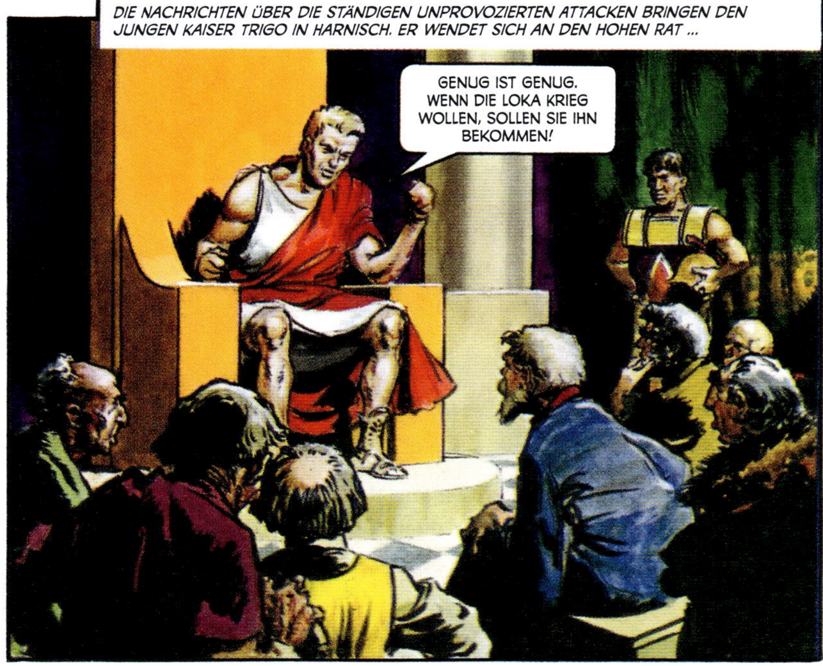

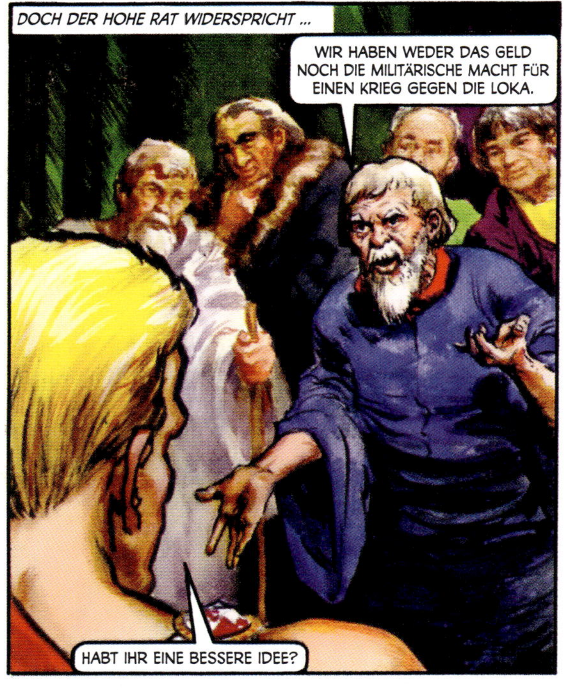
DOCH DER HOHE RAT WIDERSPRICHT ...
WIR HABEN WEDER DAS GELD NOCH DIE MILITÄRISCHE MACHT FÜR EINEN KRIEG GEGEN DIE LOKA.
HABT IHR EINE BESSERE IDEE?

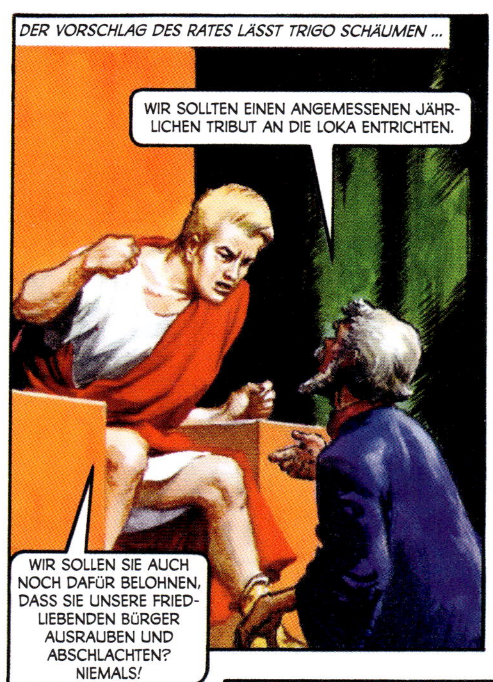
DER VORSCHLAG DES RATES LÄSST TRIGO SCHÄUMEN ...
WIR SOLLTEN EINEN ANGEMESSENEN JÄHRLICHEN TRIBUT AN DIE LOKA ENTRICHTEN.
WIR SOLLEN SIE AUCH NOCH DAFÜR BELOHNEN, DASS SIE UNSERE FRIEDLIEBENDEN BÜRGER AUSRAUBEN UND ABSCHLACHTEN? NIEMALS!

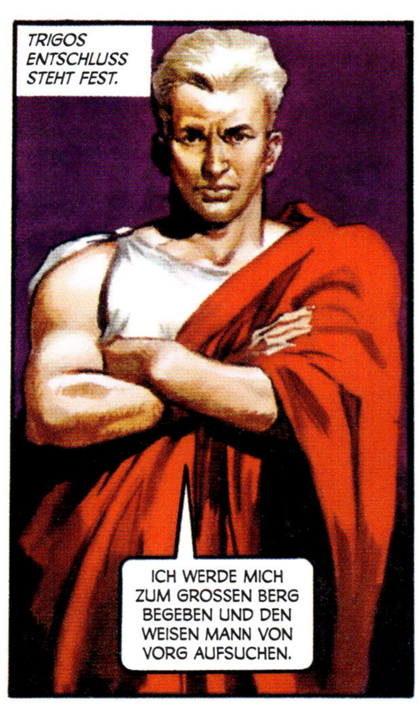
TRIGOS ENTSCHLUSS STEHT FEST.
ICH WERDE MICH ZUM GROSSEN BERG BEGEBEN UND DEN WEISEN MANN VON VORG AUFSUCHEN.

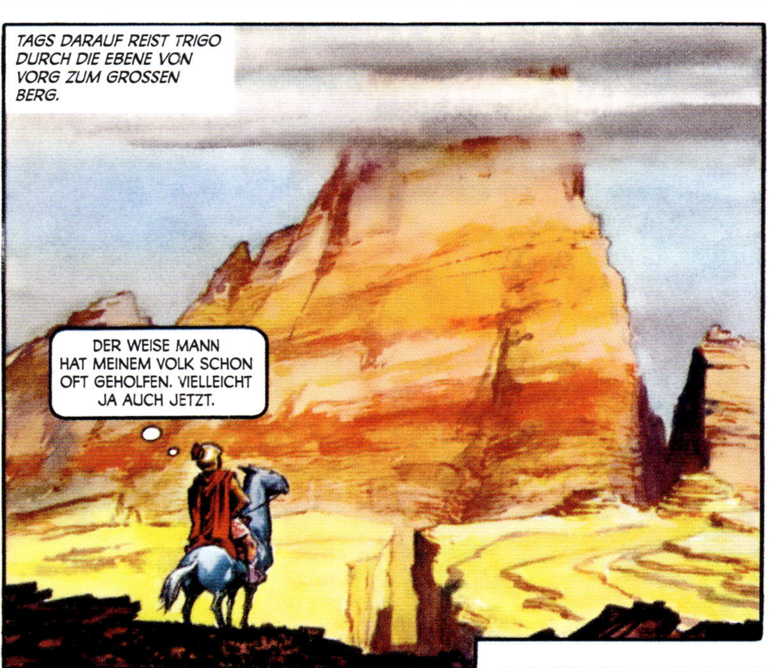
TAGS DARAUF REIST TRIGO DURCH DIE EBENE VON VORG ZUM GROSSEN BERG.
DER WEISE MANN HAT MEINEM VOLK SCHON OFT GEHOLFEN. VIELLEICHT JA AUCH JETZT.

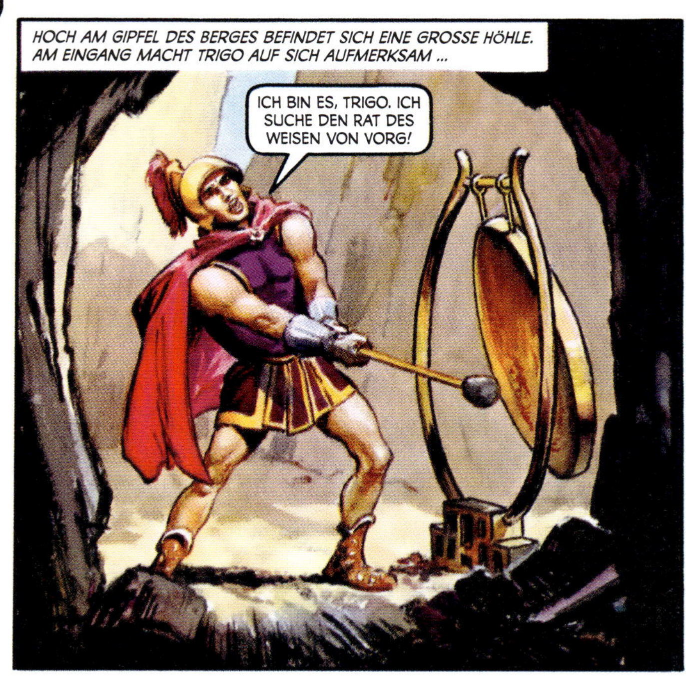
HOCH AM GIPFEL DES BERGES BEFINDET SICH EINE GROSSE HÖHLE. AM EINGANG MACHT TRIGO AUF SICH AUFMERKSAM ...
ICH BIN ES, TRIGO. ICH SUCHE DEN RAT DES WEISEN VON VORG!

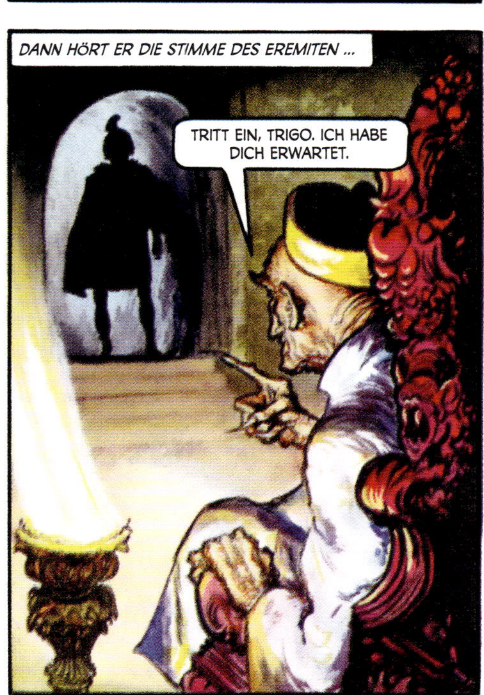
DANN HÖRT ER DIE STIMME DES EREMITEN ...
TRITT EIN, TRIGO. ICH HABE DICH ERWARTET.

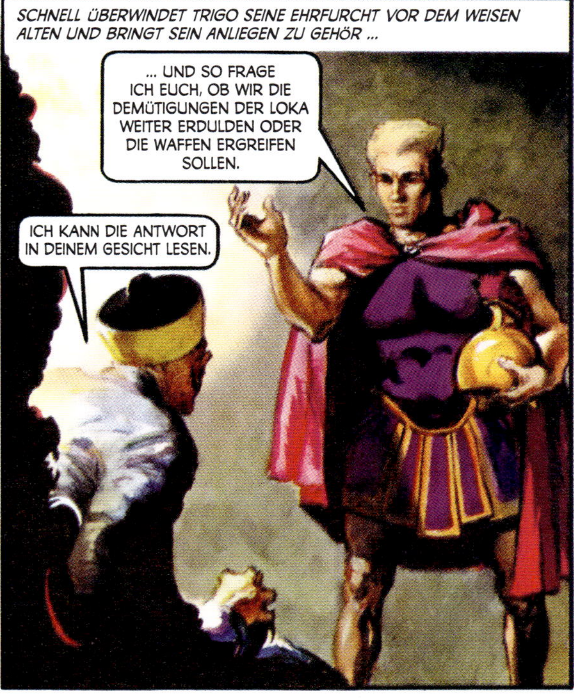
SCHNELL ÜBERWINDET TRIGO SEINE EHRFURCHT VOR DEM WEISEN ALTEN UND BRINGT SEIN ANLIEGEN ZU GEHÖR ...
... UND SO FRAGE ICH EUCH, OB WIR DIE DEMÜTIGUNGEN DER LOKA WEITER ERDULDEN ODER DIE WAFFEN ERGREIFEN SOLLEN.
ICH KANN DIE ANTWORT IN DEINEM GESICHT LESEN.

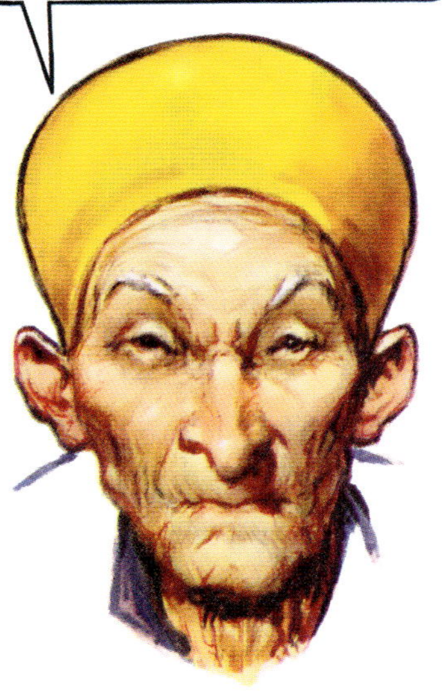
ICH SEHE REITER AUS TRIGOPOLIS IN DIE SCHLACHT ZIEHEN, ICH HÖRE DEN RUF ZU DEN WAFFEN UND ICH KANN TRIUMPHSCHREIE IN DEN STRASSEN DER HAUPTSTADT HÖREN ...

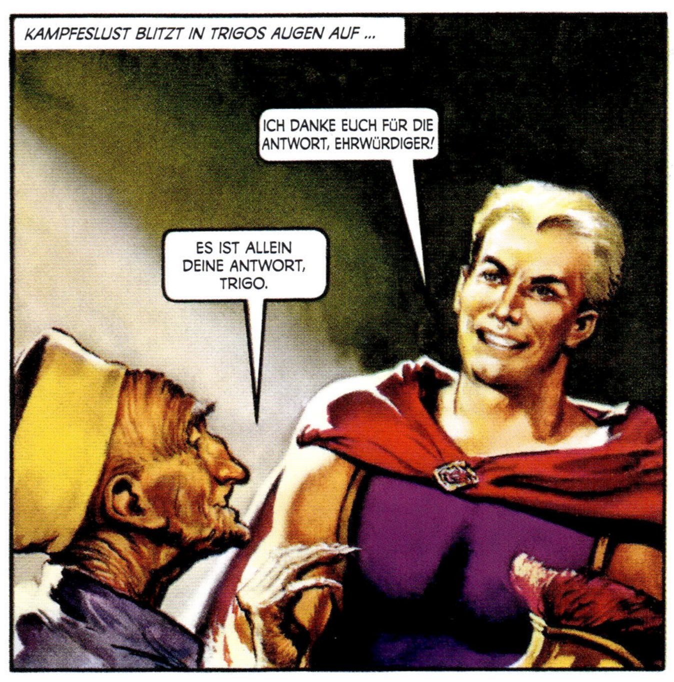
KAMPFESLUST BLITZT IN TRIGOS AUGEN AUF ...
ES IST ALLEIN DEINE ANTWORT, TRIGO.
ICH DANKE EUCH FÜR DIE ANTWORT, EHRWÜRDIGER!

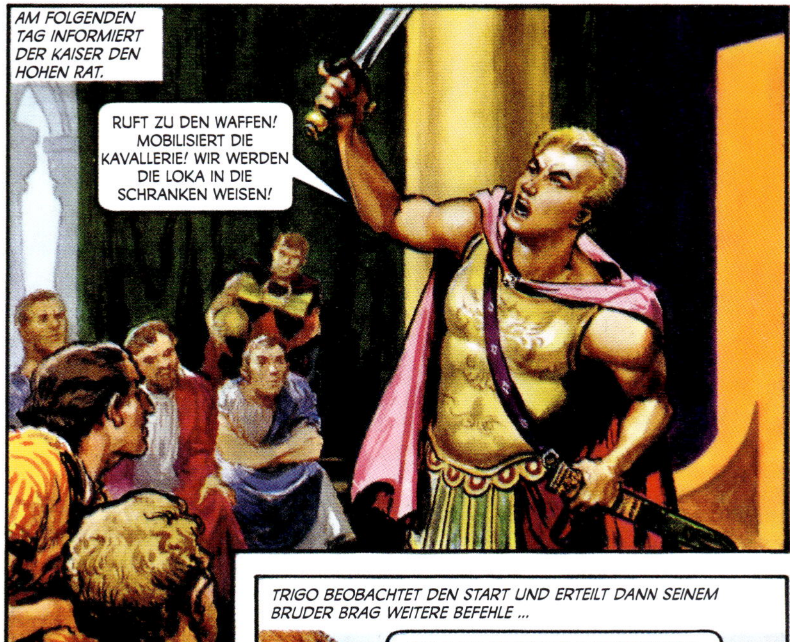
AM FOLGENDEN TAG INFORMIERT DER KAISER DEN HOHEN RAT.
RUFT ZU DEN WAFFEN! MOBILISIERT DIE KAVALLERIE! WIR WERDEN DIE LOKA IN DIE SCHRANKEN WEISEN!

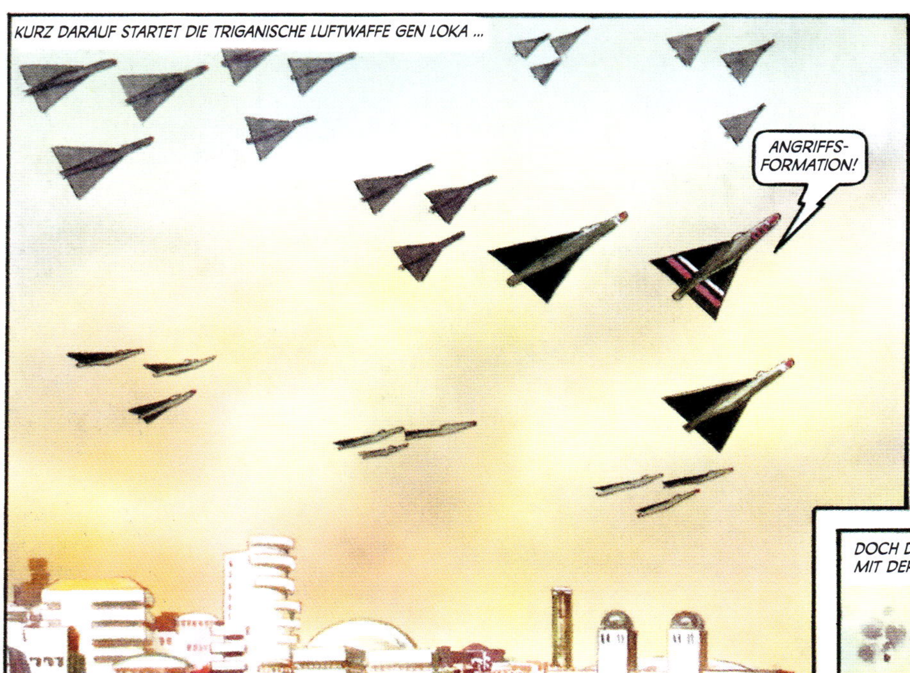
KURZ DARAUF STARTET DIE TRIGANISCHE LUFTWAFFE GEN LOKA ...
ANGRIFFS-FORMATION!

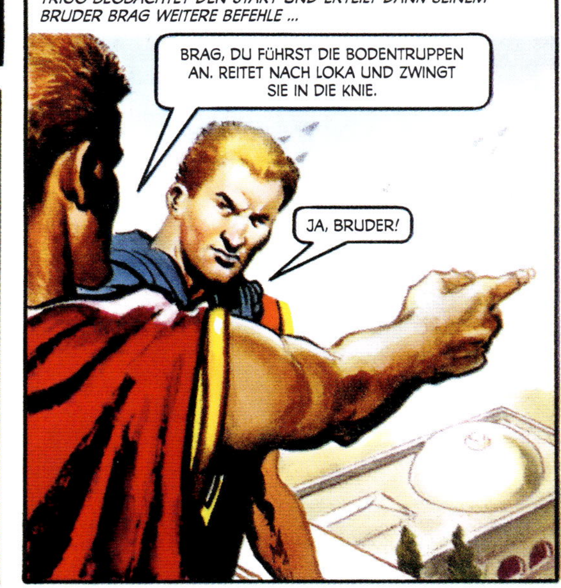
TRIGO BEOBACHTET DEN START UND ERTEILT DANN SEINEM BRUDER BRAG WEITERE BEFEHLE ...
BRAG, DU FÜHRST DIE BODENTRUPPEN AN. REITET NACH LOKA UND ZWINGT SIE IN DIE KNIE.
JA, BRUDER!

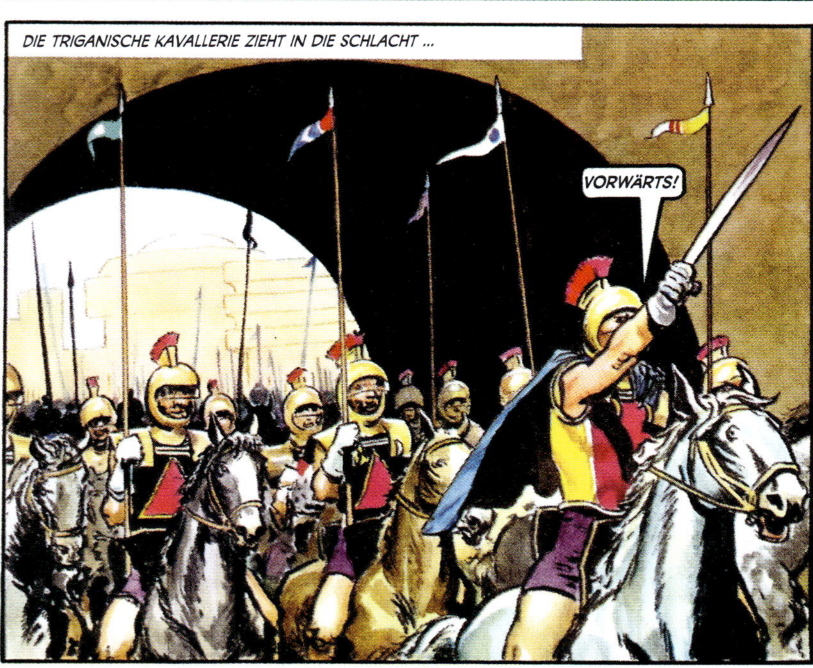
DIE TRIGANISCHE KAVALLERIE ZIEHT IN DIE SCHLACHT ...
VORWÄRTS!

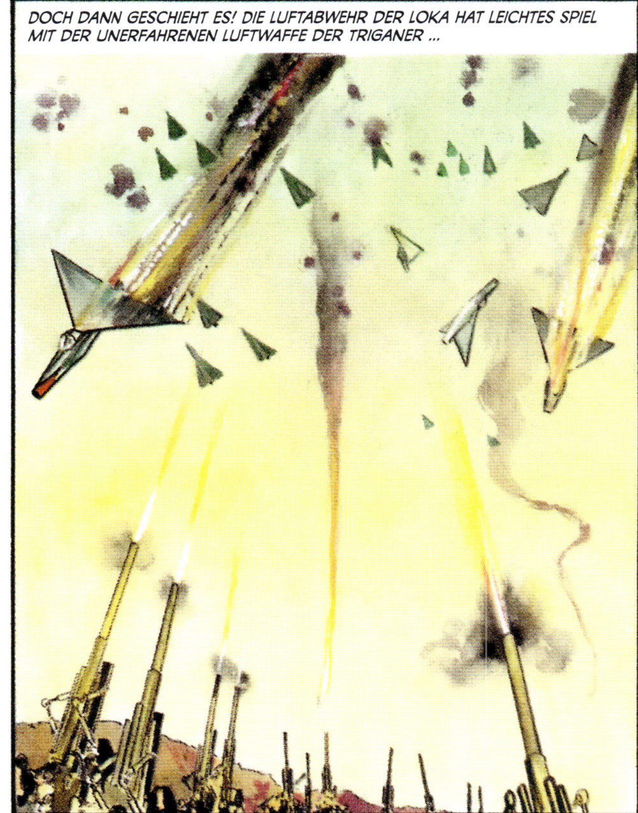
DOCH DANN GESCHIEHT ES! DIE LUFTABWEHR DER LOKA HAT LEICHTES SPIEL MIT DER UNERFAHRENEN LUFTWAFFE DER TRIGANER ...

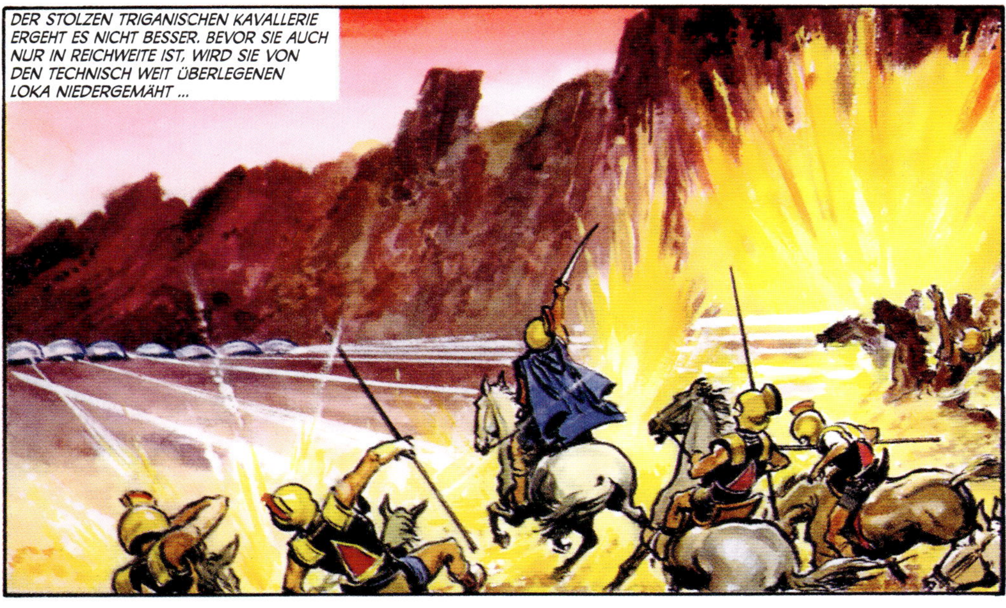

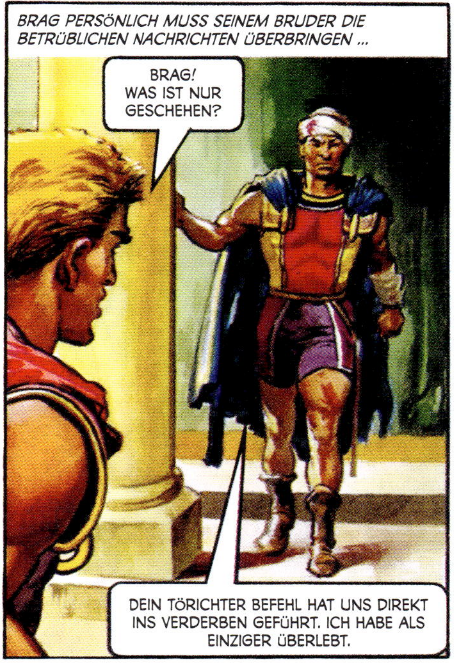

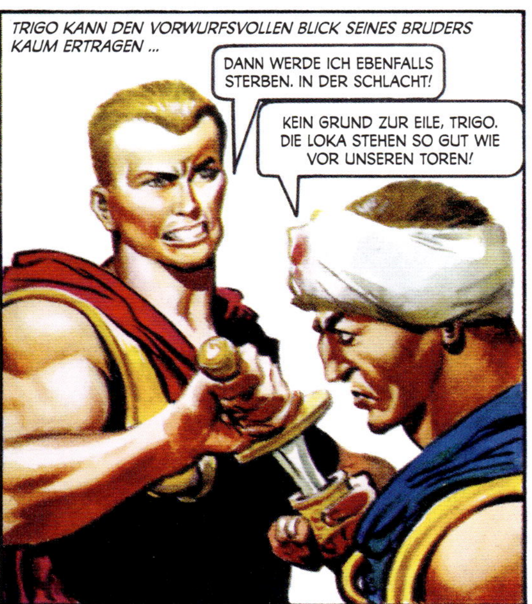

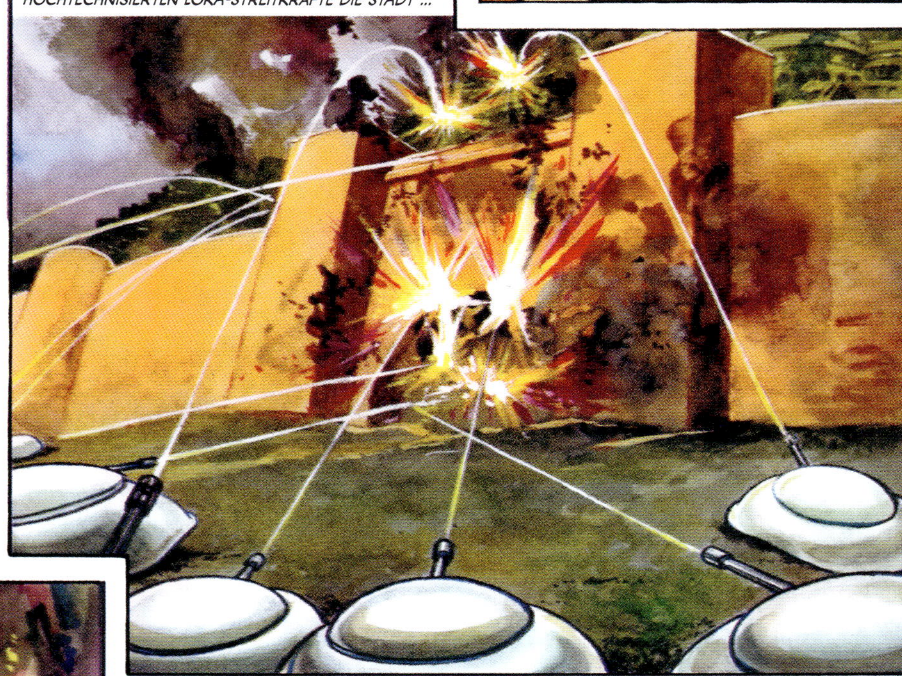

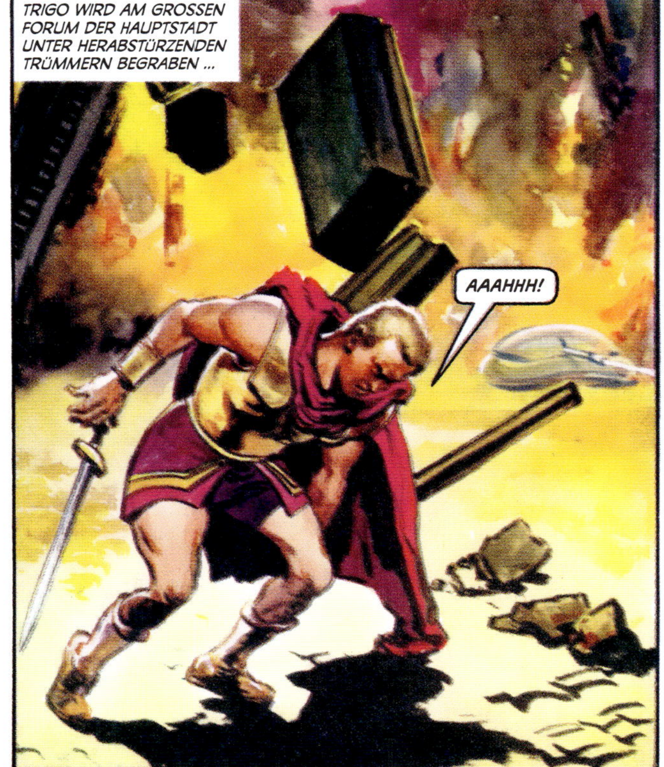

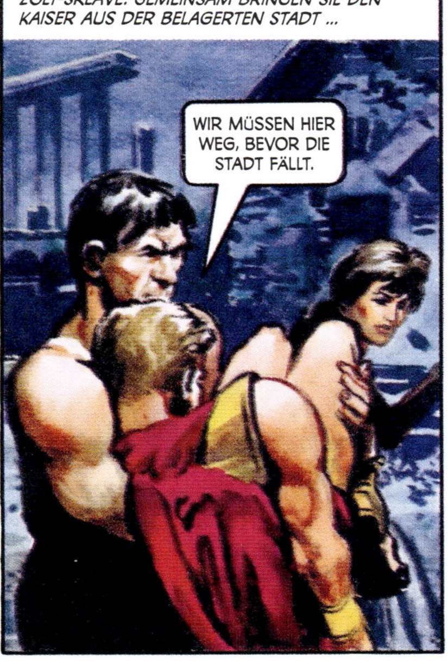

ALS SIE DEN STADTRAND ERREICHEN, HABEN DIE LOKA TRIGOPOLIS BEREITS UNTER IHRE KONTROLLE GEBRACHT. IHR SIEGESGEBRÜLL HALLT DURCH DIE STRASSEN ...

DER WEISE MANN HAT DIE WAHRHEIT GESAGT. TRIUMPH-SCHREIE GELLEN DURCH TRIGOPOLIS. DOCH SIE STAMMEN NICHT VON UNS, SONDERN VON DEN LOKA.

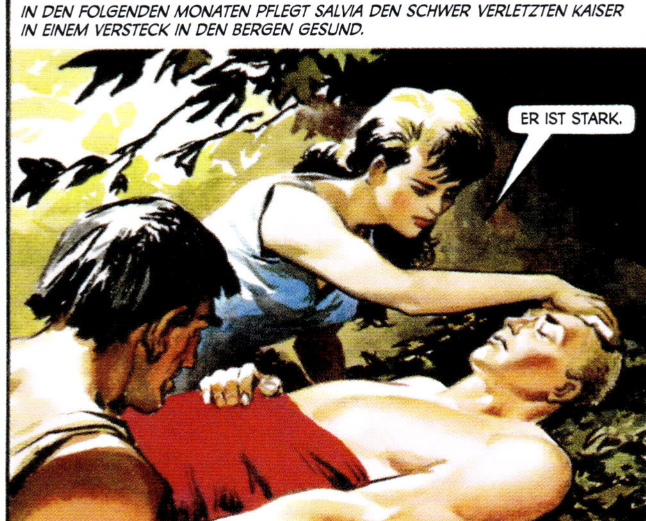
IN DEN FOLGENDEN MONATEN PFLEGT SALVIA DEN SCHWER VERLETZTEN KAISER IN EINEM VERSTECK IN DEN BERGEN GESUND.
ER IST STARK.

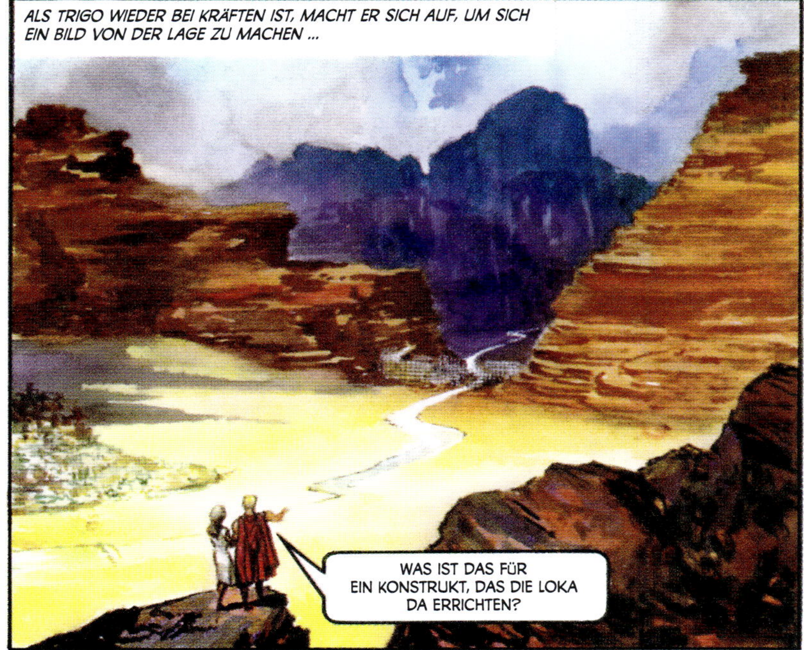
ALS TRIGO WIEDER BEI KRÄFTEN IST, MACHT ER SICH AUF, UM SICH EIN BILD VON DER LAGE ZU MACHEN ...
WAS IST DAS FÜR EIN KONSTRUKT, DAS DIE LOKA DA ERRICHTEN?

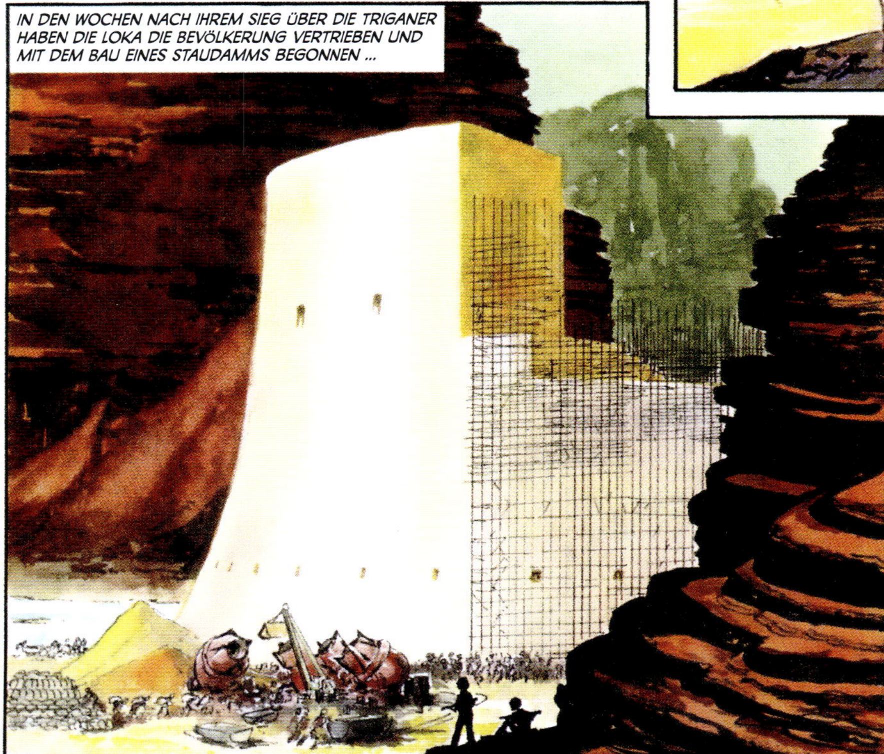
IN DEN WOCHEN NACH IHREM SIEG ÜBER DIE TRIGANER HABEN DIE LOKA DIE BEVÖLKERUNG VERTRIEBEN UND MIT DEM BAU EINES STAUDAMMS BEGONNEN ...

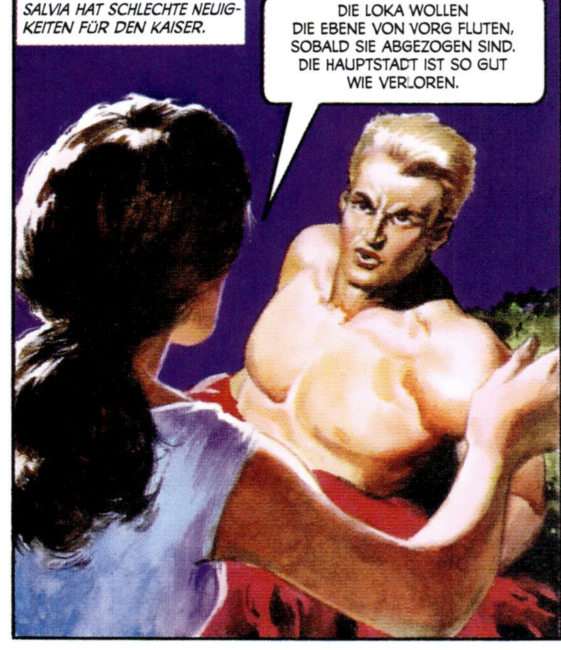
SALVIA HAT SCHLECHTE NEUIGKEITEN FÜR DEN KAISER.
DIE LOKA WOLLEN DIE EBENE VON VORG FLUTEN, SOBALD SIE ABGEZOGEN SIND. DIE HAUPTSTADT IST SO GUT WIE VERLOREN.

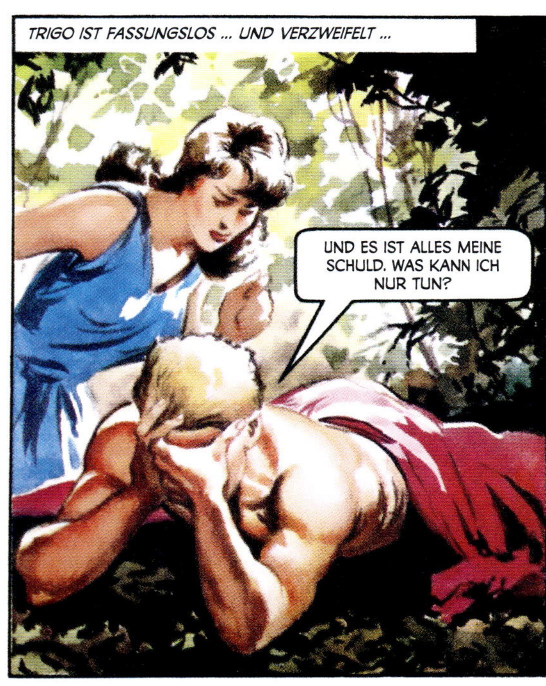
TRIGO IST FASSUNGSLOS ... UND VERZWEIFELT ...
UND ES IST ALLES MEINE SCHULD. WAS KANN ICH NUR TUN?

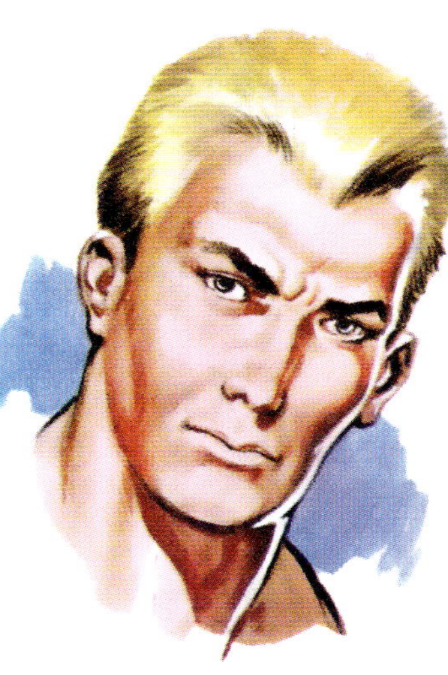
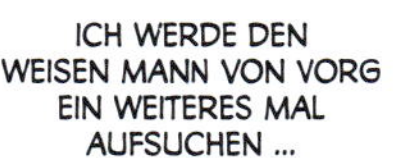
ICH WERDE DEN WEISEN MANN VON VORG EIN WEITERES MAL AUFSUCHEN ...

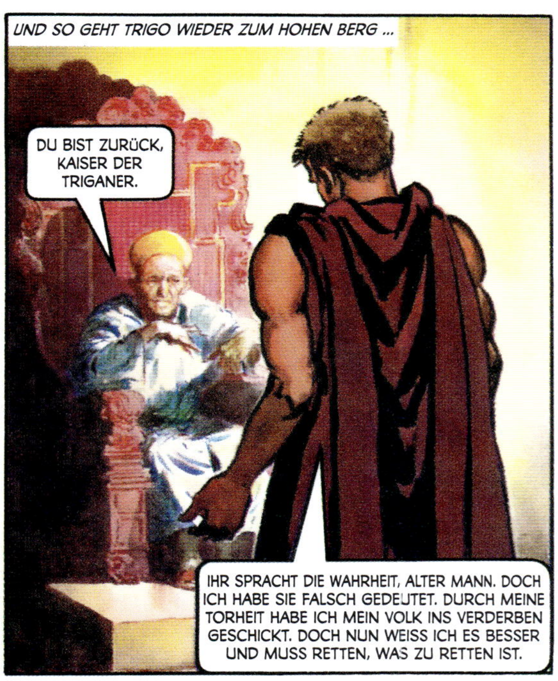
UND SO GEHT TRIGO WIEDER ZUM HOHEN BERG ...
DU BIST ZURÜCK, KAISER DER TRIGANER.
IHR SPRACHT DIE WAHRHEIT, ALTER MANN. DOCH ICH HABE SIE FALSCH GEDEUTET. DURCH MEINE TORHEIT HABE ICH MEIN VOLK INS VERDERBEN GESCHICKT. DOCH NUN WEISS ICH ES BESSER UND MUSS RETTEN, WAS ZU RETTEN IST.

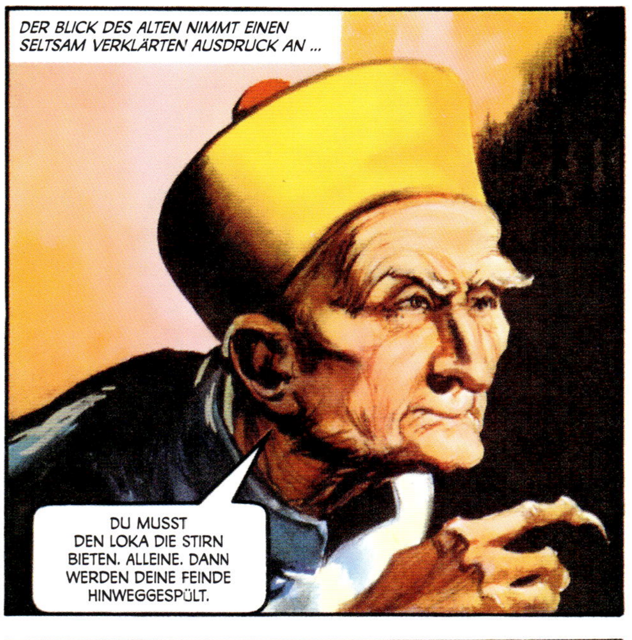
DER BLICK DES ALTEN NIMMT EINEN SELTSAM VERKLÄRTEN AUSDRUCK AN ...
DU MUSST DEN LOKA DIE STIRN BIETEN. ALLEINE. DANN WERDEN DEINE FEINDE HINWEGGESPÜLT.

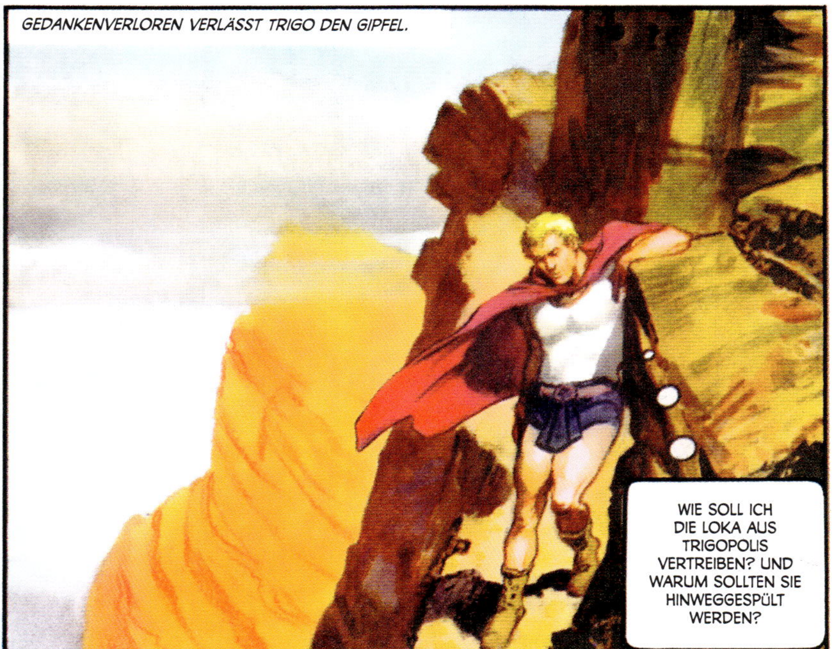
GEDANKENVERLOREN VERLÄSST TRIGO DEN GIPFEL.
WIE SOLL ICH DIE LOKA AUS TRIGOPOLIS VERTREIBEN? UND WARUM SOLLTEN SIE HINWEGGESPÜLT WERDEN?

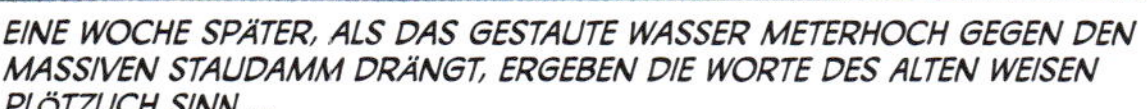
EINE WOCHE SPÄTER, ALS DAS GESTAUTE WASSER METERHOCH GEGEN DEN MASSIVEN STAUDAMM DRÄNGT, ERGEBEN DIE WORTE DES ALTEN WEISEN PLÖTZLICH SINN ...

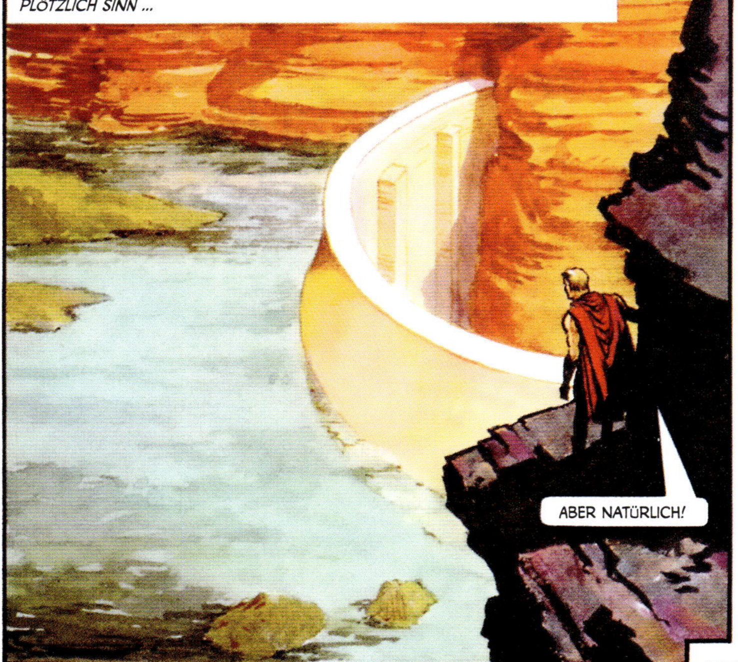
ABER NATÜRLICH!

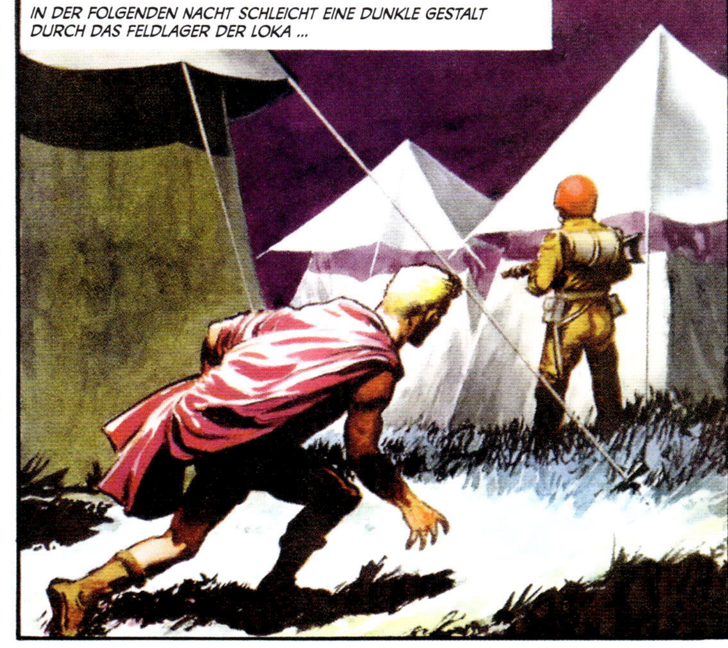
IN DER FOLGENDEN NACHT SCHLEICHT EINE DUNKLE GESTALT DURCH DAS FELDLAGER DER LOKA ...

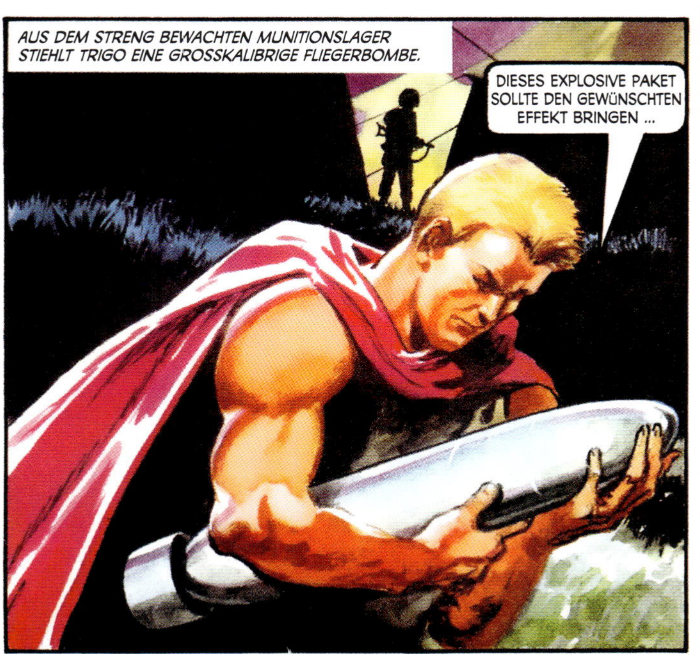
AUS DEM STRENG BEWACHTEN MUNITIONSLAGER STIEHLT TRIGO EINE GROSSKALIBRIGE FLIEGERBOMBE.
DIESES EXPLOSIVE PAKET SOLLTE DEN GEWÜNSCHTEN EFFEKT BRINGEN ...

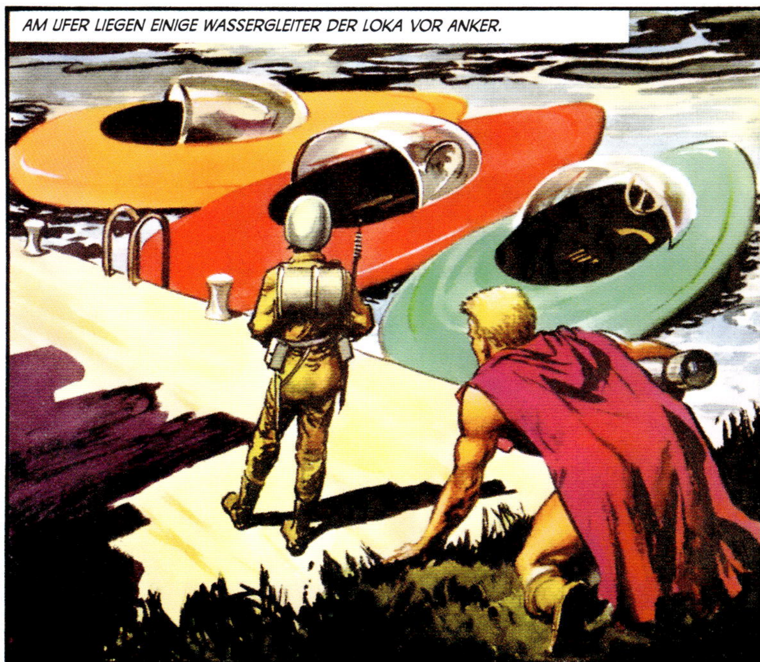
AM UFER LIEGEN EINIGE WASSERGLEITER DER LOKA VOR ANKER.

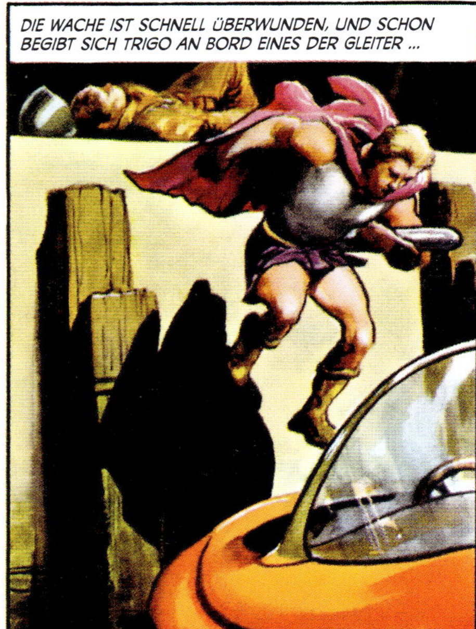
DIE WACHE IST SCHNELL ÜBERWUNDEN, UND SCHON BEGIBT SICH TRIGO AN BORD EINES DER GLEITER ...

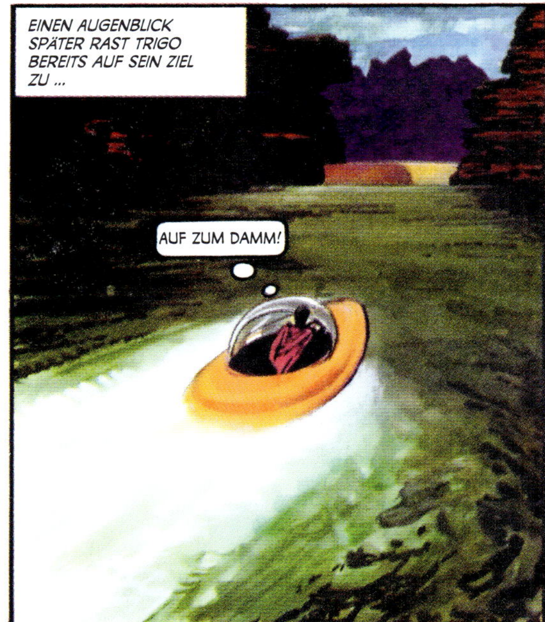
EINEN AUGENBLICK SPÄTER RAST TRIGO BEREITS AUF SEIN ZIEL ZU ...
AUF ZUM DAMM!

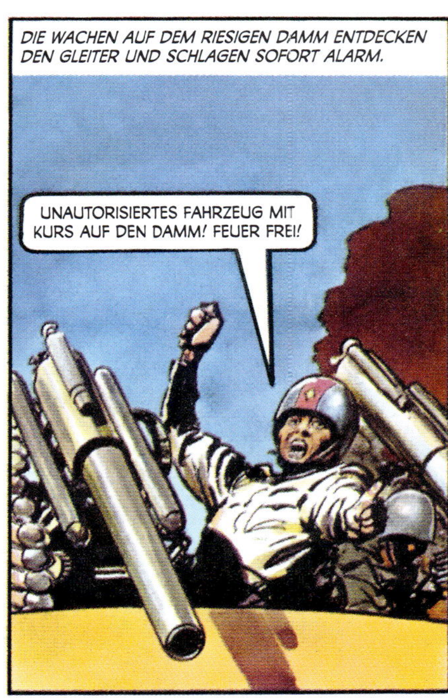
DIE WACHEN AUF DEM RIESIGEN DAMM ENTDECKEN DEN GLEITER UND SCHLAGEN SOFORT ALARM.
UNAUTORISIERTES FAHRZEUG MIT KURS AUF DEN DAMM! FEUER FREI!

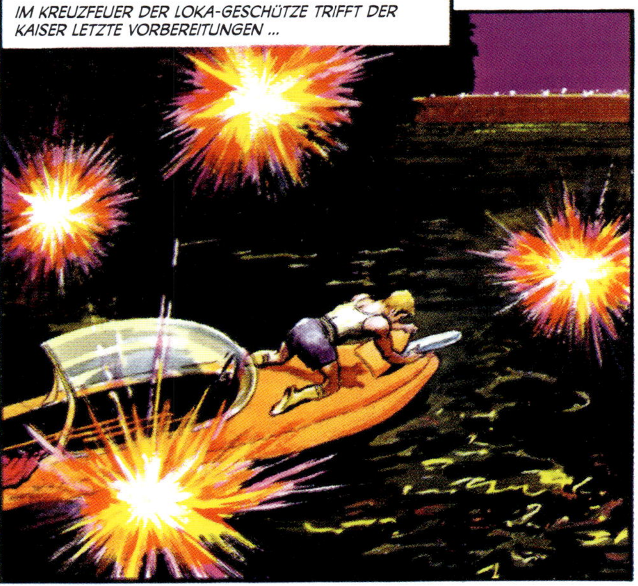
IM KREUZFEUER DER LOKA-GESCHÜTZE TRIFFT DER KAISER LETZTE VORBEREITUNGEN ...

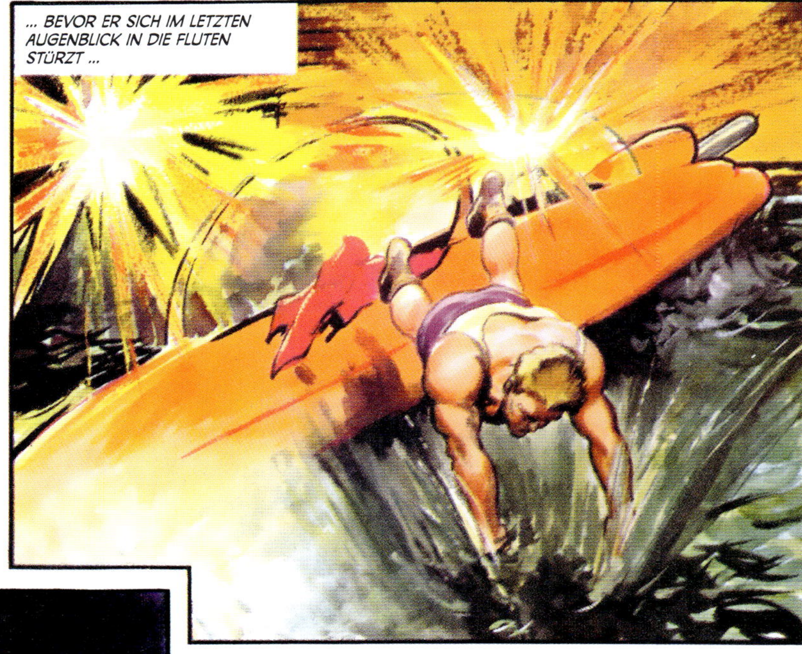
... BEVOR ER SICH IM LETZTEN AUGENBLICK IN DIE FLUTEN STÜRZT ...

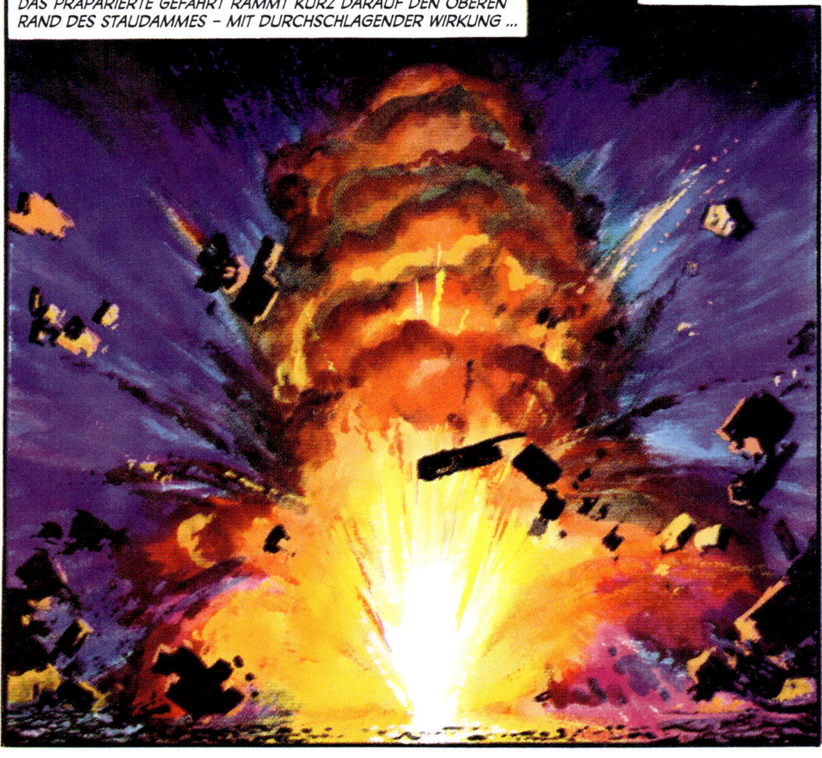
DAS PRÄPARIERTE GEFÄHRT RAMMT KURZ DARAUF DEN OBEREN RAND DES STAUDAMMES – MIT DURCHSCHLAGENDER WIRKUNG ...

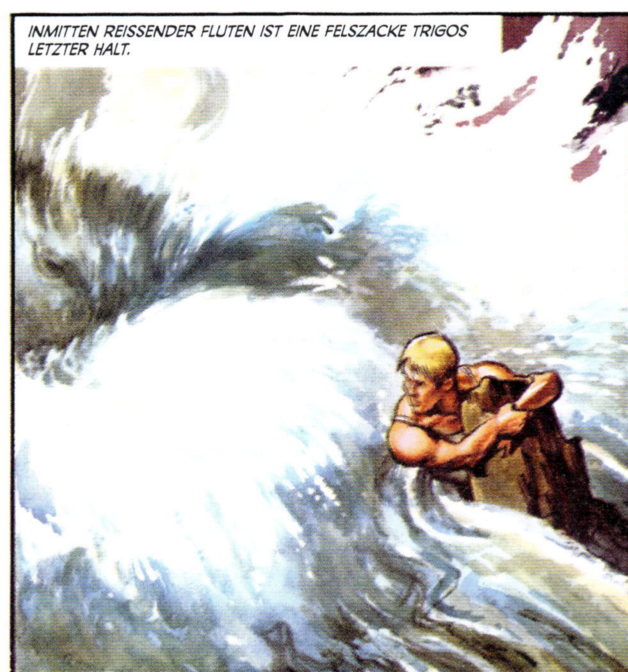
INMITTEN REISSENDER FLUTEN IST EINE FELSZACKE TRIGOS LETZTER HALT.

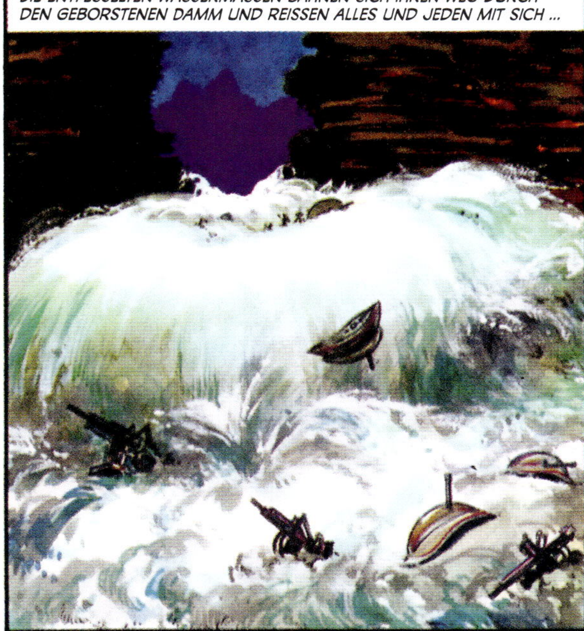
DIE ENTFESSELTEN WASSERMASSEN BAHNEN SICH IHREN WEG DURCH DEN GEBORSTENEN DAMM UND REISSEN ALLES UND JEDEN MIT SICH ...

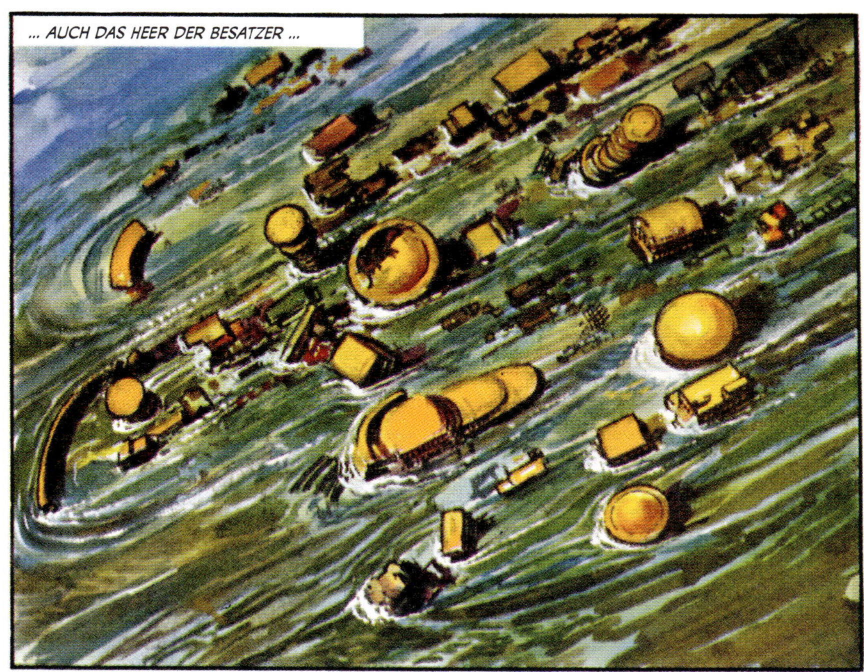
... AUCH DAS HEER DER BESATZER ...

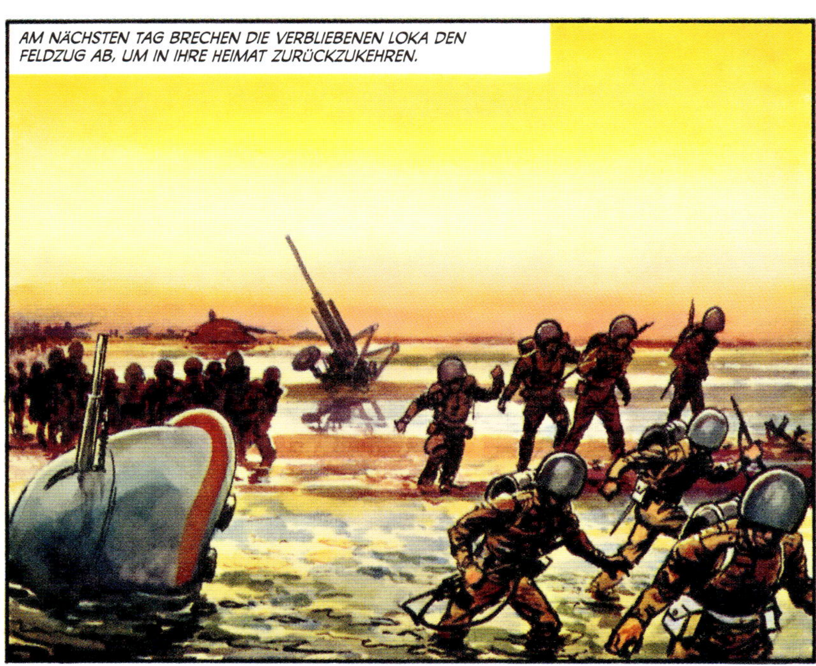
AM NÄCHSTEN TAG BRECHEN DIE VERBLIEBENEN LOKA DEN FELDZUG AB, UM IN IHRE HEIMAT ZURÜCKZUKEHREN.

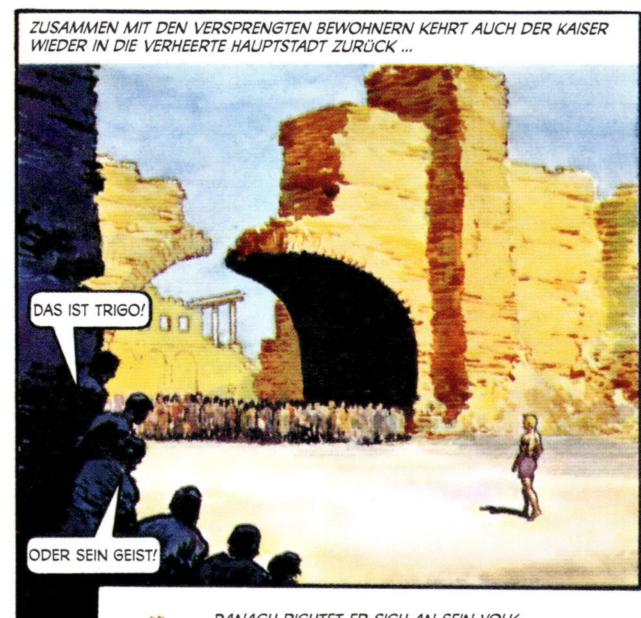
ZUSAMMEN MIT DEN VERSPRENGTEN BEWOHNERN KEHRT AUCH DER KAISER WIEDER IN DIE VERHEERTE HAUPTSTADT ZURÜCK ...
DAS IST TRIGO!
ODER SEIN GEIST!

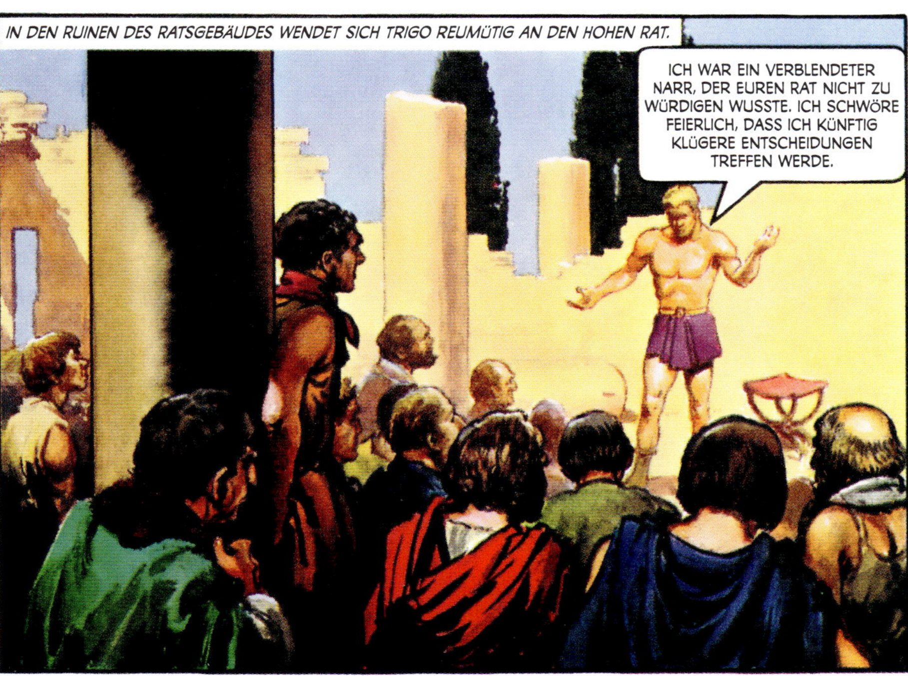
IN DEN RUINEN DES RATSGEBÄUDES WENDET SICH TRIGO REUMÜTIG AN DEN HOHEN RAT.
ICH WAR EIN VERBLENDETER NARR, DER EUREN RAT NICHT ZU WÜRDIGEN WUSSTE. ICH SCHWÖRE FEIERLICH, DASS ICH KÜNFTIG KLÜGERE ENTSCHEIDUNGEN TREFFEN WERDE.

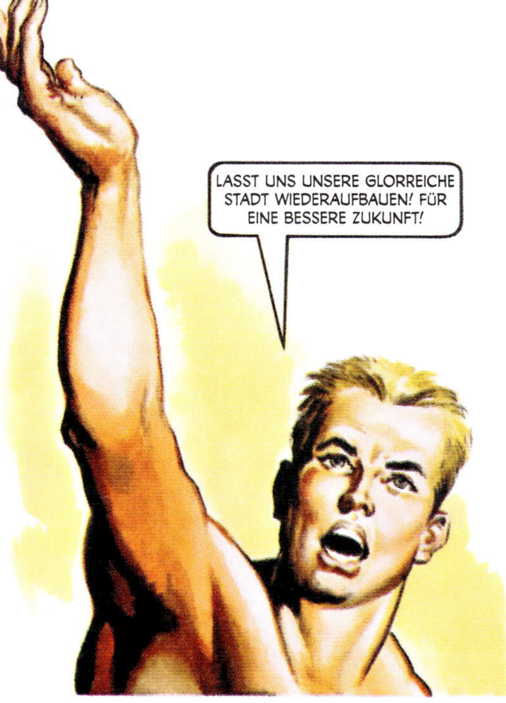
DANACH RICHTET ER SICH AN SEIN VOLK ...
LASST UNS UNSERE GLORREICHE STADT WIEDERAUFBAUEN! FÜR EINE BESSERE ZUKUNFT!

Episode 60: Der Rat des Weisen von Vorg

Die Triganer im Kampf gegen die Loka, ein klassisches, wiederkehrendes Motiv bei *Das Reich Trigan*, angefüllt mit Elementen, die dem langjährigen Leser bekannt sind. Wir entdecken die kaiserliche Familie, Periks Tochter Salvia, und einmal mehr wird die Hauptstadt Trigopolis zerstört, um anschließend noch strahlender wiederaufgebaut zu werden. Diese Versatzstücke haben sich jedoch erst über die Jahre entwickelt, dabei liegt uns hier, trotz der hohen Episodennummer, ein kaum bekanntes Frühwerk der Serie vor.

Das Reich Trigan debütierte in der Premierenausgabe von *Ranger*, der Nummer 1 vom 18. September 1965. Das Magazin hielt sich kein Jahr auf dem Markt, nach der letzten Nummer 40 vom 18. Juni 1966 fusionierte es mit *Look & Learn*. Ein Glück für die Leser, die *Trigan* jetzt ohne Unterbrechung weiterverfolgen konnten. Ende 1966 erschien noch ein Annual zu *Ranger*, das *Ranger Book 1967*, im Folgejahr lief es bereits unter der Überschrift *Look and Learn Ranger Book for Boys 1968*. Annuals waren Jahrbücher, die als dicke Hardcover (das für 1967 umfasste 128 Seiten mit 40 Beiträgen) noch einmal das boten, was ansonsten wöchentlich publiziert wurde: eine bunte Mischung aus Comics, Prosa-Kurzgeschichten und Artikeln. Die Comics wurden zumeist eigens für die Annuals produziert mit dem Vorteil, dass sie aus dem Raster der wöchentlichen zweiseitigen Veröffentlichung ausbrechen und mit Spannungsbogen und Cliffhangern ganz anders umgehen konnten. Sie erschienen zum Jahresende und waren beliebte Geschenke in der Weihnachtszeit, konnten aber bis ins Folgejahr gut verkauft werden, daher die Namensgebung.

Im *Ranger Book 1967* findet sich neben vielen weiteren Comics und Artikeln auch diese achtseitige *Trigan*-Geschichte, kein Wunder, da die Abenteuer auf Elekton von Beginn an zu den Favoriten der Leser zählten. Leider sind die Umstände der Publikation nicht dokumentiert, sodass die Erzählung und ihre Entstehung Raum zur Spekulation geben. 1966 war der Zeichner der wöchentlichen Abenteuer Trigos Don Lawrence. *Trigan* war seine erste kontinuierliche Serie, die er in Farbe gestaltete. Es ist zu vermuten, dass diese Aufgabe seine Arbeitszeit voll ausfüllte und er noch keine Routine entwickelt hatte, um zusätzlich noch ein Annual zu bedienen. Zur Umsetzung dieser Aufgabe wurde daher Ernest Ratcliff herangezogen, ein erfahrener Comic-Zeichner, der jedoch offensichtlich nicht zu sehr von Lawrence' Vorlage abweichen wollte.

Über Ernest Ratcliff als Person weiß man wenig, selbst in seiner Heimat Großbritannien ist er nahezu unbekannt. Seine grafischen Arbeiten bewegen sich überwiegend in zwei Gebieten. Er begann als Illustrator für Frauenmagazine, weitete dieses Spektrum aber aus und lieferte Illustrationen für Publikationen aller Art, darunter Modezeitschriften, Bilderbücher oder Märchenadaptionen. Dabei finden sich kleine Serien für das Magazin *Once Upon A Time* mit *Doctor Livingstone meets Henry Stanley* und *Magda the Snowmaiden* oder die Illustrationen zum Kinderbuch *Robin Hood* in den 1970ern. Im Bereich Comics arbeitete er vor allem an Serien, die sich an Mädchen richteten, wie in den 1960er-Jahren *School Friend* oder *Sally*. Erfolg hatte er mit dem Zeitungsstrip *Lindy* für die *London Evening News*, der auch in Frankreich in *Paris-Jour* zum Abdruck kam.

Zu diesem Portfolio gesellte sich dann diese frühe *Trigan*-Erzählung, die viele Fans nicht im Blick haben, wahrscheinlich weil sie eben nicht von Don Lawrence gestaltet ist. Dieser Fokus auf Lawrence ließ *Der Rat des Weisen von Vorg* vermutlich so weit in den Hintergrund rücken, dass die Story fast vergessen war und daher erst so spät in diese Albenreihe Einzug finden kann.

Wie oben angedeutet, ist Ratcliff nicht sehr von der Vorlage abgewichen. Er hat gekonnt die von Lawrence eingeführte neue Welt aufgegriffen, wobei die Loka eher als Cato durchgehen würden. Bei ein paar Panels ist er vielleicht zu nah am Vorbild geblieben, wie die nebenstehenden Vergleiche aufzeigen, wenngleich sie einen anderen Kontext erzählen.

Ernest Ratcliff im Vergleich mit Don Lawrence

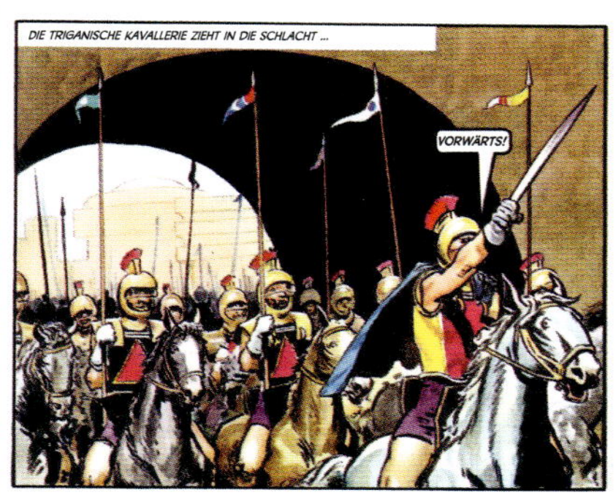

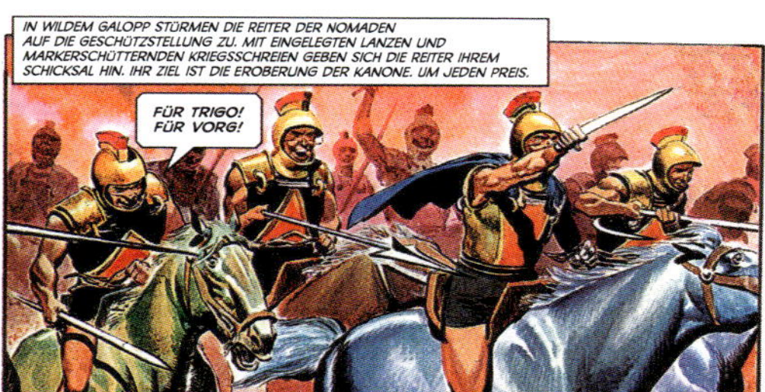

◄ *In der Story von Ernest Ratcliff (links) reiten die Triganer aus dem Stadttor hinaus, in einer ganz ähnlichen Situation, in* Trigan *Band 1, stürmen sie auf eine Geschützstellung zu.*

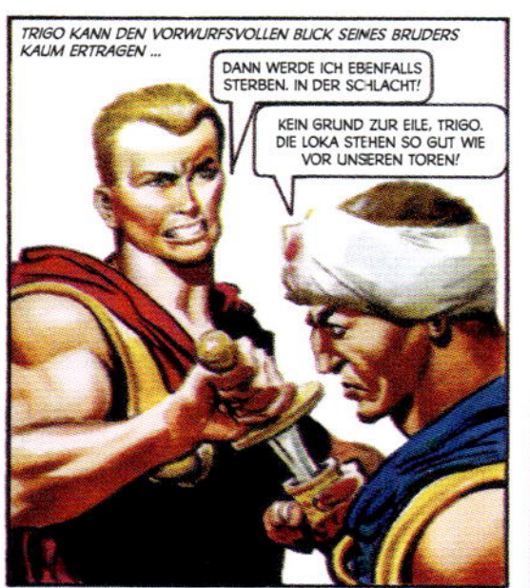

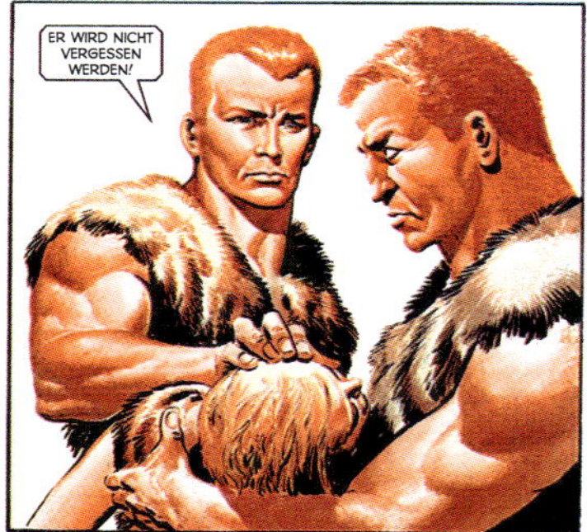

▲ *Nach dem verlustreichen Kampf der Kavallerie will Trigo selbst in den Kampf ziehen, in einem ähnlichen Bildaufbau von Don Lawrence betrauert Trigo den Tod seines Neffen.*

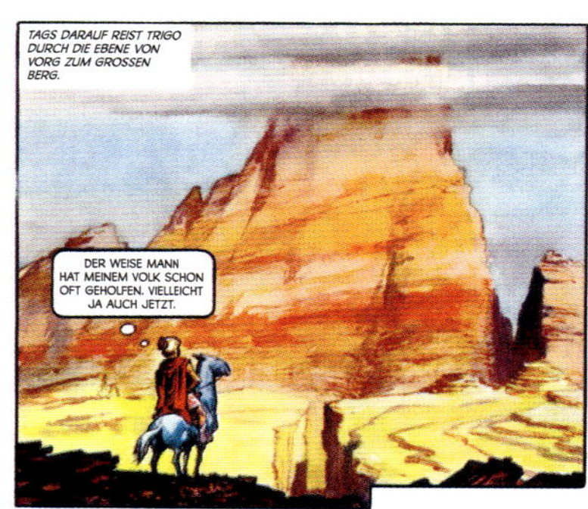

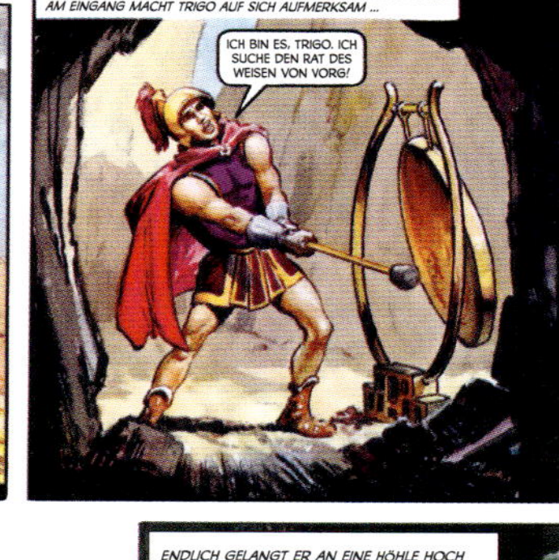

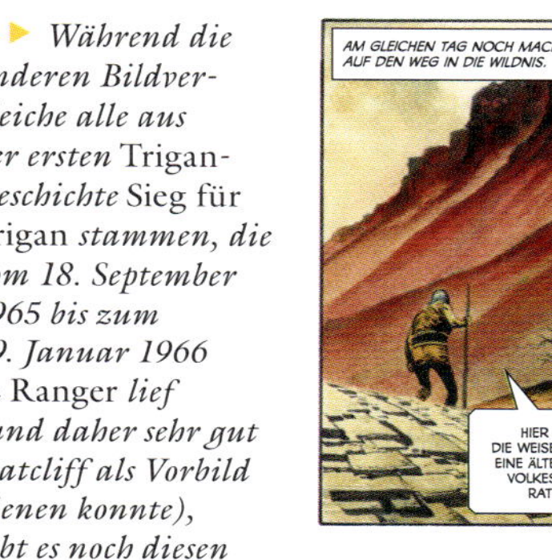

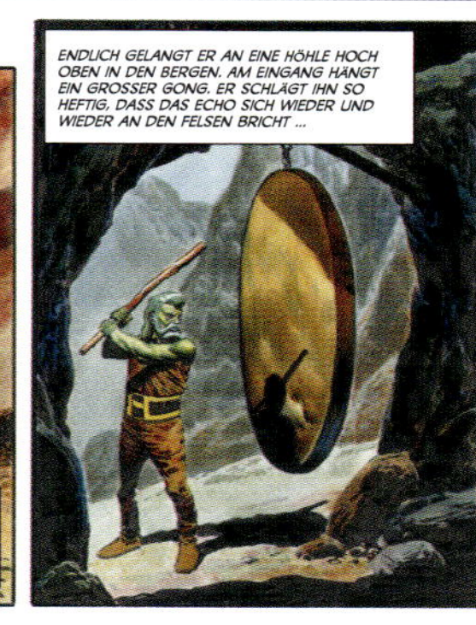

▲► *Während die anderen Bildvergleiche alle aus der ersten* Trigan-*Geschichte* Sieg für Trigan *stammen, die vom 18. September 1965 bis zum 29. Januar 1966 in* Ranger *lief (und daher sehr gut Ratcliff als Vorbild dienen konnte), gibt es noch diesen Vergleich, der vom Datum nicht so recht passen will. Die Lawrence-Panels sind* Aufstand der Loka *entnommen und wurden am 17. September 1966 in* Look & Learn *Nummer 244 veröffentlicht. Zu diesem Zeitpunkt hatte Ratcliff seine Story längst vollendet. Ein Zufall also, oder hat sich in diesem Fall Lawrence eine Idee abgeschaut? Oder inspirierte* Trigan *zwei unterschiedliche Künstler gleichermaßen?*

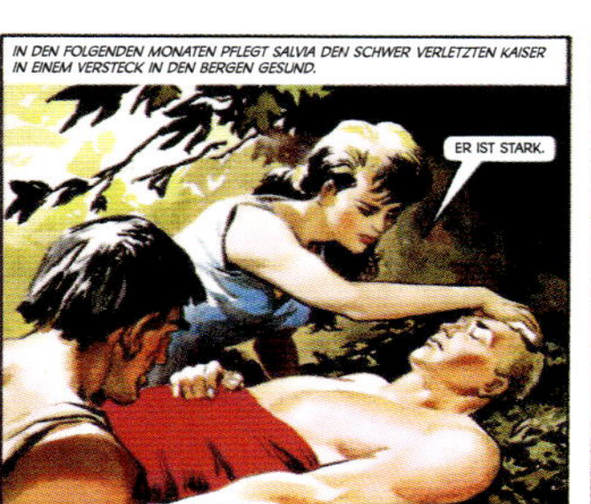

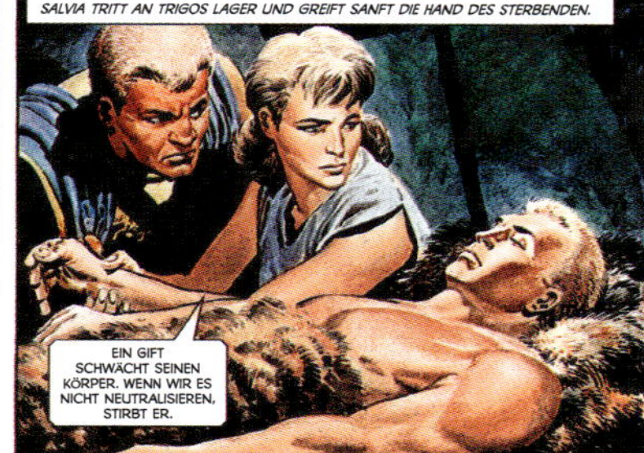

▲ *Bei Ratcliff schwer verletzt, bei Lawrence vergiftet: Trigo benötigt die heilende Hand von Salvia.*

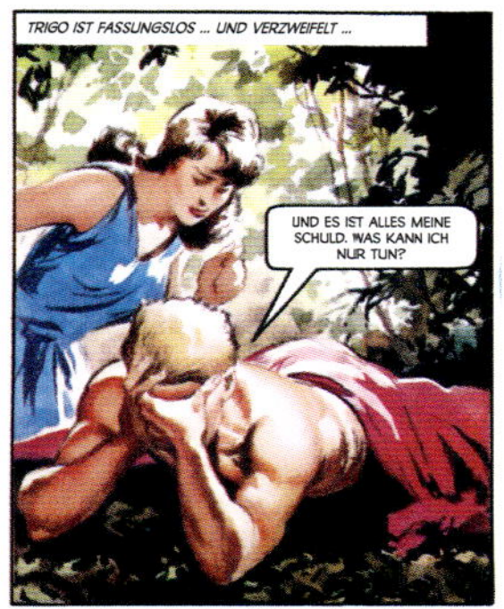

◄▼ *Aus zwei mach eins!*

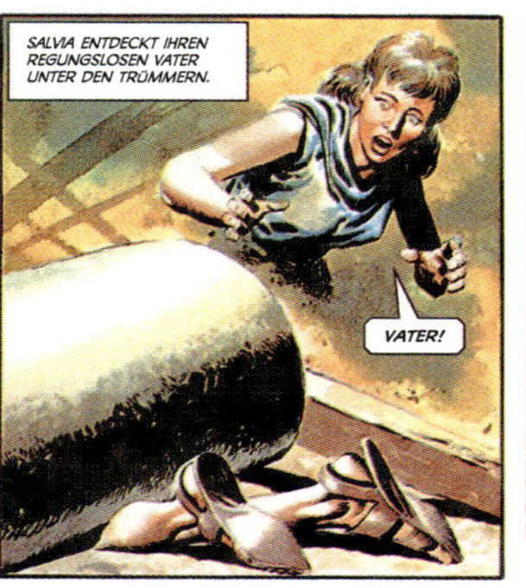

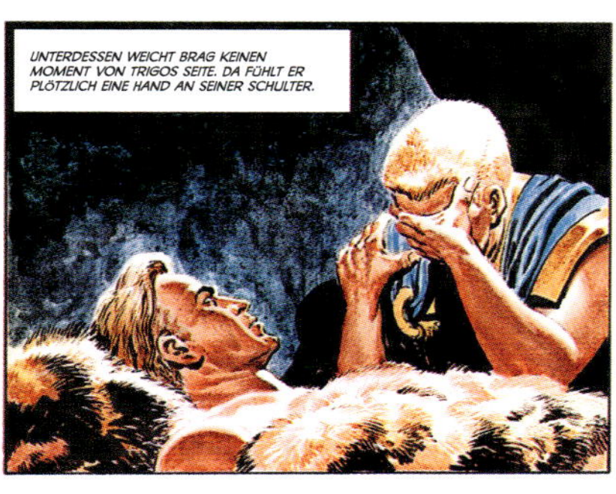

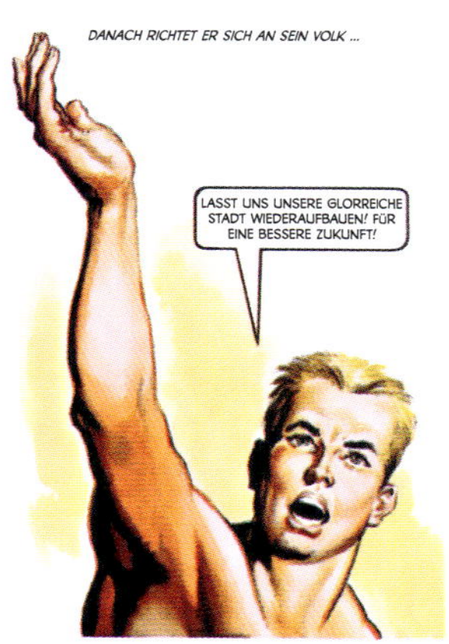

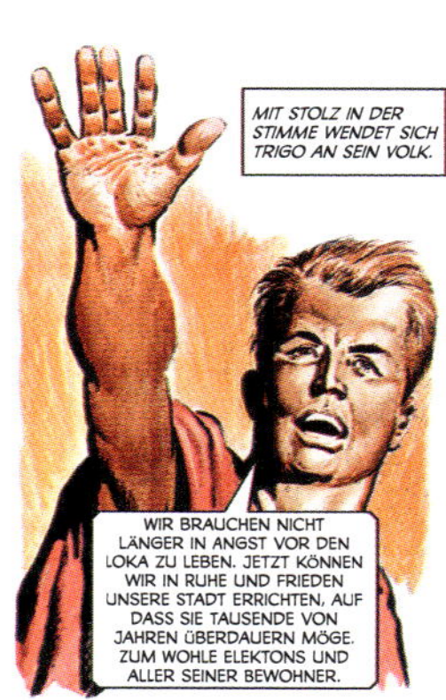

▲ *Ratcliff setzt Trigo am Ende seiner Story in eine ähnliche Pose wie zuvor Lawrence bei der allerersten* Trigan-*Geschichte.*

Die Trigan-*Cover von Don Lawrence*

Vonseiten der Fans wird immer wieder nachgefragt, ob Don Lawrence nicht mehr Titelbilder zu *Trigan* gezeichnet habe. Da er über fast elf Jahre nahezu kontinuierlich in *Ranger* und *Look & Learn* vertreten war, muss es doch einfach zahlreiche *Trigan*-Cover geben, oder? Die Antwort auf diese Frage fällt recht ernüchternd aus: Sowohl *Ranger* als auch *Look & Learn* waren keine reinen Comic-Magazine, sie verstanden sich mit ihrem Mix aus Artikeln, Prosa und Comics als Zeitschriften mit einem Bildungsauftrag für Kinder und Jugendliche. Die wahllos herangezogene Nummer 382 von *Look & Learn* vom 10. Mai 1969 z. B. beinhaltet bei 40 Seiten Umfang nur sieben Seiten Comics, davon zwei Seiten *Trigan*. Daher existieren von Don Lawrence aus dieser Zeit drei *Ranger*-Cover zu redaktionellen Themen, aber keine zu *Trigan*.

Seit 1966 wurde *Trigan* in der niederländischen Comic-Zeitschrift *Sjors* abgedruckt, die *Trigan*-Cover dort waren aber von heimischen Künstlern nachgezeichnete Szenen, wie etwa von Bert Bus. 1975 begann der Abdruck in *Kobra*, beides ohne Wissen von Lawrence. *Kobra* erreichte 167 Ausgaben, *Trigan* war 22-mal auf dem Cover, immer in Form vergrößerter/bearbeiteter Panels. Im Oktober 1975 wurde *Sjors* mit *Pep* zusammengeführt und unter *Eppo* neu gestartet. Als Lawrence 1976 erfuhr, dass *Trigan* europaweit lizenziert wurde, bemühte er sich über seinen Agenten Danny Kelleher von Temple Art Agency um Aufträge für Titelillustrationen bei *Eppo*, sodass die Nummern 1 und 19 des Jahres 1976 Zeichnungen von Lawrence zierten (hier auf den Seiten 86 und 56). In diesem Jahr war *Trigan* auch auf den Titelbildern zweier Sonderausgaben vertreten, dem *Vulcan Holiday Special* und dem *Vulcan Annual 1977* (hier die Seiten 58/60).

Im Juni 1976 beendete Lawrence jedoch seine Mitarbeit an *Trigan* und die Karten wurden neu gemischt. Der niederländische Oberon Verlag edierte die Serie *Opkomst en ondergang van het keizerrijk Trigië* komplett in 35 Alben mit 21 von Lawrence erstellten Covern, wobei Album 1 noch das Cover des britischen Sammelbands *The Look and Learn Book of the Trigan Empire* von 1973 zierte (hier die Seiten 17 ff.). Eigentlich startete die Albenreihe mit eben dieser Illustration bereits 1973 beim Oberon-Vorgänger Amsterdam Boek, kam dort jedoch nicht über Album 2 hinaus. Die Cover-Motive konzentrierten sich auf Maschinen und Technik Elektons und waren nicht sehr detailliert, da Lawrence durch seine neue Serie *Storm* stark eingebunden war und innerlich bereits mit *Trigan* abgeschlossen hatte.

Alle weiteren Nachdrucke und ausländischen Lizenzen schöpften ihren Bedarf aus diesen Illustrationen, bis 1992 beim Oberon-Nachfolger Big Balloon eine Neuausgabe von *Opkomst en ondergang van het keizerrijk Trigië* allein mit den von Lawrence gezeichneten Abenteuern mit 19 neuen Titelbildern begann (hier die Seiten 62 ff.). Lawrence näherte sich dem Thema nun mit dem Blick eines Malers, und die Motive profitierten von seiner Technik, die sich mit *Storm* weiterentwickelt hatte. Zudem konnte er mehr Zeit und Details in die einzelnen Kunstwerke stecken, da er aufgrund einer missglückten Augen-OP nur noch eingeschränkt an *Storm* arbeiten konnte.

Das letzte Cover (hier die Seite 96) stammt von dem 1998 bei Big Balloon erschienenen Buch *Trigië: De werelden van Don Lawrence* über Don Lawrence und sein Schaffen bei *Trigan*.

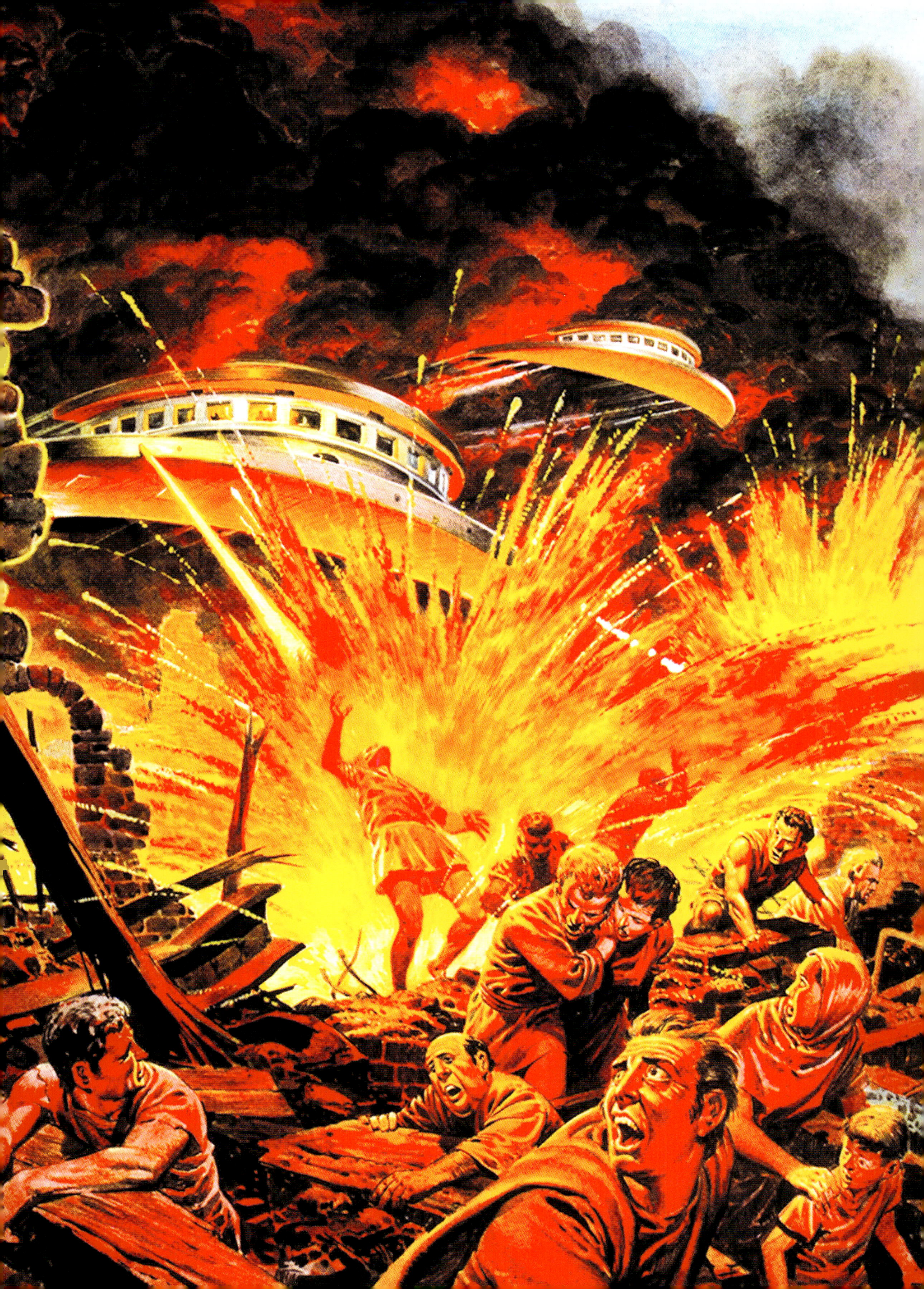

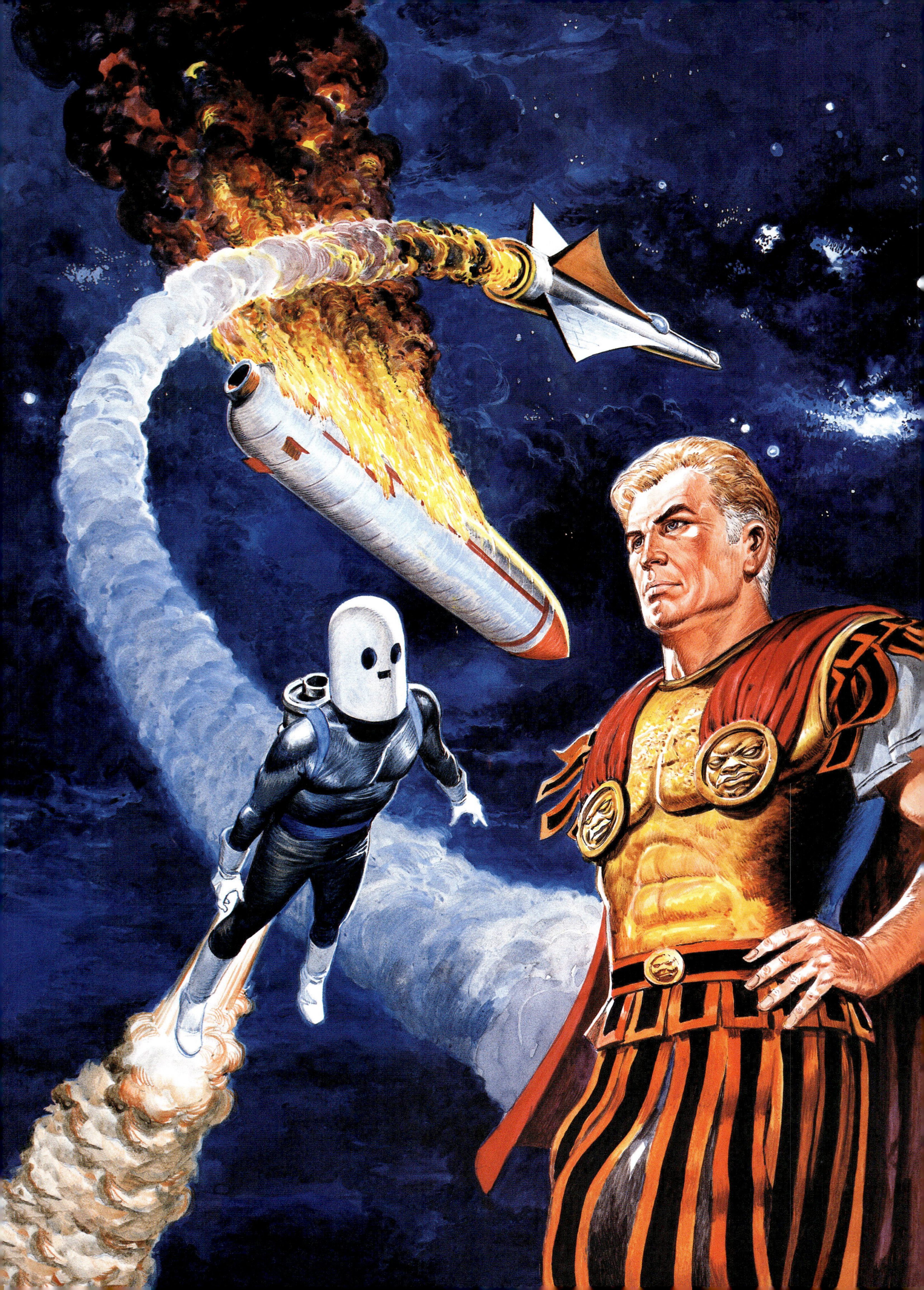

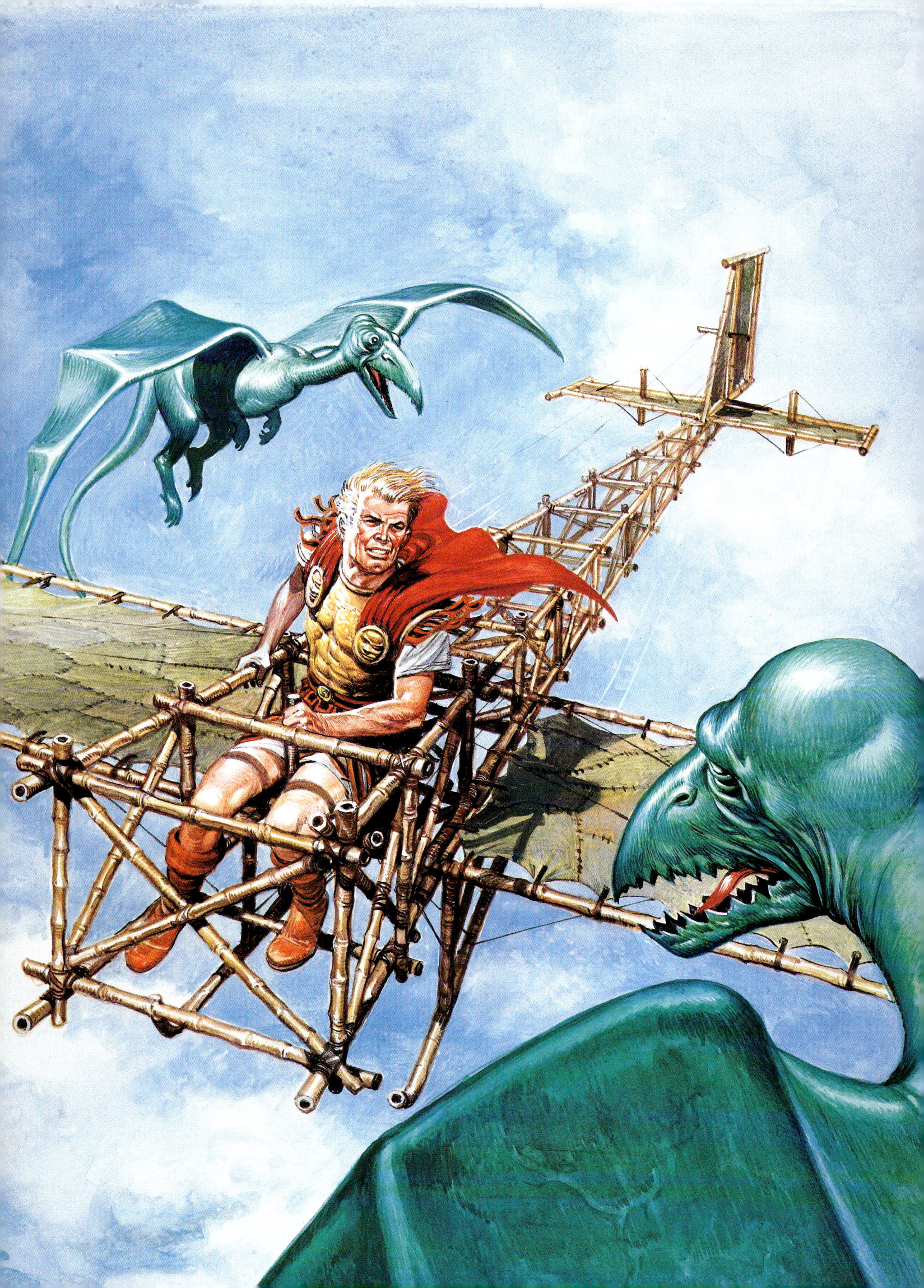

Die Tierwelt von Elekton

Eine Dokumentation

Wie das Reich Trigan stellt auch die Tierwelt von Elekton eine seltsame Mischung aus mythologischen und realen Kreaturen der Erde dar. Die beiden Planeten weisen eindeutige Parallelen in ihrer Ökologie auf, ersichtlich an den Humanoiden, den Raubtieren und dem Weidevieh, unter der Doppelsonne Elektons gedeihen aber auch noch ganz andere Wesen.

Tiere und Menschen scheinen auf Elekton wenig Berührungspunkte zu haben, besteht der Planet doch überwiegend aus wilden, unerforschten Gebieten mit eingesprenkelten zivilisierten Oasen, von denen das Reich Trigan die größte ist. Die wenigen in Städten lebenden Tiere sind entweder domestiziert, wie Hunde und Katzen, die als Haustiere gehalten werden, oder ein ganzer Katalog voll von Insekten und Nagetieren. Es gibt gewiss auch Zoos in den Städten, wobei der einzige uns bekannte der in Herikon ist, und als Nutztiere treten einzig Krieds und Botenvögel auf. Zum Kried haben vor allem die Vorg eine innige Beziehung entwickelt. Die treuen Reittiere gehörten in den Zeiten, als die Vorg noch als Nomaden über die weiten Ebenen zogen, fast schon zur Familie.

Neben den Haus- und Nutztieren gibt es auch existente und legendäre Geschöpfe, die von bestimmten Kulturen Elektons als Götter angesehen werden. So beten die Nild den heiligen Yalt als ihren lebendigen Gott an, und die Daveli fürchten und verehren lebendige, dinosaurierartige Wesen, aber auch uralte Gottheiten mit tierischen Zügen. Eine Art von Kult, wie er auch bei den Yula und den Tamaz zu finden ist.

In den weiträumigen, schwer zugänglichen urtümlichen Gebieten Elektons hat sich eine Vielzahl von affenartigen Kreaturen entwickelt, parallel zu den offensichtlich humanoiden Rassen. Intelligent, aber scheu und zum Teil gar geächtet, leben sie sehr zurückgezogen vor den misstrauischen Augen der Menschen. Wobei einige immer wieder deren Gesellschaft suchen, wenn auch mit gemischten Ergebnissen.

Der Planet Elekton zeigt eine Entwicklung ähnlich der Erde, somit muss es auch Tausende von unterschiedlichen Tieren dort geben. Die folgenden Seiten zeigen knapp 40 von ihnen, von irdischen Biologen klassifiziert und in soziale Gruppen eingeteilt.

Dinosaurier

Auf Elekton existierten ebenfalls prähistorische Kreaturen, doch anders als auf der Erde sind sie dort nicht vollständig ausgestorben. Nach aktuellem Stand der Wissenschaft geht man davon aus, dass das Aussterben der Dinosaurier vor 64–66 Millionen Jahren hervorgerufen wurde durch eine Kombination aus Klimawandel (hin zu kühlerem und wechselndem Wetter) und erhöhter vulkanischer und tektonischer Aktivität (wodurch Asche in die Atmosphäre geschleudert wurde und das so reduzierte Sonnenlicht die Lage verschlimmerte) oder durch ein katastrophales Einzelereignis, das die Erde in eine Eiszeit stürzte. Sicher ist nur, dass etwa 60 % aller Tiere – überwiegend Dinosaurier und Meerestiere – ausgelöscht wurden und den Weg freigaben für die Säugetiere, die die Herrschaft über die Erde übernahmen.

Ähnliche, aber weniger katastrophale Ereignisse könnten sich auf Elekton zugetragen haben, sodass einige wenige dinosaurierähnliche Kreaturen bis heute überleben konnten. Wir kennen zum Beispiel das Land, das als „Der verbotene Kontinent“ bezeichnet wird. Dort trifft man auf lebende Dinosaurier und Pterodaktylen, fliegende Urzeitwesen.

▸ ***Das Monster im Marmarmeer***
Ein gigantischer Meeresbewohner, der an den irdischen Plesiosaurus aus der Zeit der Dinosaurier erinnert, der sich von Fisch und Kalmaren ernährte.

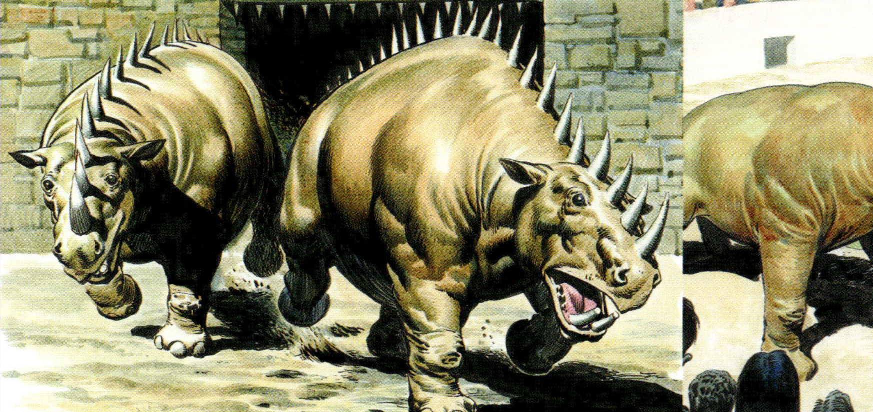

▴ ***Zarga***
Das Zarga, scheinbar eine Kreuzung aus Nilpferd und Nashorn, wird wegen seiner Aggressivität gern in der Arena von Trigopolis gegen verurteilte Kriminelle oder übermütige Gladiatoren eingesetzt.

▴ ***Vogelschnabel-Dinosaurier***
Ein weiterer tierischer Gegner der Arenen. Der knöcherne, schnabelartige Fortsatz über dem Maul wird vermutlich für die Nahrungssuche verwendet, dient aber gleichzeitig als gefährliche Waffe zur Verteidigung.

▾ ***Das Höhlen-Monster von Vorg***
Diese Kreatur lebt in den Bergen um die Vorg-Ebene, in Höhlen versteckt und gering an der Zahl, da diese Region arm an Beute ist.

▾ ***Das Seeungeheuer im Meer von Azov***
Ein riesiger, fleischfressender Plesiosaurus im Meer von Azov. Wie alle Tiere verteidigt er sein Gebiet und seine Brutstätten vor Eindringlingen.

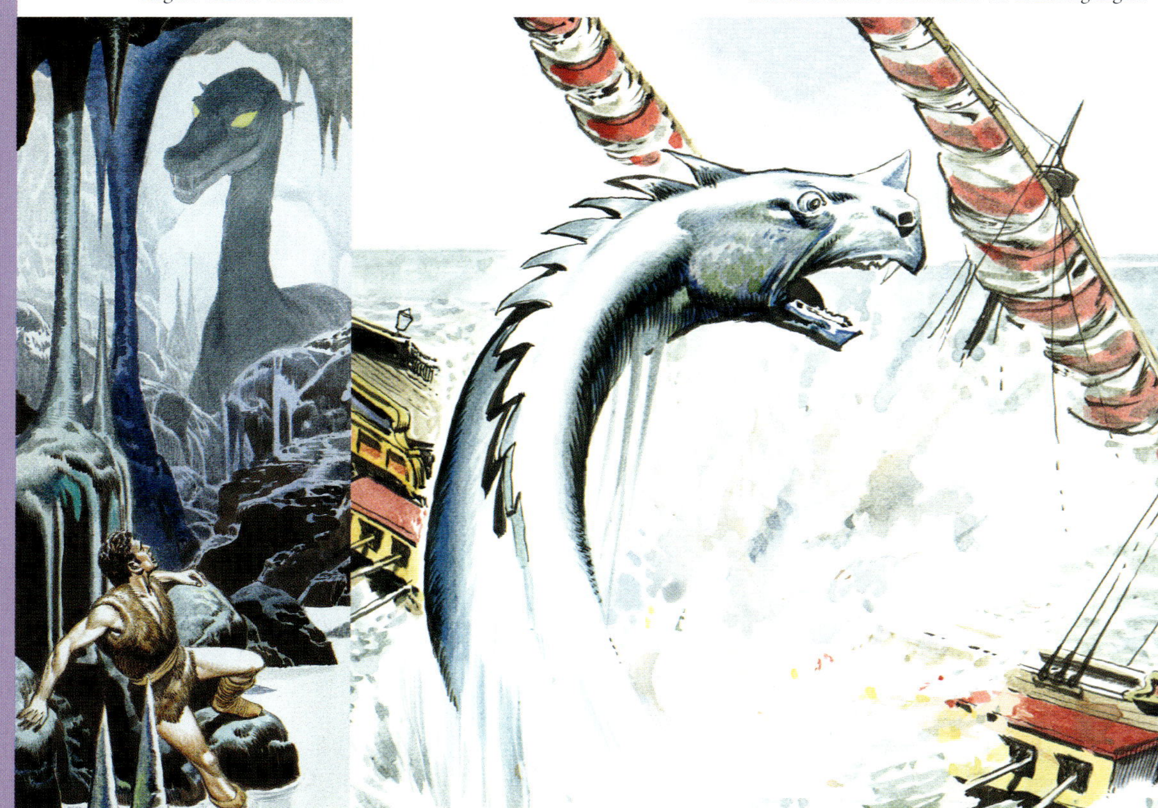

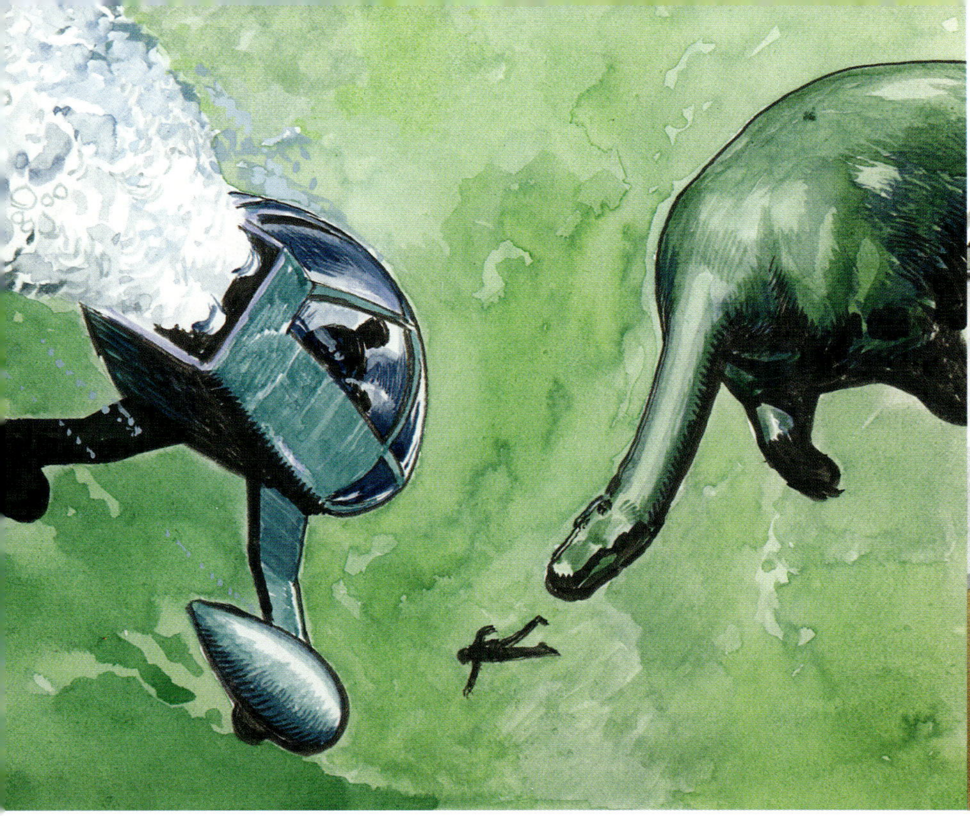

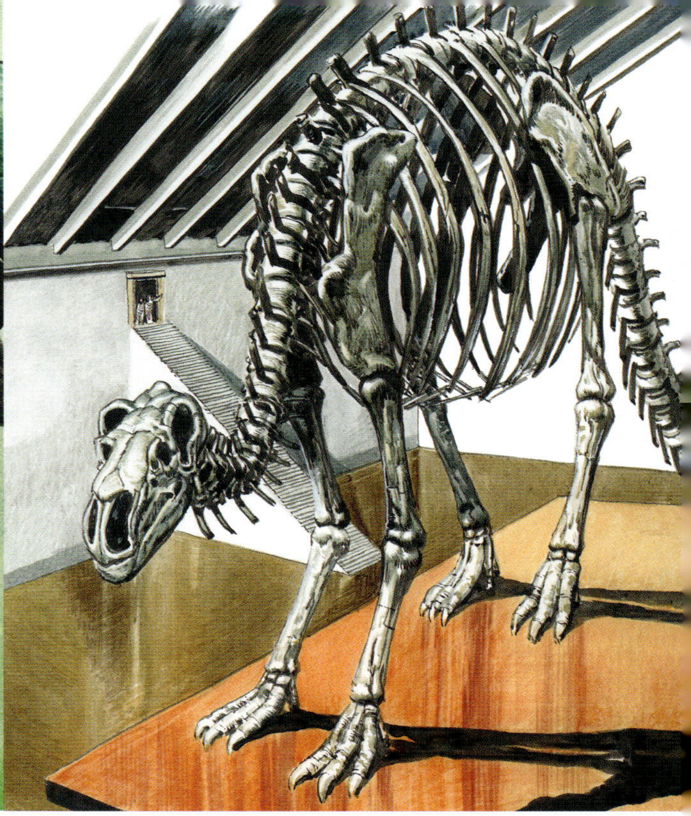

▲ ***Polarmeer-Plesiosaurus***

Dieser Plesiosaurus lebt in großer Zahl im eiskalten nördlichen Polarmeer an der Grenze zum großen Ozean.

▲ ***Gigantosaurus***

Der Gigantosaurus lässt sich mit dem irdischen Titanosaurus vergleichen. Von ihm wurden nur Knochen gefunden, dieses Skelett erhielt den Beinamen „Das Monster von Vorg“.

Jagdtiere

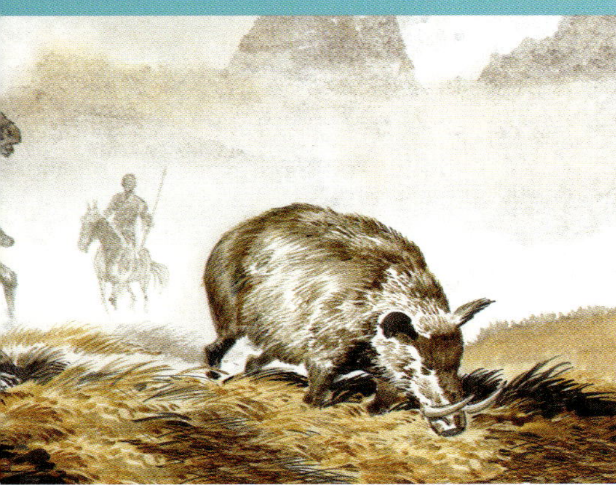

▲ ***Eber***

Neben der Zargot-Jagd ist die Jagd auf wilde Eber ein beliebter Sport unter den Nachfahren der Vorg. Der Eber ist weit gerissener als ein Zargot und fordert dem Jäger alles ab. Schlau wie er ist, entkommt er oft im Unterholz, sodass der Spaß bei der Eber-Jagd mehr in der Jagd selbst als in der finalen Tötung liegt.

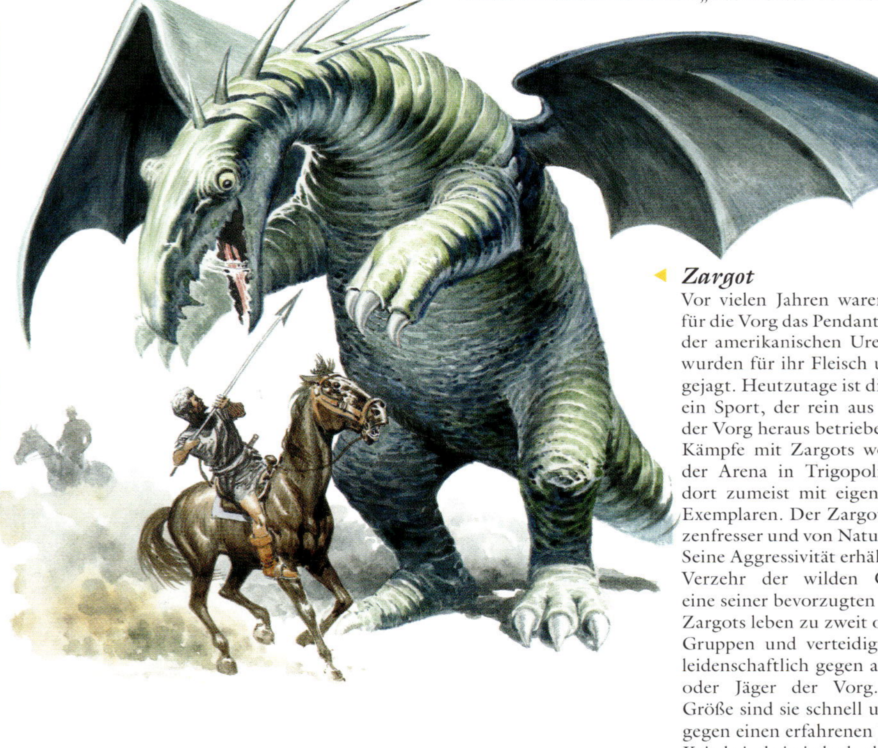

◀ ***Zargot***

Vor vielen Jahren waren die Zargots für die Vorg das Pendant zu den Bisons der amerikanischen Ureinwohner. Sie wurden für ihr Fleisch und ihre Haut gejagt. Heutzutage ist die Zargot-Jagd ein Sport, der rein aus der Tradition der Vorg heraus betrieben wird.

Kämpfe mit Zargots werden auch in der Arena in Trigopolis abgehalten, dort zumeist mit eigens gezüchteten Exemplaren. Der Zargot ist ein Pflanzenfresser und von Natur aus friedlich. Seine Aggressivität erhält er durch den Verzehr der wilden Choris-Blume, eine seiner bevorzugten Speisen.

Zargots leben zu zweit oder in kleinen Gruppen und verteidigen ihr Gebiet leidenschaftlich gegen andere Zargots oder Jäger der Vorg. Trotz ihrer Größe sind sie schnell und beweglich, gegen einen erfahrenen Jäger und sein Kried sind sie jedoch chancenlos. Ein einzelner gezielter Schwertstoß ins Herz bringt jeden Zargot zu Fall.

Reittiere

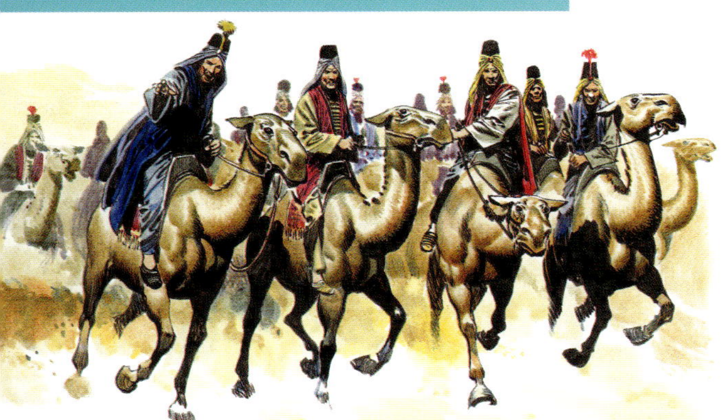

▲ ***Dromedar***

Die Evolution hat mit dem Dromedar das perfekte Transportmittel in der Wüste bereitgestellt, egal ob auf der Erde oder auf Elekton. Dabei dient das Dromedar zugleich als Lastenträger und als Reittier. Es ist z. B. für die kriegerischen Stämme der Wüste Seres ideal, da es mit seiner unglaublichen Ausdauer, Geschwindigkeit und Beweglichkeit jedes Kried übertrifft.

▶ ***Kried***

Über Jahrhunderte war das Kried das wichtigste Transportmittel auf Elekton. Wenngleich es abgelöst wurde durch Autos, Züge und Gleiter, hat es dennoch seinen festen Platz im Leben der Triganer behalten. Ohne das Kried wäre die traditionelle Zargot-Jagd undenkbar, und es bleibt weiterhin das bevorzugte Reittier und der beste Freund des Jägers in unbedachten Momenten. Es gibt zahlreiche Rassen über den Planeten verstreut, manche haben einen Körper wie der irdische Stier, leicht zu erkennen an den Tupfen oder Flecken im Fell, die meisten Krieds sehen jedoch wie ein irdisches Pferd aus.

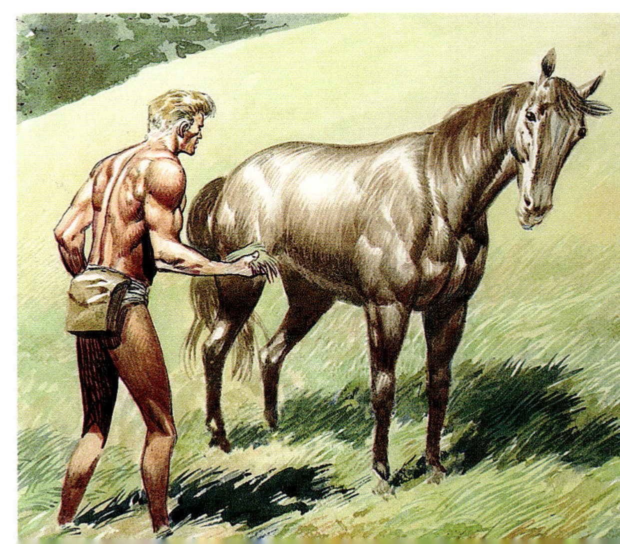

Vögel

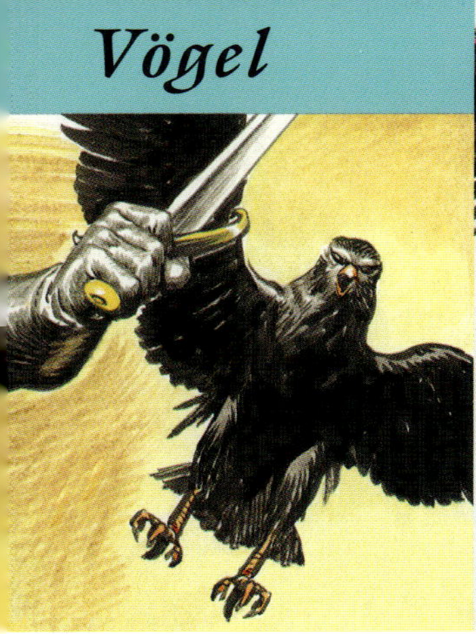

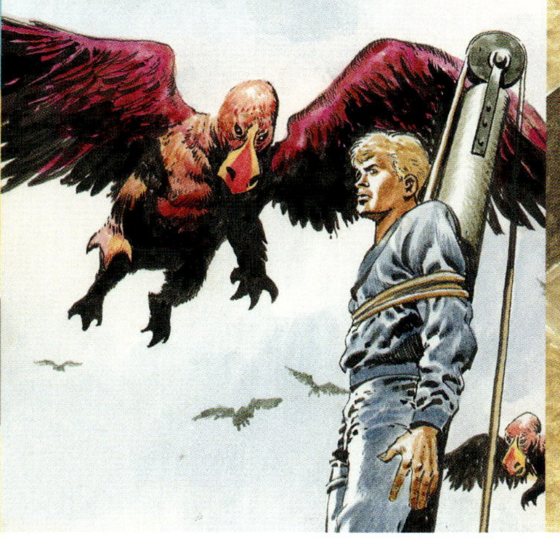

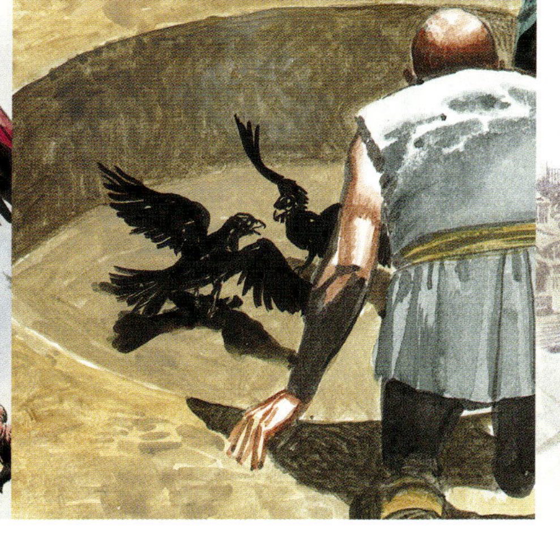

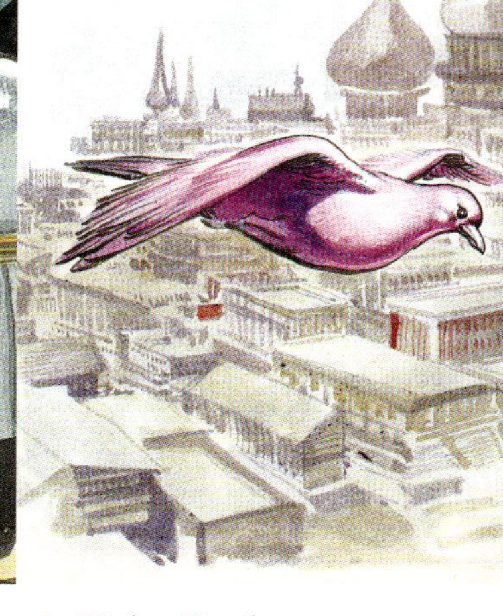

▲ ***Yoth***
Ein wendiger Raubvogel, der leicht zur Jagd abzurichten ist. Die Yoth-Jagd ist ein beliebter Sport im Königreich Zelph.

▲ ***Vark***
Dieser riesige, rotgefiederte Vogel mit seinem ungewöhnlichen Schnabel zeigt das charakteristische Verhalten eines Aasfressers. Er greift nur tote oder bewusstlose Beute an, lebt in der Wüste, wird aber auch in Städten gesichtet.

▲ ***Colli***
Der schwarze Colli ist vergleichbar mit der irdischen Krähe. Aufgrund seiner ungestümen Natur wird er gerne in Collikämpfen eingesetzt, die illegal in den Hinterzimmern der vielen Hundert Bars in den verrufensten Stadtteilen von Trigopolis stattfinden.

▲ ***Wedon-Vogel***
Pinkfarben und einer Taube nicht unähnlich, überbringt der zahme Vogel besondere Nachrichten.

◀ ***Pterodaktylus***
Dieser Pterosaurus hat auf dem „verbotenen Kontinent“ überlebt. Dort scheint er zu Hause zu sein, wenngleich Pterodaktylen auch über dem Gorg-Moor auf der anderen Seite des Vorg-Meeres gesichtet wurden.

Vieh

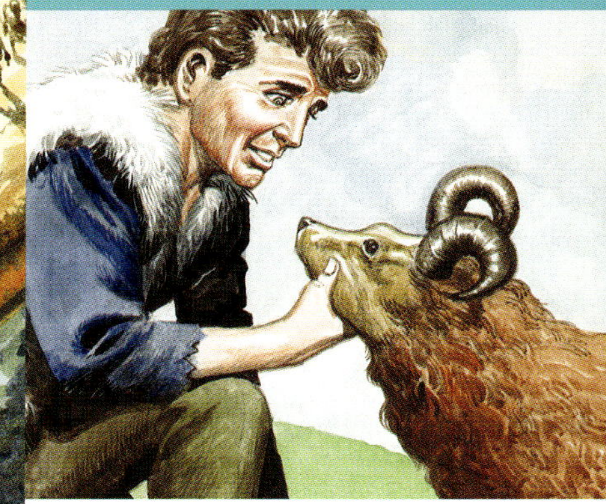

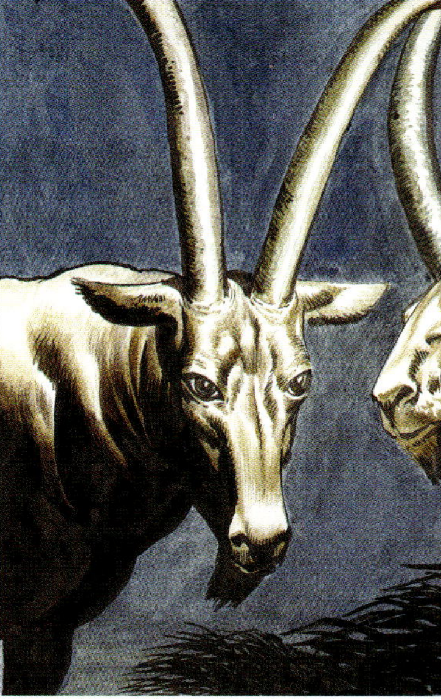

▲ ***Glebe***
Sie sehen aus wie Ziegen mit ihrem langen Fell und den geschwungenen Hörnern und leben in den Hügeln und Bergen um Trigopolis.

▲ ***Gelf***
Eine wilde Antilopen-Art, die in Herden die Berge Herikons durchstreift. Diese stolzen, langhörnigen Wesen können ein sehr hohes Alter erreichen. Es wird erzählt, dass drei Gelfs einst von einer außerirdischen Lebensform übernommen wurden und nun in einem Spezialkäfig im Zoo von Herikon gehalten werden.

Meeresbewohner

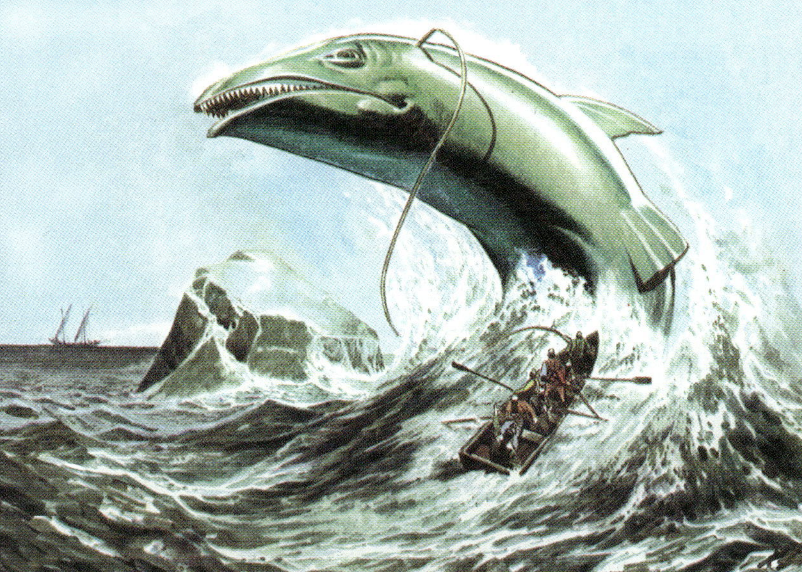

◀ ***Norva***
Der Norva lässt sich am besten mit einem Wal vergleichen. Er erreicht eine imposante Größe und lebt im großen Eismeer, wo er professionell bejagt wird. Anders als der Wal jedoch ist er nicht sanftmütig und kämpft mit seinen Artgenossen um seine knappe Beute.

▼ ***Gorphin***
Der weiße Gorphin wird in Intelligenz und Aussehen identisch zum irdischen Delfin beschrieben und ist eines der seltensten Geschöpfe Elektons. Jedes Jahr zur Sonnenwende des Tsorn verlässt er die Küste vor Gorg und zieht in die wärmeren Gewässer vor der Küste von Vorg.

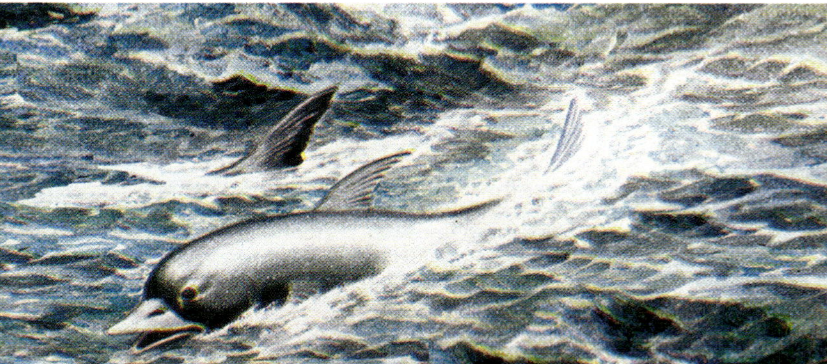

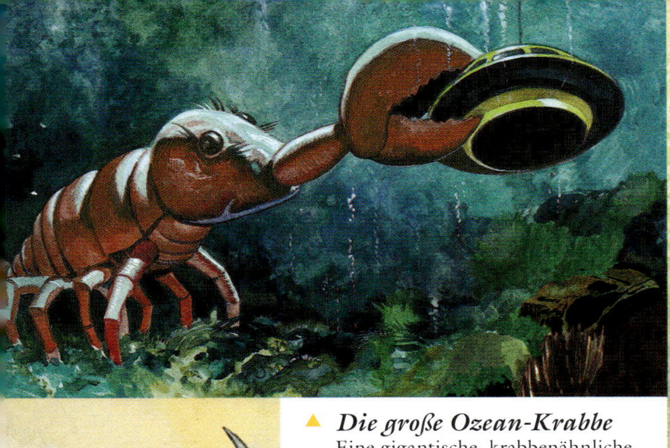

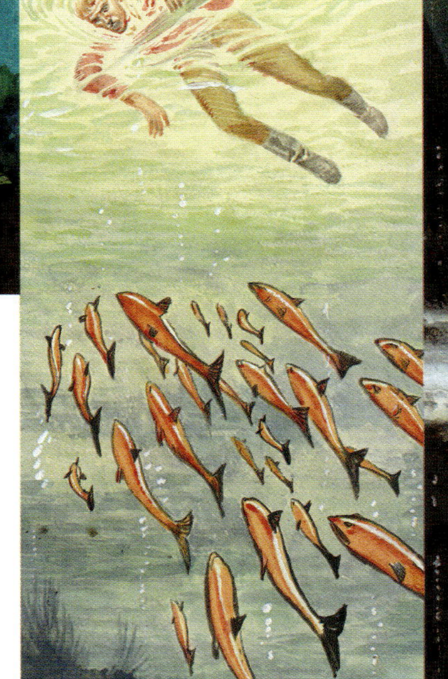

▲ ***Die große Ozean-Krabbe***
Eine gigantische, krabbenähnliche Kreatur mit einer einzigen Zange. Gemeinsam mit den großen Kraken und Plesiosauriern der Schrecken der Ozeane.

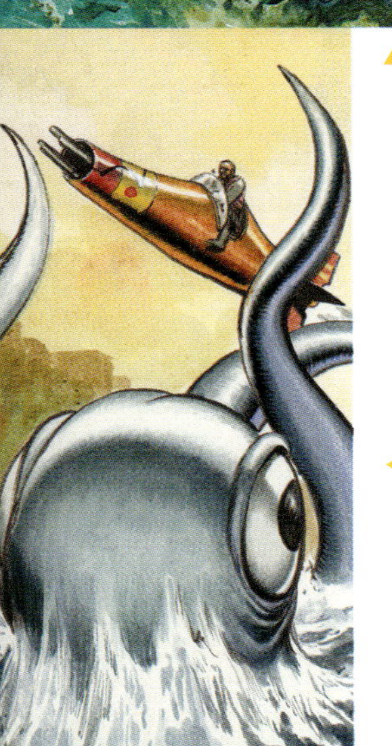

◀ ***Der große Ozean-Oktopus***
Dieser riesige Oktopus lebt vor der Küste einer Insel im Ozean vor Herikon und hat den Herrscher der Insel verschlungen, Otho.

▲ ***Zanna***
Noch tödlicher als sein irdischer Verwandter, der Piranha.

▲ ***Der große Oktopus der Tiborsee***
Ein gewaltiger, bizarrer einäugiger grüner Krake, der am Grund der Tiborsee lebt.

Launen der Natur

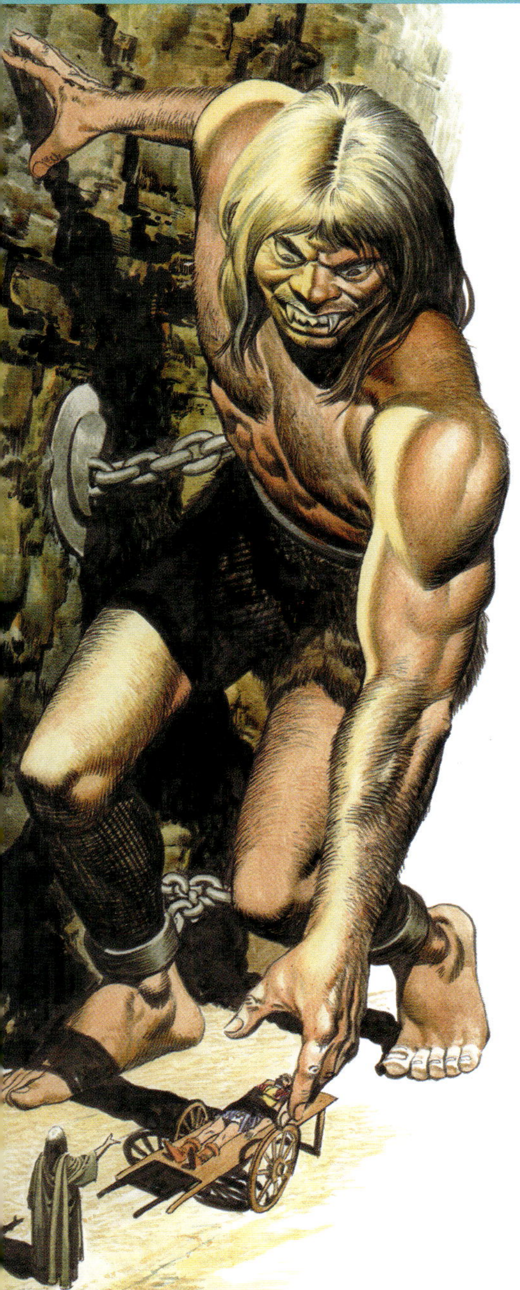

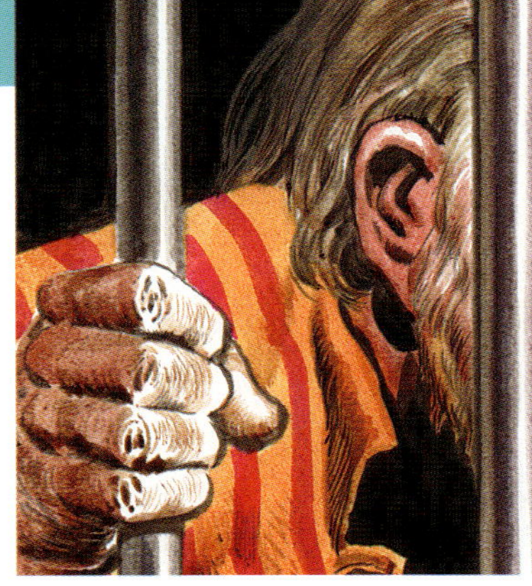

▲ ***Der Gefangene von Zerss***
Ein Krimineller, der seinerzeit bekannt war als der „gefährlichste Mann des Planeten“. Er wurde gefasst und auf der Insel Zerss inhaftiert, von wo er entkommen konnte. Am Ende stellte er sich Trigo zum Kampf um die Krone Trigans. Dabei rettete er Trigo das Leben und erlitt selbst den tödlichen Biss einer Nobra.

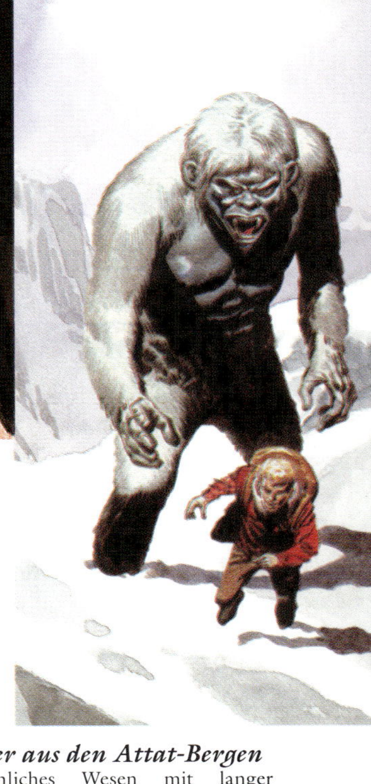

◀ ***Die Riesen aus dem Vorg-Gebirge***
Einst lebte im Vorg-Gebirge ein Volk von Riesen; der letzte seiner Art wurde von einem Hirten namens Orgo entdeckt und von ihm versteckt gehalten.

▶ ***Der Zedd-Yeti***
Eine Rasse affenartiger Riesen, die in den Polarregionen Elektons leben, dem „kalten Kontinent“. Sie machen Jagd auf Jäger und Goldsucher.

▼ ***Das Monster aus den Attat-Bergen***
Ein affenähnliches Wesen mit langer Lebenserwartung aus den Attat-Bergen. Einige seiner Art werden in Wanderzirkussen ausgestellt.

▶ ***Der Mormonth von Morv***
Zukka, der des Totschlags an seinem besten Freund beschuldigt wurde, floh als Student aus Tharv in den Dschungel von Morv, wo er sich mit einer affengleichen Kreatur anfreundete, dem Mormonth. Viele Jahre später spürte Trigo die Kreatur und ihren Begleiter auf und brachte beide nach Trigopolis. Dort stieß Zukka überrascht auf Perik, den Freund, den er glaubte umgebracht zu haben. Das Monster kehrte zurück in den Dschungel, wo es in Frieden weiterlebt.

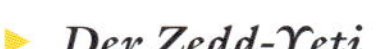

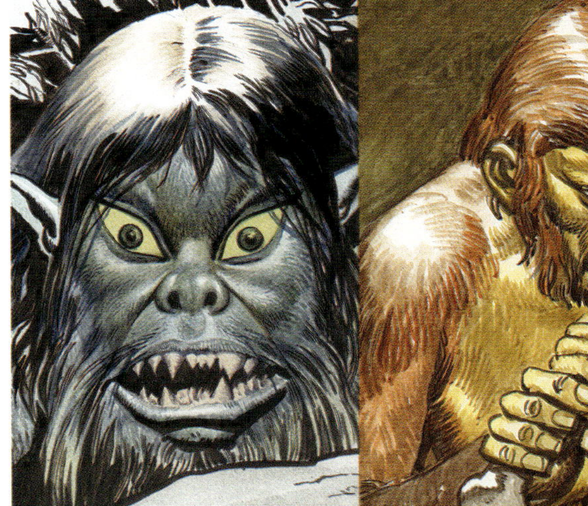

Wilde Tiere

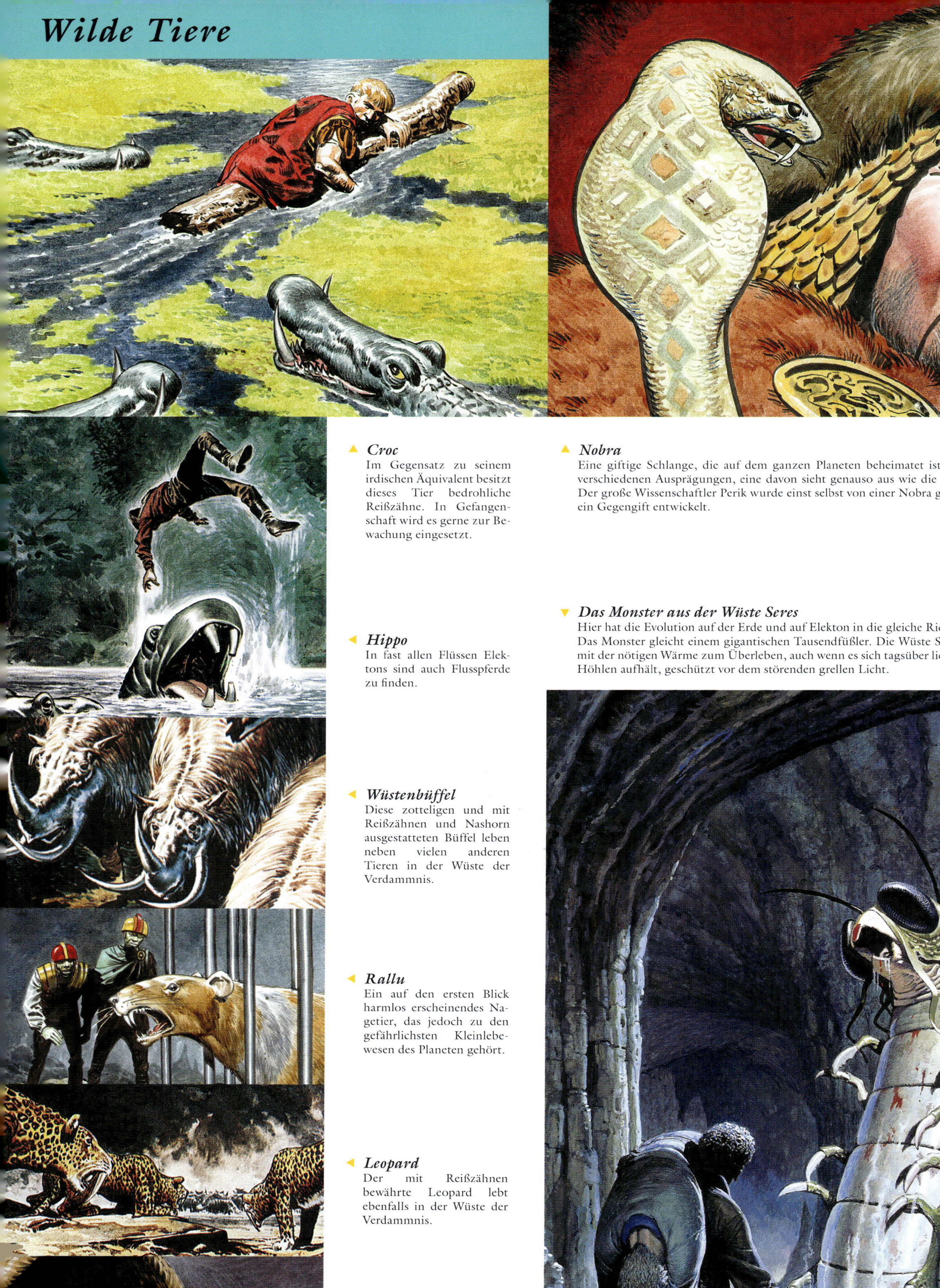

Croc
Im Gegensatz zu seinem irdischen Äquivalent besitzt dieses Tier bedrohliche Reißzähne. In Gefangenschaft wird es gerne zur Bewachung eingesetzt.

Hippo
In fast allen Flüssen Elektons sind auch Flusspferde zu finden.

Wüstenbüffel
Diese zotteligen und mit Reißzähnen und Nashorn ausgestatteten Büffel leben neben vielen anderen Tieren in der Wüste der Verdammnis.

Rallu
Ein auf den ersten Blick harmlos erscheinendes Nagetier, das jedoch zu den gefährlichsten Kleinlebewesen des Planeten gehört.

Leopard
Der mit Reißzähnen bewährte Leopard lebt ebenfalls in der Wüste der Verdammnis.

Ranta
Eine giftige Spinne, die vornehmlich in Wüstengebieten lebt. Ihr Biss ist tödlich, nur wenige Opfer haben ihn überlebt, darunter Kaiser Trigo.

Nobra
Eine giftige Schlange, die auf dem ganzen Planeten beheimatet ist. Es gibt sie in verschiedenen Ausprägungen, eine davon sieht genauso aus wie die irdische Kobra. Der große Wissenschaftler Perik wurde einst selbst von einer Nobra gebissen und hat ein Gegengift entwickelt.

Das Monster aus der Wüste Seres
Hier hat die Evolution auf der Erde und auf Elekton in die gleiche Richtung gewirkt: Das Monster gleicht einem gigantischen Tausendfüßler. Die Wüste Seres versorgt es mit der nötigen Wärme zum Überleben, auch wenn es sich tagsüber lieber in feuchten Höhlen aufhält, geschützt vor dem störenden grellen Licht.

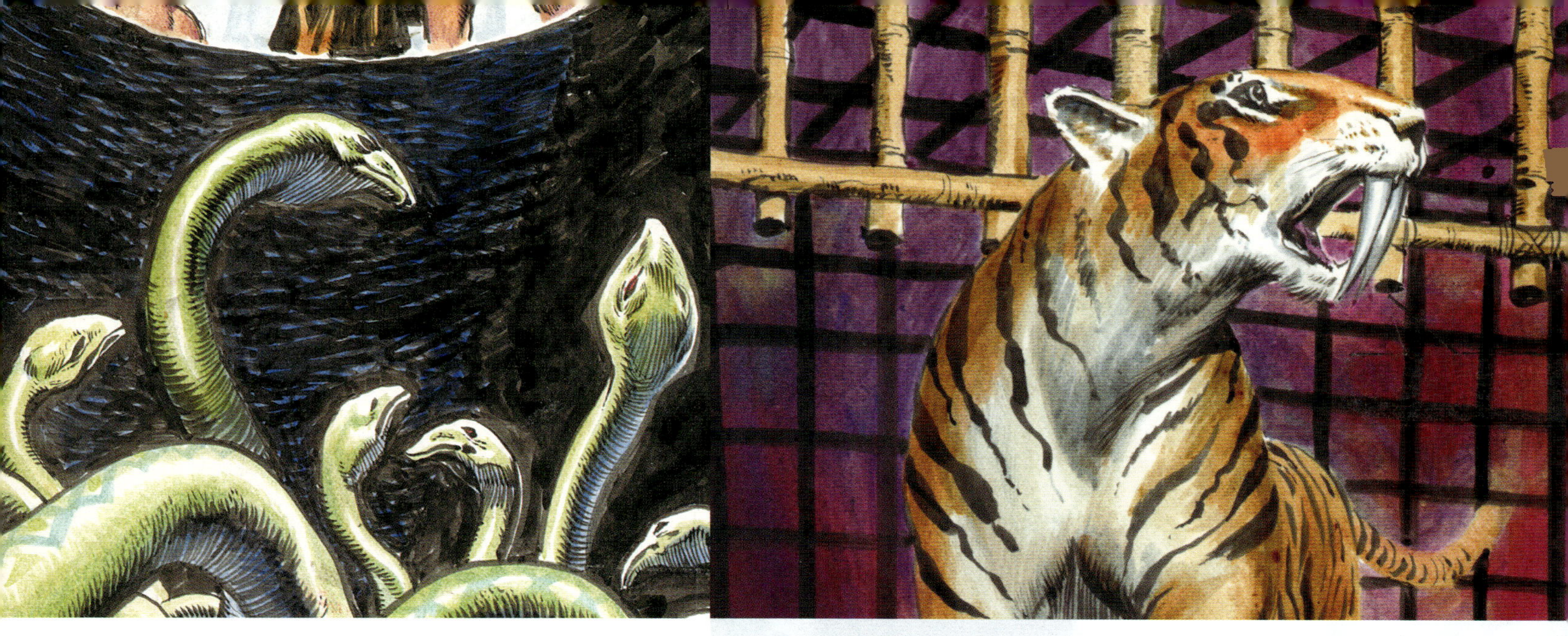

▲ ***Slunk***
Eine Giftschlange aus der Ebene von Vorg. Ihr gelbes Gift ist sehr gefährlich und wirkt für viele Tage.

▶ ***Yalt***
Dieser Säbelzahntiger-Doppelgänger ist das heilige Tier der Nild, die im Vorg-Gebirge leben.

▶ ***Yalla***
Eine aggressive, affenartige Kreatur, die einzig auf einer Insel im Ozean vor Herikon lebt. Die Yallas wurden von Otho, dem Herrscher der Insel, abgerichtet, um andere Lebewesen aufzuspüren und zu jagen.

Haustiere

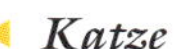

◀ ***Katze***
Die hochgestellten Personen in der Gesellschaft Elektons scheinen keinen Sinn für Haustiere zu haben, wohingegen in den Wohnvierteln der Arbeiterklasse zahlreiche Katzen und Hunde durch die Straßen streunen. In heruntergekommenen Stadtvierteln sind dann auch Ratten und andere Schädlinge zu finden, oder auch in feuchten Plätzen wie Höhlen und Verliesen. Wie auf der Erde übertragen sie auch hier Krankheiten.

◀ ***Nurot***
Unter den Versuchstieren der Labore finden sich auch Nurots, kleine Reptilien.

▼ ***Morrol***
Der Morrol ist ein pelziges Säugetier, das oft als Haustier gehalten wird, aber auch als Versuchstier herhalten muss.

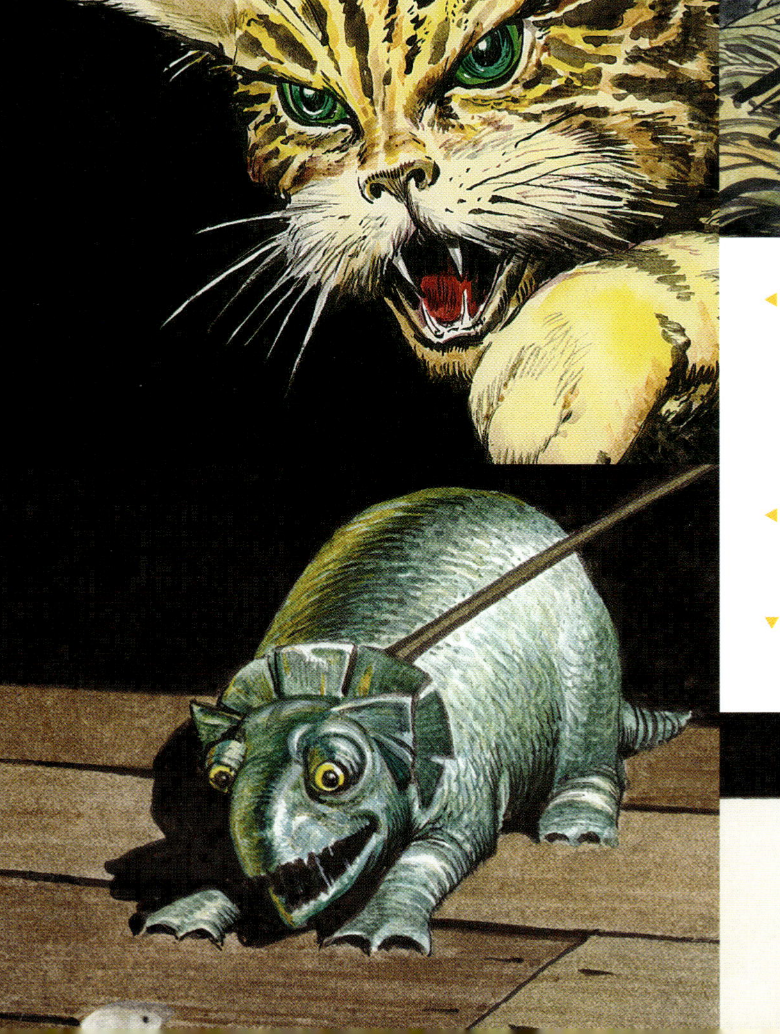

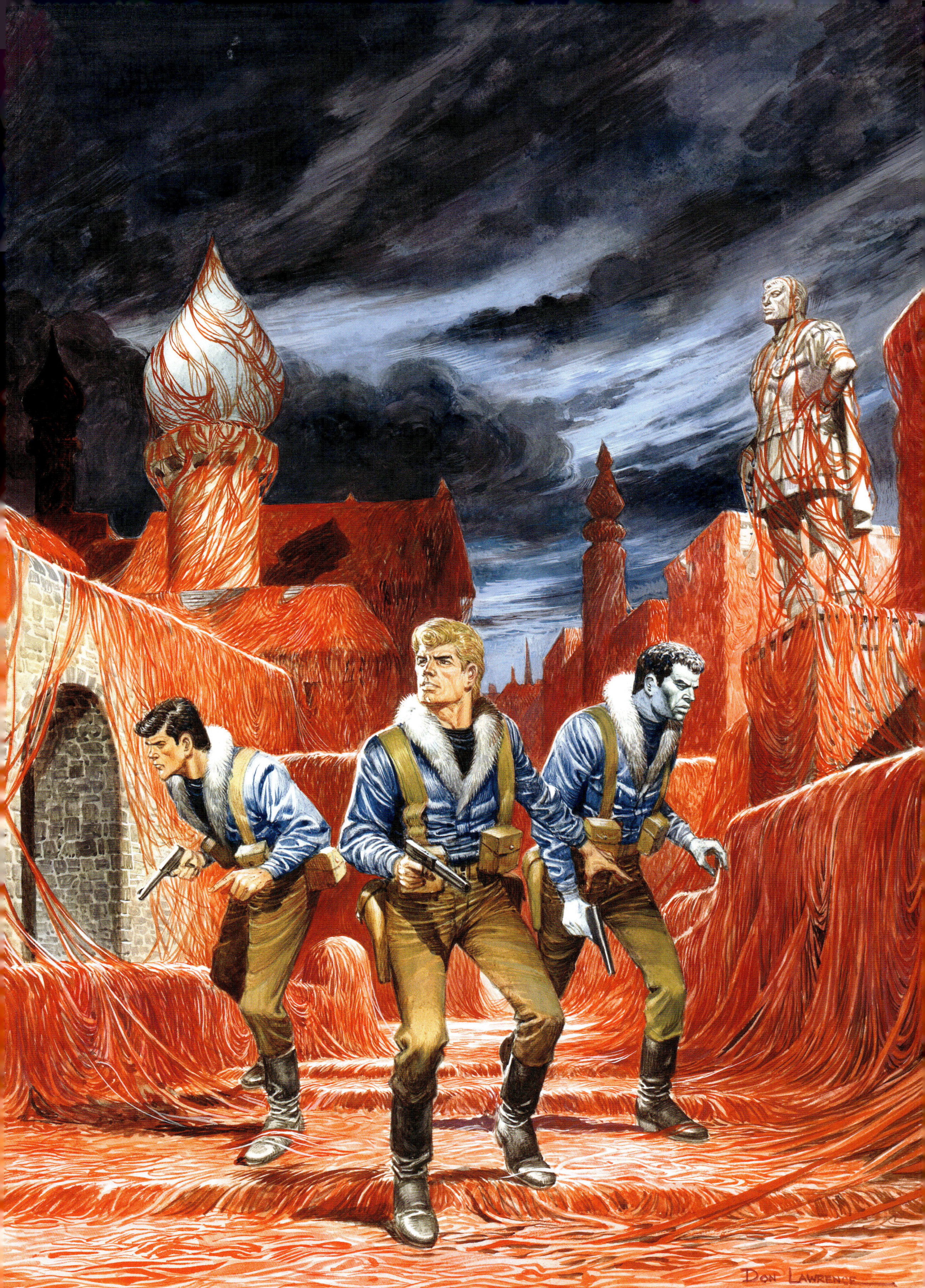
DON LAWRENCE

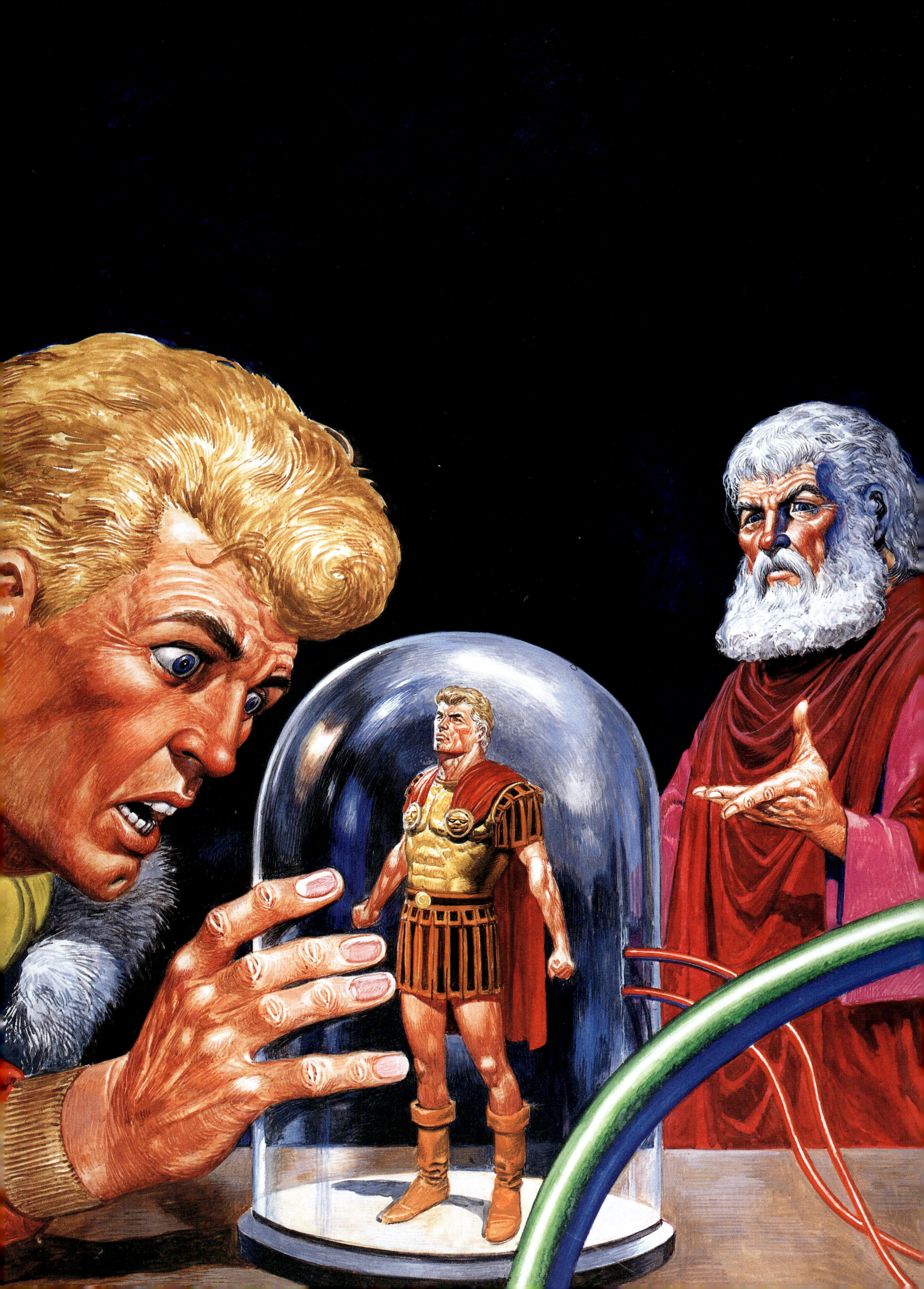

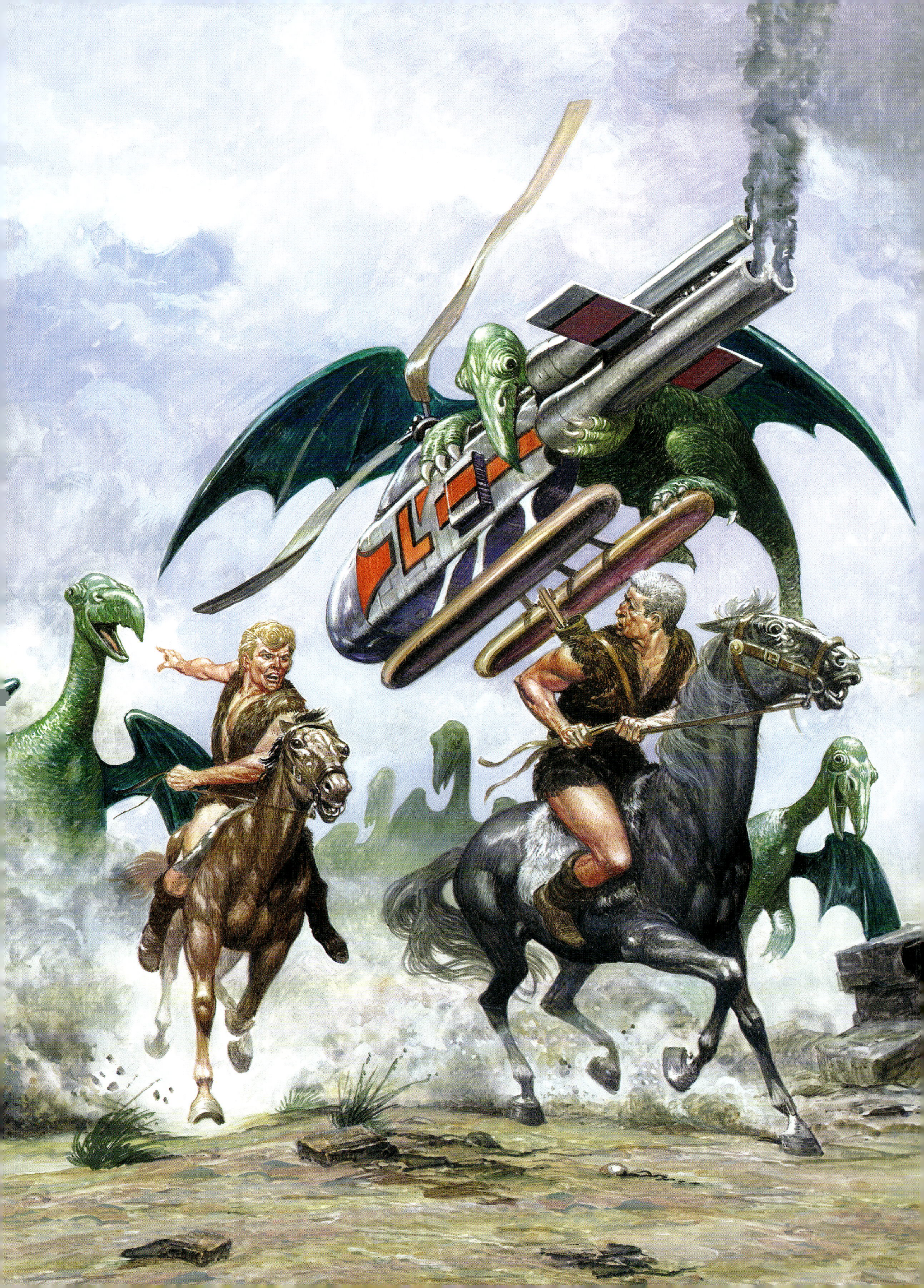

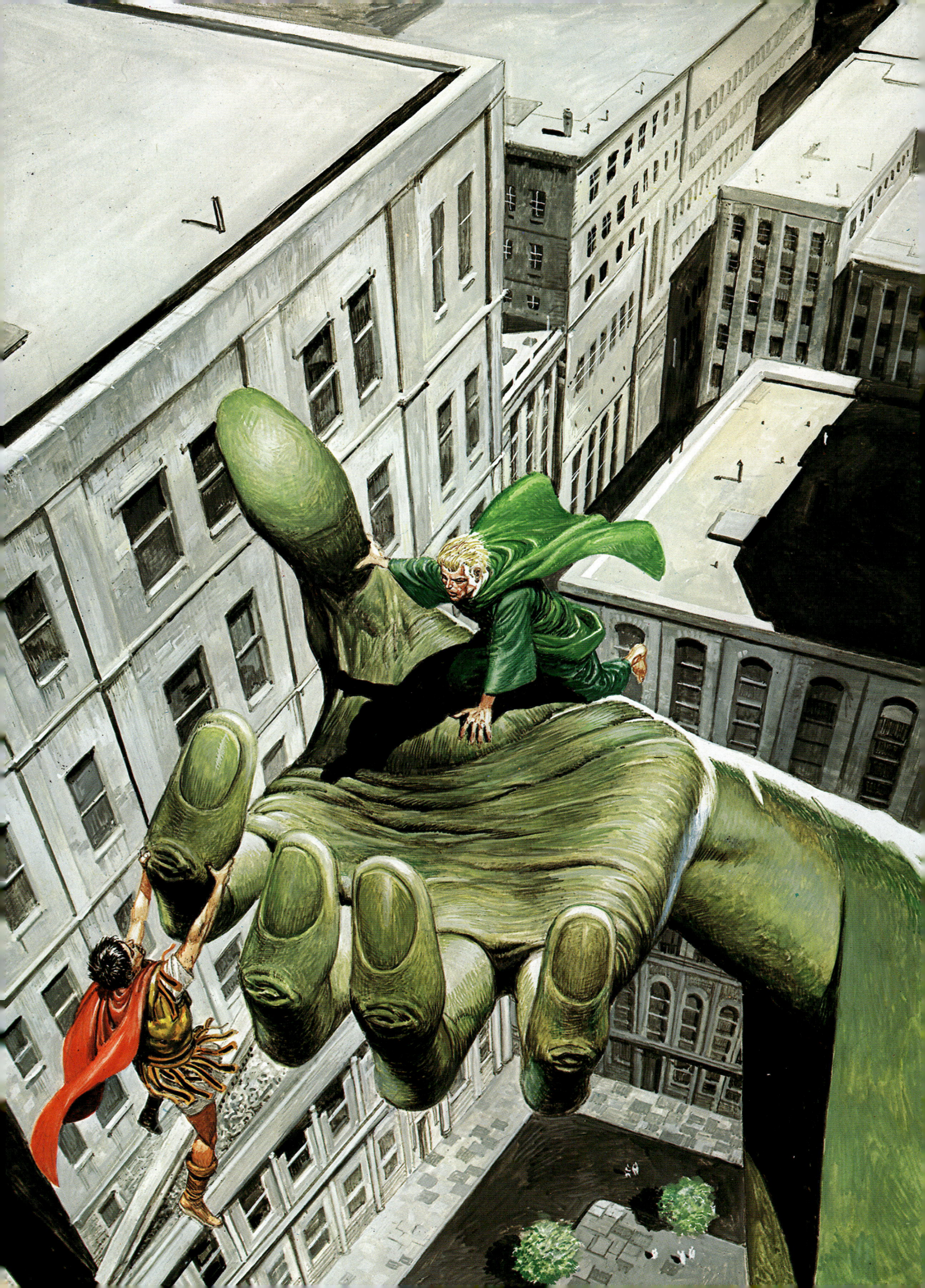

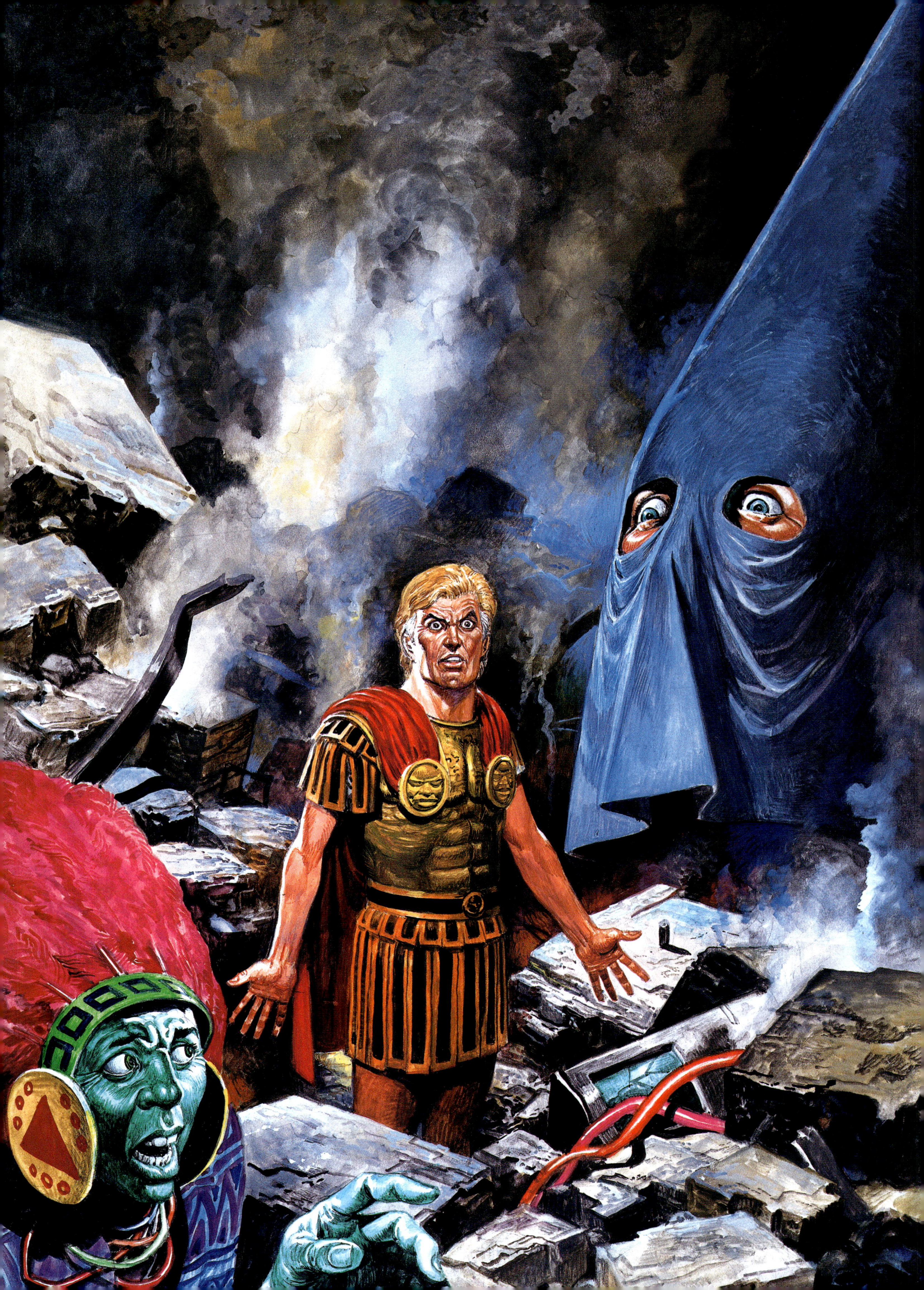

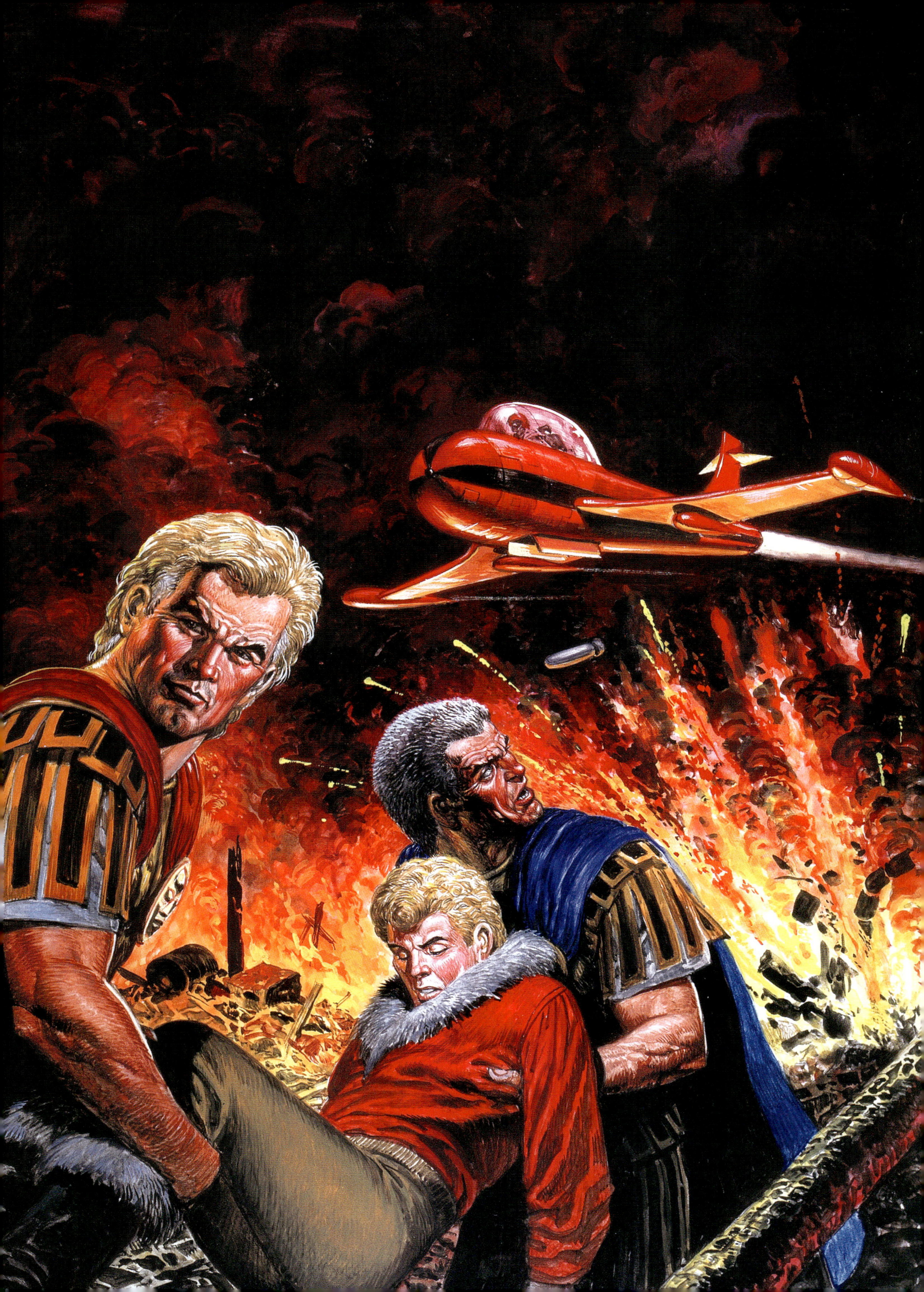

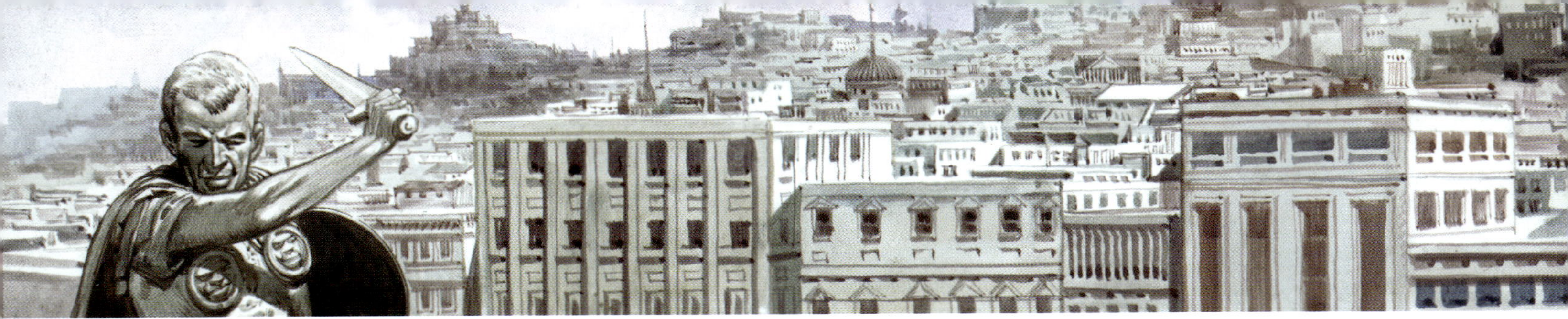

Wie man ein Kaiserreich erschafft …

Die Grundsteinlegung

Wir verdanken dem Philosophen und Ökonomen Adam Smith (1723–1790) die Vorstellung, dass Großbritannien eine Nation von Kaufleuten sei. Münzt man diesen Gedanken um auf die Entstehung von *Aufstieg und Untergang des Kaiserreichs Trigan* (im Original *The Rise and Fall of the Trigan Empire*), wäre dieser Comic einfach nur eine Ware von vielen im Spiel von Angebot und Nachfrage. *Trigan* wäre also entwickelt worden von Kaufleuten (die Redaktion und die Autoren, die jede Woche eine neue Ausgabe einer Zeitschrift in die Regale der Zeitungshändler brachten) für die Kunden (Kinder, die unterhalten und begeistert werden sollten). *Trigan* wurde dank des Könnens und der Motivation des Autors, des Zeichners und des Herausgebers von *Ranger* jedoch mehr als nur reine Unterhaltung und sollte aus dem Angebot der vielen Comic-Serien schnell herausragen.

Der Grundstein zur Entstehung des Comics wurde bereits gelegt, lange bevor die *Ranger*-Leser die erste Ausgabe in Händen halten konnten. Leonard Matthews leitete das Ressort „Jugend“ bei Fleetway Publications, einem der weltweit größten Zeitschriftenverlage, und hatte ein Händchen für neue, innovative Titel. Er kam 1938 als Redakteur ins Unternehmen (damals noch Amalgamated Press) und verantwortete bald als Chefredakteur die Comic-Magazine *Knockout* und *Sun* und die monatliche Taschenbuchreihe *Thriller Comics.* 1955 wurde er in die Geschäftsleitung berufen, und unter seiner Aufsicht kamen zahlreiche innovative und beliebte neue Titel heraus, darunter *Valentine*, *Princess Tina*, *Look & Learn*, *Harold Hare's Own Paper*, *Buster* und andere mehr.

> „SIE SAHEN, DASS ICH AUCH IN FARBE ARBEITEN KONNTE, UND BEAUFTRAGTEN MICH MIT *TRIGAN*.“

Nach der Übernahme des Konkurrenten Odhams Press 1961 stand Matthews auch den *Eagle*-Titeln vor. Odhams hatte bereits eine Reihe von Jugend-Magazinen etabliert (*Eagle*, *Girl*, *Swift*, *Robin*) und weitete diese Produktschiene aus, u. a. mit *Boy's World*, einer Art *Eagle*, angepasst auf die 1960er-Jahre. Zur Überraschung aller fiel *Boy's World* bei den Lesern durch und wurde nach 89 Ausgaben eingestellt. Heute ist das Magazin ein begehrtes Sammlerobjekt, 1964 fusionierte es nach nur 20 Monaten mit *Eagle.*

Matthews wird den Werdegang von *Boy's World* mit besonderem Interesse verfolgt haben, da er seine Karriere mit Abenteuer-Comics für Jungs begonnen und 1960 *Buster* auf den Markt gebracht hatte mit einem Mix aus lustigen und abenteuerlichen Storys, ähnlich *Knockout*, das unter Matthews Ägide über Jahre hinweg erfolgreich war.

Mit seinem neuesten Projekt, *Ranger*, zielte Matthews gegen Mitte der 1960er-Jahre nun darauf ab, erfolgreiche Konzepte zu kombinieren aus *Knockout* (Abenteuer-Comics, Adaptionen klassischer Romane) und dem extrem beliebten pädagogisch ausgerichteten Wochenmagazin *Look & Learn* (Fotoreportagen). Nur sollten die Reportagen in *Ranger* spannender und erlebnisreicher sein.

Für die Comics hatte Matthews konkrete eigene Vorstellungen, darunter auch eine zündende Idee, wie sich Mike Butterworth Jahre später erinnerte: „Er legte mir das Skript mit der Einleitung vor und sagte: ‚Übernimm du ab hier.‘ Er wusste nicht, wohin die Geschichte führen würde, aber er wusste, wem er sie anvertrauen konnte.“

Matthews wusste auch, wen er als Zeichner für seine Idee engagieren wollte. 1964 hatte er *Bible Story* mit betreut, ein Begleitmagazin zu *Look & Learn. Bible Story* enthielt Illustrationen von Fleetways besten Zeichnern, darunter auch Don Lawrence, der einige Artikel bebilderte und in Ausgabe 23 vom 8. August 1964 mit einem siebenseitigen Comic zum Leben von Herodes vertreten war. Fast zeitgleich erschien im September 1964 seine achtseitige Farbstory von *Karl der Wikinger* im *Lion Annual 1965.*

„Diese Geschichte brachte mir *Das Reich Trigan* ein“, erzählte Lawrence später. „Sie sahen, dass ich auch in Farbe arbeiten konnte, und beauftragten mich mit *Trigan.* Ich hatte bereits zuvor in Farbe gearbeitet, dabei aber die gesamte Farbpalette verwendet, was zu einem richtigen Desaster führte. So hielt man mir immer vor, ich könne nicht mit Farben umgehen. Lange Zeit hing ich in meinen Schwarz-Weiß-Geschichten fest, bis ich die Chance bekam, *Karl der Wikinger* in Farbe zu erzählen.“

Eben diese Kurzgeschichte aus dem Annual gab Matthews den Ansporn, Lawrence' Agent Danny Kelleher von der Temple Art Agency zu kontaktieren und Lawrence in sein Büro einzuladen. Zum vereinbarten Termin in Longacre wurden Lawrence und Kelleher in die oberste Etage begleitet, wie sich Lawrence erinnerte: „Wir kamen ins Reich der Götter. Teppiche, so dick, dass man bis zu den Knöcheln darin versank, antike Möbel, Kunst und wunderschöne Sekretärinnen. Ich glaube, in diesem Moment war ich für den Verlag einer

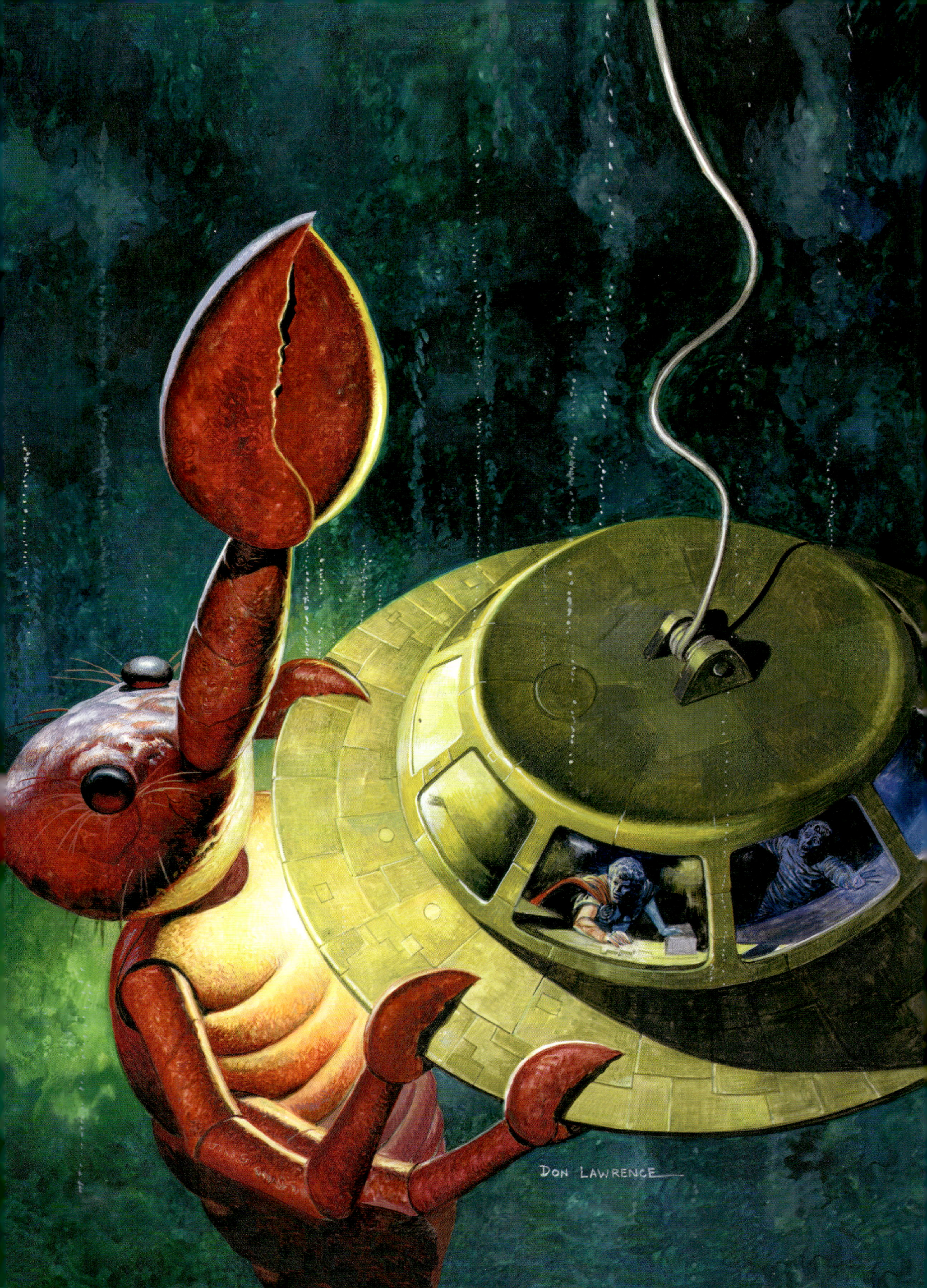
DON LAWRENCE

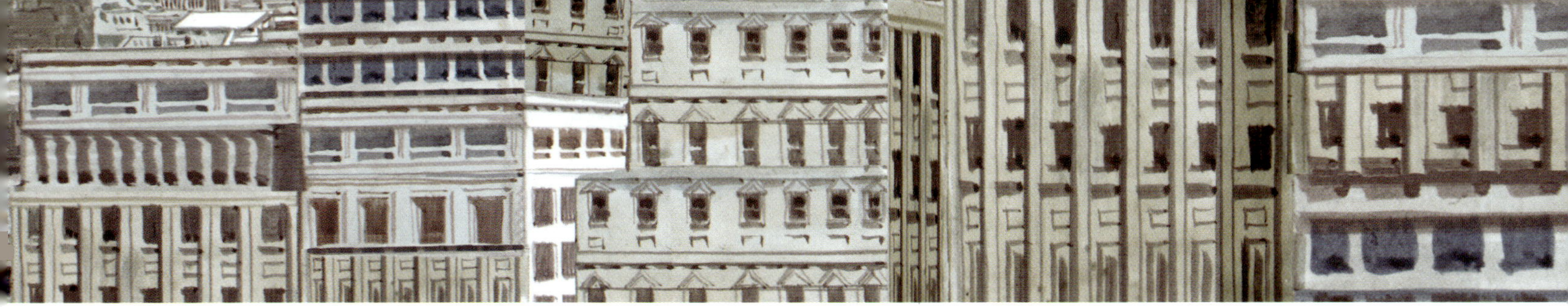

der kommenden Stars, aber ich fühlte mich nicht so. Ich meldete mich bei einer der Sekretärinnen, und sie fragte nach meinem Namen. Ich sagte ihn ihr, und sie antwortete: ‚*Der* Don Lawrence?' Ich dachte nur: ‚Bin ich hier richtig? Das ist unglaublich.'"

„Wir hatten also diese Besprechung mit dem Geschäftsführer, der uns von den Plänen für das Magazin *Ranger* erzählte und dass sie einen neuen Comic dafür bräuchten. Einen unverwechselbaren Comic, den ich zeichnen sollte. Als wir wieder rauskamen, sagte Danny nur: ‚Das ist eine große Ehre. Sei dankbar.'"

Lawrence setzte sich gleich an den Zeichentisch und skizzierte die Hauptcharaktere. Die Parallelen zum Römischen Reich waren bereits gesetzt, wie es auch der Titel rüberbringt. „Kurz und knapp auf den Punkt gebracht", kommentierte es Butterworth. Wobei es keinen ausgearbeiteten Plan für *Trigan* gab, wie das Reich untergehen sollte. „Dieser Aspekt wurde nie betrachtet. Der ‚Untergang' in ‚Aufstieg und Untergang' war rein spekulativ. Die Serie verlief völlig pragmatisch und ist einfach ‚gewachsen'."

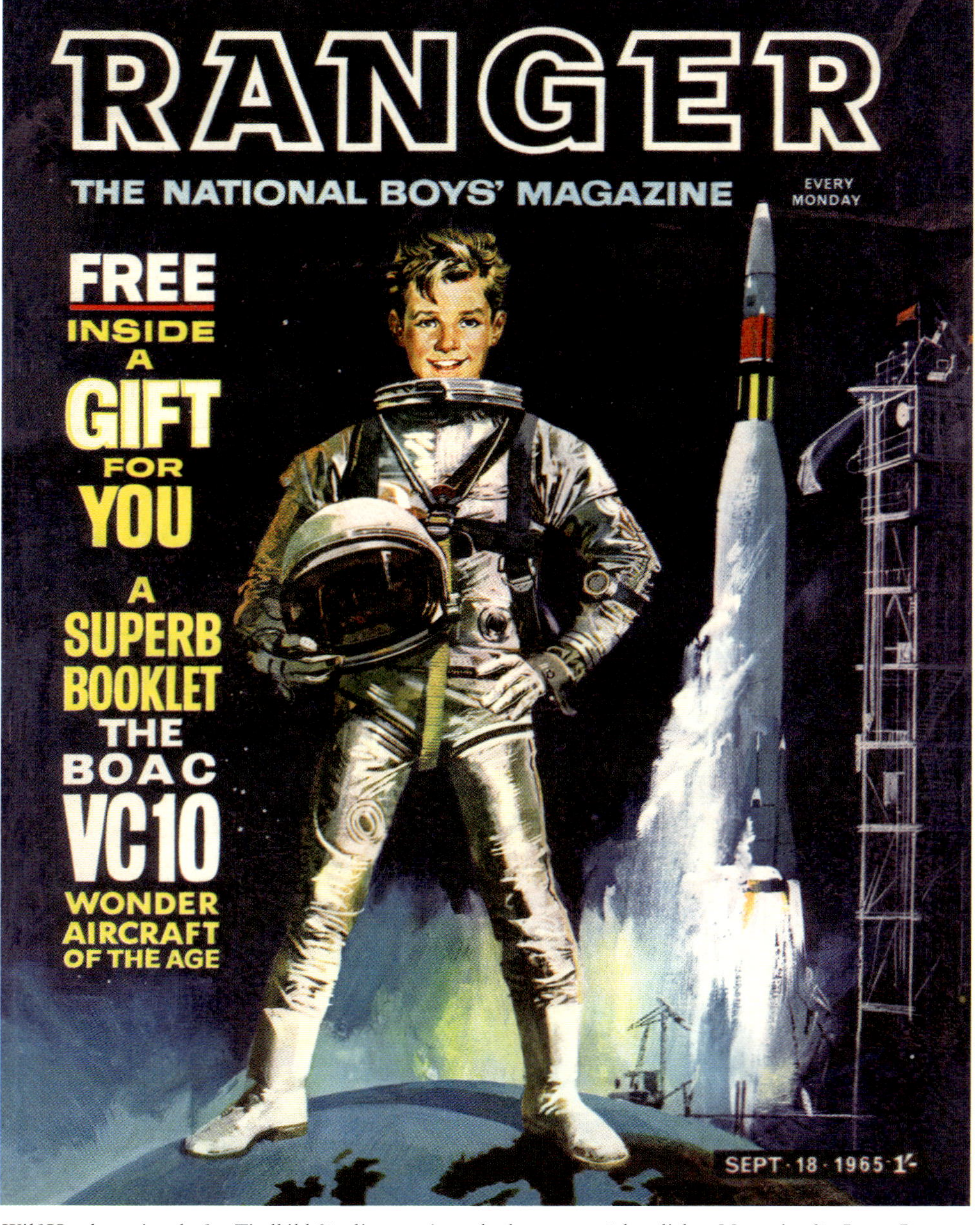

Wilf Hardys meisterhaftes Titelbild für die erste Ausgabe des neuen wöchentlichen Magazins für Jungs, Ranger.

Der Autor

Mike Butterworth gehörte zu den besten Autoren, die der britische Comic in den 1950er- und 1960er-Jahren zu bieten hatte. Da die Geschichten in jener Zeit ohne Nennung der Kreativen veröffentlicht wurden, wird er selten in Verbindung gebracht mit den Charakteren, die er erschuf. Es sind Namen wie Battler Britton und Jet-Ace Logan, Berühmtheit erlangte er jedoch durch *Das Reich Trigan*. Er war von beeindruckender Statur, stets gut gelaunt und umgänglich, gelegentlich auch mal unbeständig und besaß eine Faszination für Geschichte. Insbesondere hatte es ihm die Geschichte der Marine angetan, und er engagierte sich bei Sealed Knot, einer gemeinnützigen Organisation, die historische Schlachten nachstellt.

Als Leonard Matthews einen Autor suchte für einen Comic, der Science-Fiction und historische Motive miteinander verweben sollte, konnte seine Wahl auf keinen besseren fallen. Butterworth war einfach ein exzellenter Geschichtenerzähler. Beim Lesen der gesamten *Trigan*-Saga wird man gewiss wiederkehrende Situationen und Auflösungen entdecken, aber er konnte Spannung aufbauen und den Leser bei der Stange halten, indem er jede Woche erneut der Erzählung Raum gab bis zum spektakulären Cliffhanger, der ein Mitglied der kaiserlichen Familie oder deren Freunde in Lebensgefahr zeigte. Einen solchen Grad an Handwerkskunst über einen Zeitraum von 13 Jahren zu halten, das ist eine meisterliche Leistung.

John Michael Butterworth wurde am 10. Januar 1924 in Nottingham geboren als Sohn von John William Butterworth, ein geschickter Spitzen-Designer, der die elastische Spitze für Korsetts erfand, und seiner Frau Maud, geborene Burton. Nach seinem Schulabschluss ging er zur Royal Naval Volunteer Reserve und diente sich bis zum Rang eines Lieutenants hoch. Nach Kriegsende studierte er am Camberwell College of Art bei John Minton und Edward Ardizzone und arbeitete 1950–1951 auch als Dozent fürs Zeichnen am Nottingham College of Art.

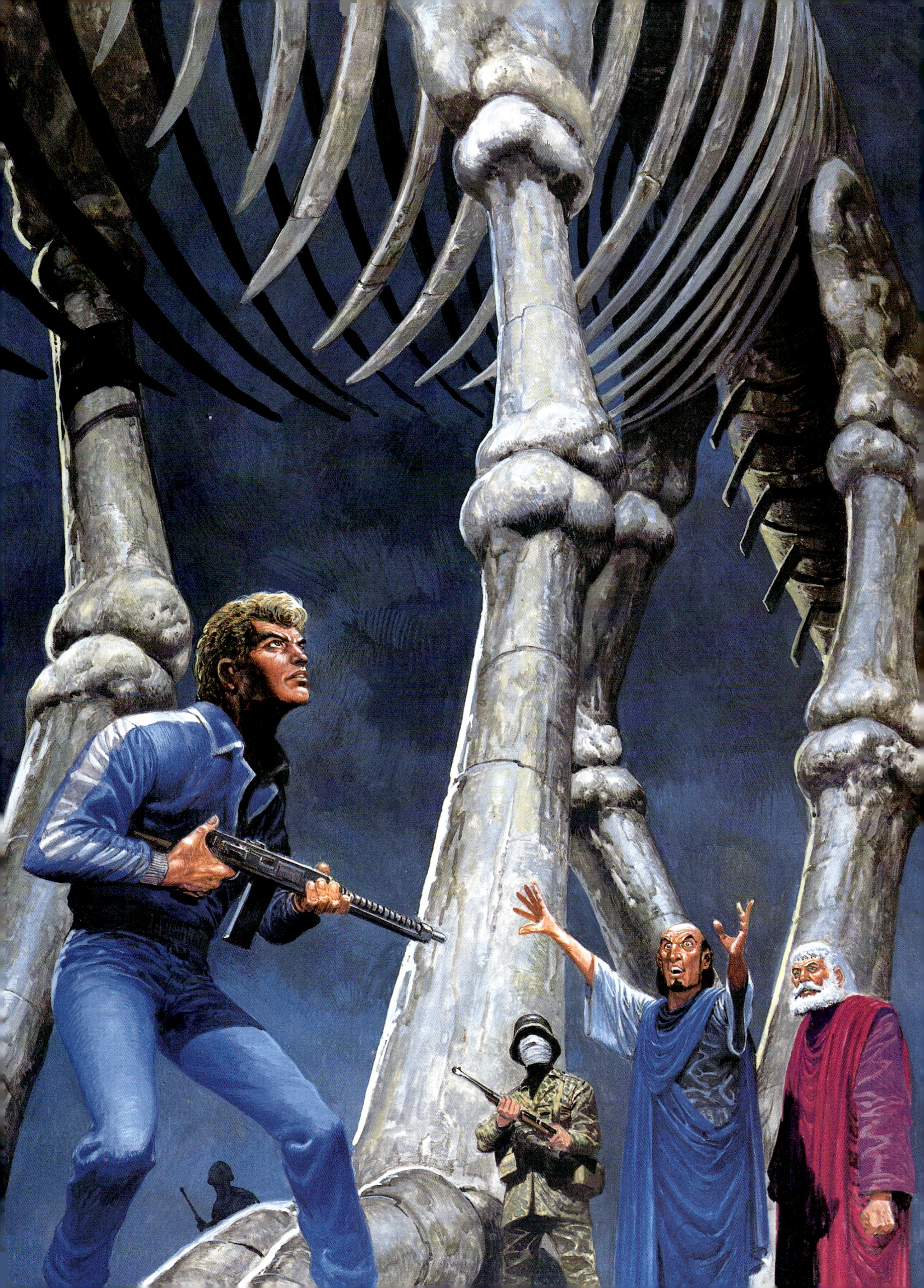

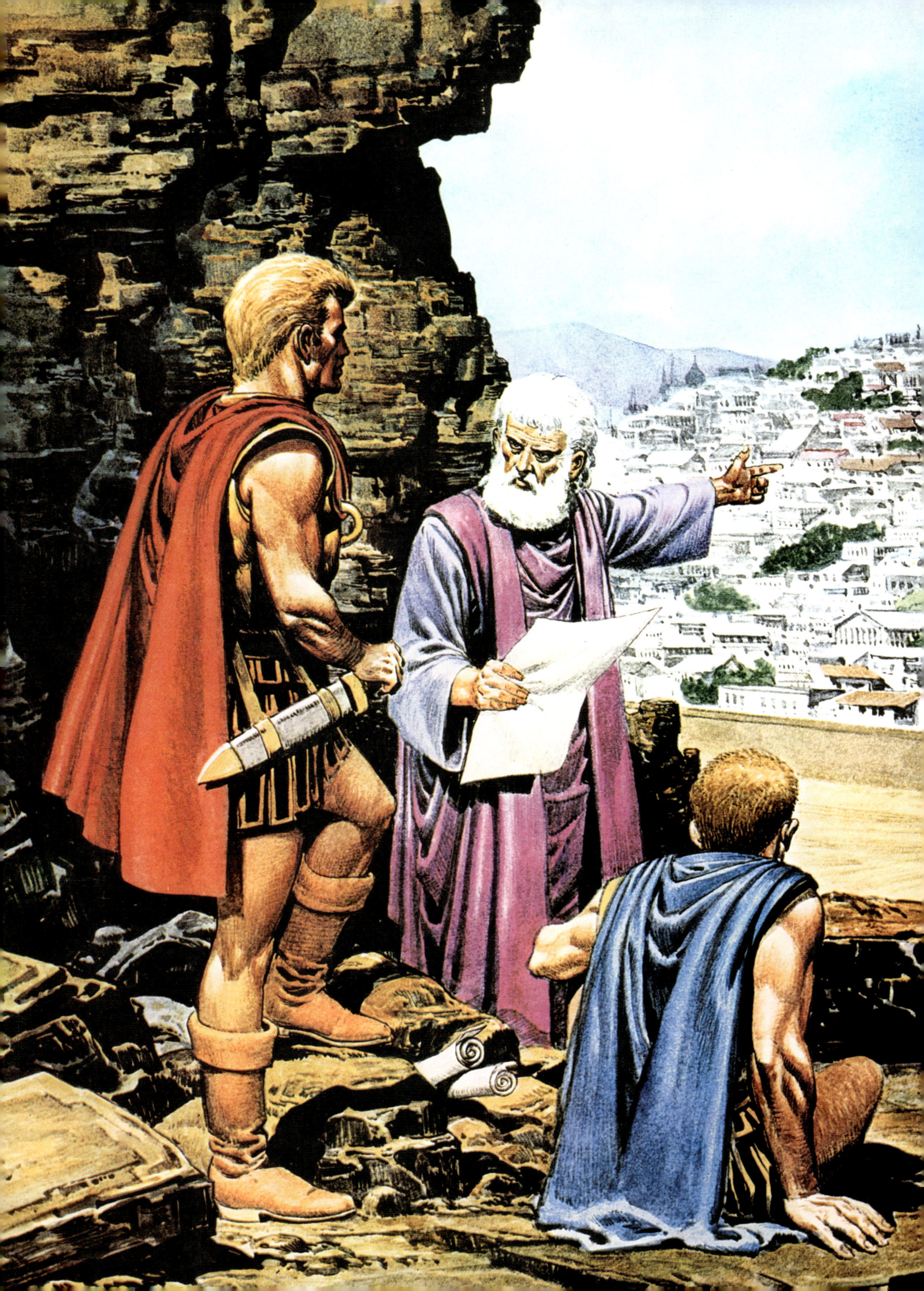

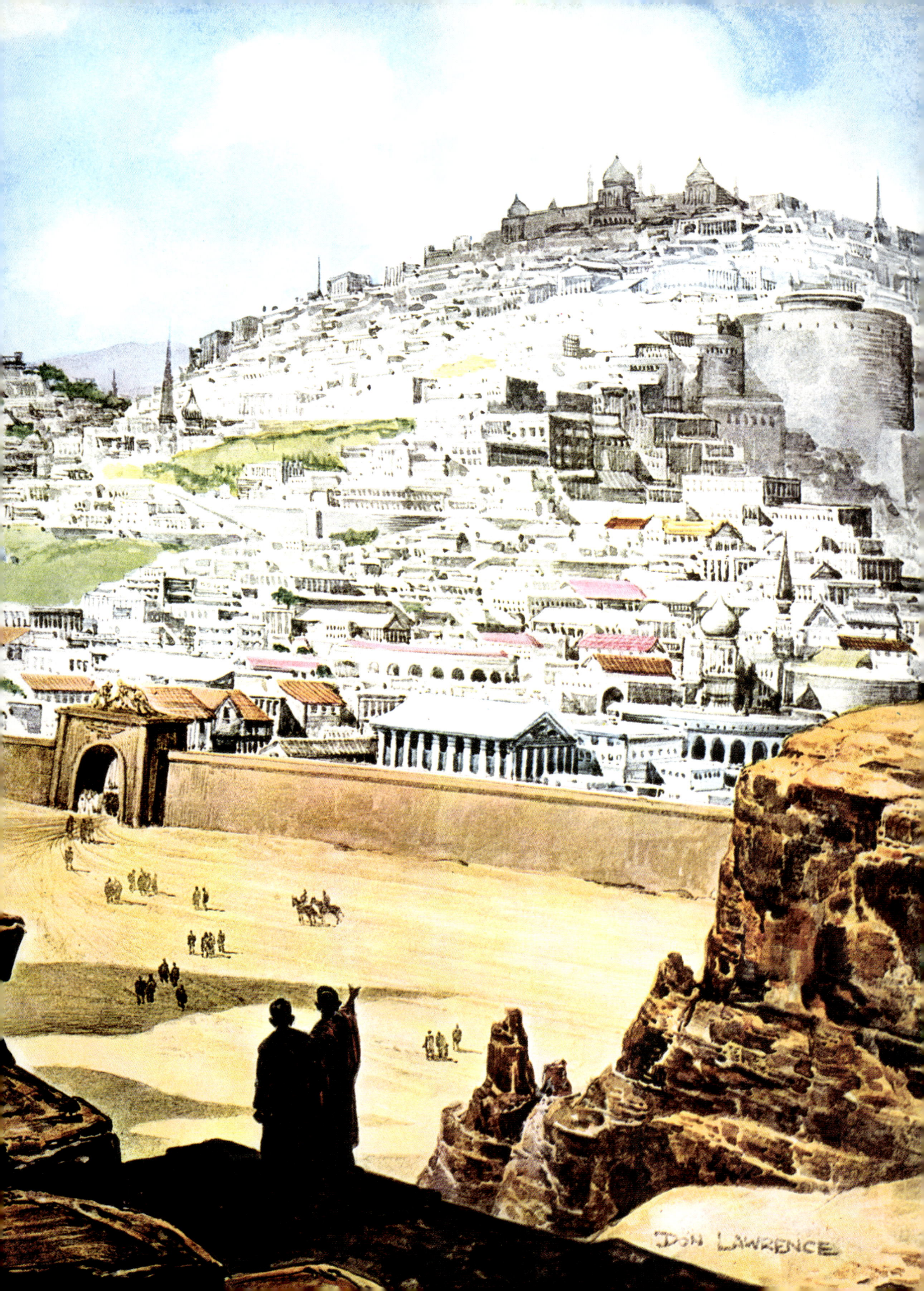
DON LAWRENCE

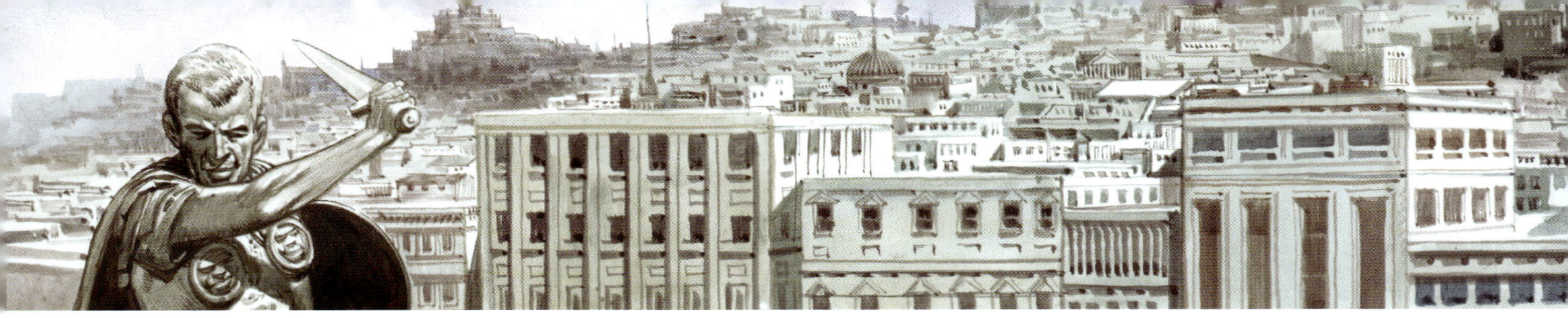

Butterworth reiste kurzzeitig als Handelsvertreter für Avery Scales durchs Land, verkaufte aber nach eigenen Angaben nicht eine einzige Waage. In seiner Freizeit fertigte er probeweise Illustrationen an für die Temple Art Agency, die sie bei Leonard Matthews von Amalgamated Press einreichte. Matthews schickte ihm daraufhin den Auszug eines *Robin Hood*-Skripts, aber als Butterworth wenige Wochen darauf seine gezeichneten Seiten einsandte, wurden diese als für den Verlag unbrauchbar zurückgewiesen. Wie Matthews sich später erinnerte, „hatte Mike Butterworth mit Edward Ardizzone gearbeitet und dessen Arbeitsweise studiert. Ein hervorragender Künstler, aber ich suchte etwas anderes, etwas Robusteres."

Butterworth versuchte es erneut, und diesmal als Drehbuchautor. Er orientierte sich an Ausgaben von *Sun*, *Comet* und *Knockout* und schrieb ein Abenteuer auf hoher See von *Sinbad the Sailor*. „Mir war gleich bei den ersten Zeilen bewusst, dass wir hier einen erstklassigen Autor hatten", so Matthews. „Ich bat Danny [Kelleher], ihn zu mir zu schicken, und Mike kam zu einem Treffen. Damals war Mike Butterworth noch als reisender Handelsvertreter für Avery Scales unterwegs und nur zu froh, diese Zeit hinter sich lassen und hauptberuflich als Autor arbeiten zu können. Es dürften keine sechs Monate vergangen sein, bis ich Mike im Team von Amalgamated Press, wie der Verlag damals noch hieß, begrüßen durfte. Er legte sofort los und wurde ein erstklassiger Redakteur und Autor, der sogar die Seitenlayouts für die Zeichner vorgeben konnte. Er war der beste Autor, den wir je hatten."

„ER WAR DER BESTE AUTOR, DEN WIR JE HATTEN."

Seine ersten Arbeiten erschienen in *Comet* und *Sun*, für die er Skripte der Wildwest-Abenteuer von Billy the Kid und Buffalo Bill beisteuerte.

Beiden Serien fügte er einen Ansatz von Authentizität hinzu, indem er an real existierende historische Charaktere Haupt- und Nebenrollen vergab, auch wenn die Comics selbst ihre britische Tradition nicht verbergen konnten. Butterworth war wie gemacht für historische Motive, und viele seiner besten Geschichten wurden getragen von europäischer und britischer Folklore und Historie. Für *Sun* erzählte er die Abenteuer von Dick Turpin und Robin Hood und erschuf die beliebte Serie *Max Bravo, the Happy Husar* um die rasanten Abenteuer eines jungen Reiters des 9. Husarenregiments der französischen Armee unter General Napoleon Bonaparte: Von dem Moment an, in dem er in der Kaserne von Grenoble ankommt, wird Max vom schurkischen Sergeant-Major Slashtrap misshandelt, kann sich aber als Husar im Kampf gegen die Österreicher in Italien und im Ägypten-Feldzug beweisen und erlangt so die Gunst von Bonaparte persönlich.

Zu dieser Zeit verfasste Butterworth auch die Abenteuer des Kavaliers Claude Duval für *Comet* und weitere wunderbare historische Comics wie *Under the Golden Dragon*, eine authentische Erzählung der Eroberung Britanniens durch die Normannen, oder die im Mittelalter spielende Geschichte *The Banner of the Silver Lion*, beide gezeichnet von Patrick Nicolle.

Butterworth unterstützte Matthews als Redaktionsassistent bei *Sun*, bevor er zum Redakteur befördert wurde bei *Playhour Pictures*, einer im Tiefdruckverfahren hergestellten neuen Zeitschrift, die im Oktober 1954 ihr Debüt gab und für die er den farbigen Titelcomic um Texas Jack und seinen treuen Sidekick Prince the Wonder Dog schrieb.

Die Verkaufszahlen entsprachen jedoch nicht den Erwartungen und die

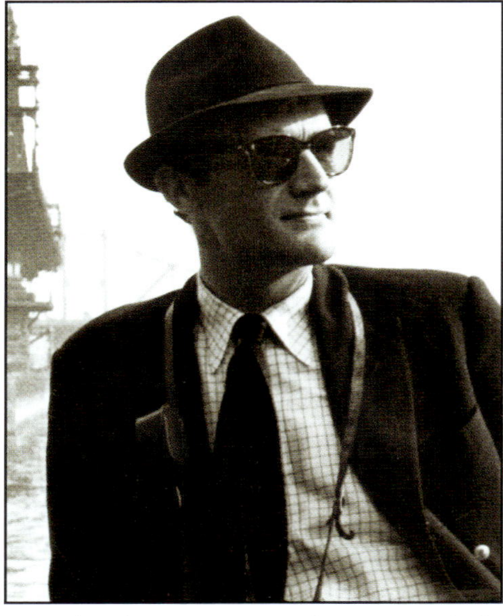

Eines der seltenen Fotos von Mike Butterworth, der sich gern von der Öffentlichkeit fernhielt und auch für seine Romane eine Vielzahl von Decknamen wählte.

Zeitschrift wurde im Mai 1955 bereits wieder vom Markt genommen, sodass Butterworth zurück zu *Sun* und *Comet* ging.

Auch privat verlief sein Leben nicht gradlinig. Er hatte 1945 das erste Mal geheiratet und hatte aus dieser Ehe eine Tochter, als er Jenny Spalding traf, die wenige Monate vorm Start von *Playhour Pictures* als seine Stellvertreterin eingestellt wurde. Amalgamated Press war jedoch ein sehr konservativer Arbeitgeber und stand Beziehungen am Arbeitsplatz sehr abweisend gegenüber. Daraufhin kündigte Jenny und begann freiberuflich zu arbeiten. Die beiden heirateten im April 1957 und bekamen fünf Kinder, einen Sohn und vier Töchter. Jenny Butterworth wurde selbst eine anerkannte Comic-Autorin, sie schrieb u. a. die legendäre Sixties-Mode-Serie *Tiffany Jones* und kooperierte immer mal wieder mit ihrem Ehemann, wenn einer der beiden in Termindruck geriet oder der Plot stockte.

In der Zwischenzeit blieb Mike Butterworth nicht untätig. 1955 verfasste er die Story *A life of Nelson* für *Comet*, grafisch umgesetzt von Eric R. Parker. Für *Thriller Picture Library* hielt er die Abenteuer von Rob Roy und Claude Duval fest und skizzierte die Erlebnisse

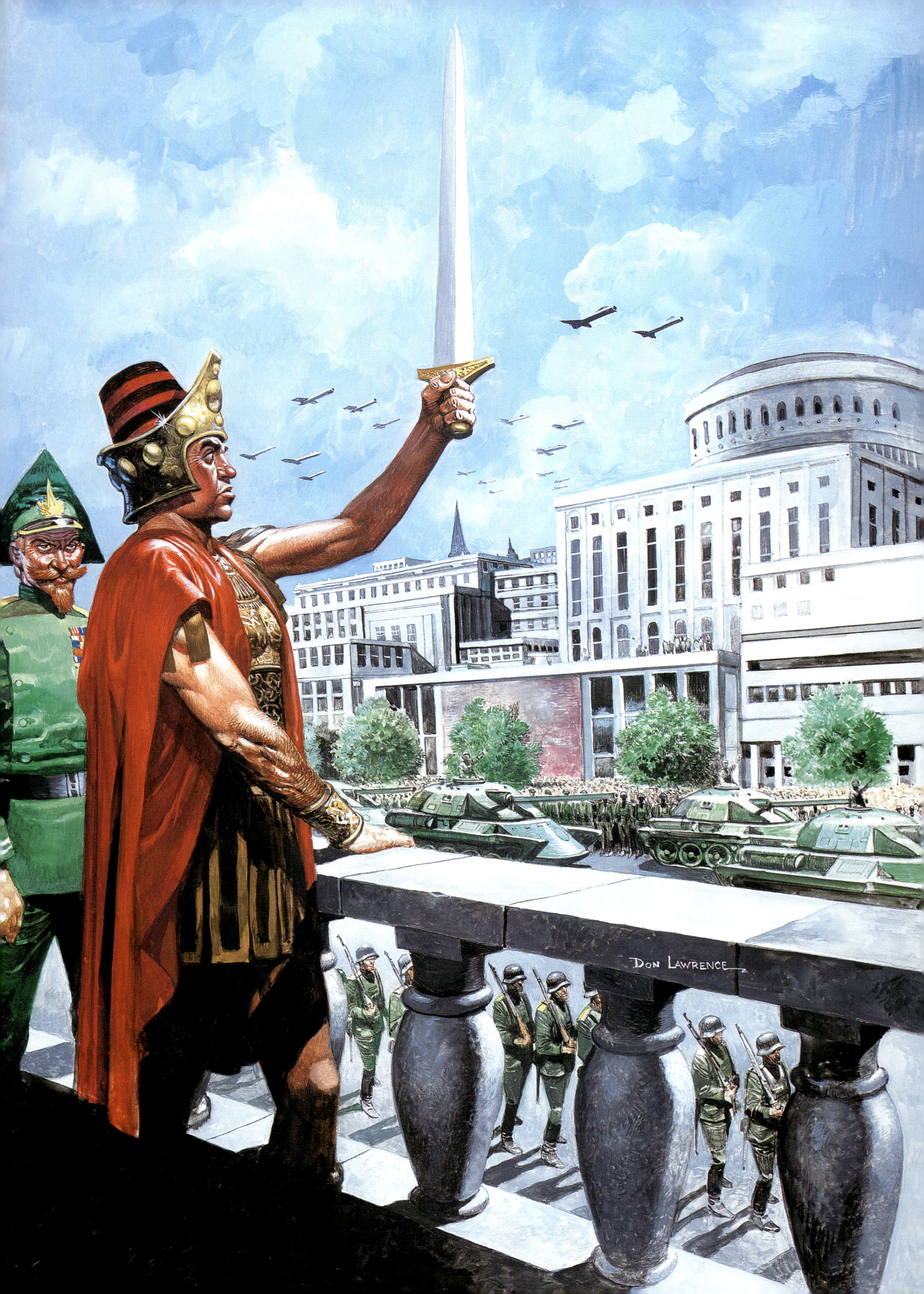
DON LAWRENCE

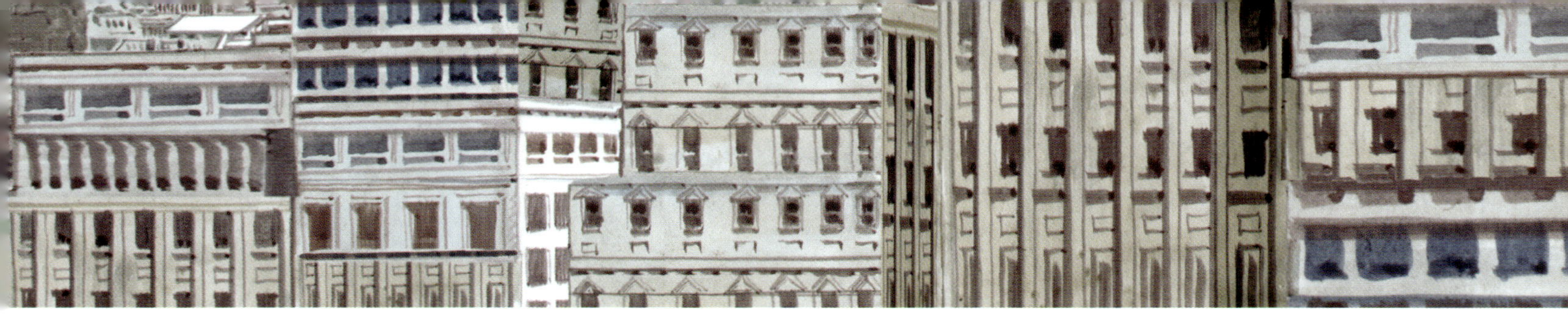

der drei Musketiere, die dann von Colin Thomas ausgearbeitet wurden. Nach einem Fortsetzungsroman von D. H. Parry adaptierte er *Trumpeter Sound* und nach Motiven von Victor Hugos *Les Misérables* den Titel *The Man They Called the Bloodhound*.

Für *Sun* erschuf er die Figur Battler Briton, ein Flieger-Ass des Zweiten Weltkriegs. Er debütierte im Januar 1956 und wurde alsbald sehr beliebt, sodass bis heute Hunderte seiner Geschichten in *Sun*, *Knockout*, *Thriller Picture Library*, *Air Ace Library* und diversen Sammelbänden erschienen. „Ich kam auf den Namen, aber es war eben einfach nur ein Name. Michael füllte ihn mit Leben und machte den Charakter daraus, der dann diesen immensen Erfolg hatte", erinnerte sich Leonard Matthews später. Butterworth hatte zuvor bereits *Jet-Ace Logan* ins Leben gerufen, den „Monty" Haydon 1954 für eine neue Publikation nutzen wollte. Doch dazu kam es nie, und so druckte *Comet* ab September 1956 die Serie ab, von der Butterworth jedoch nur die erste Episode beisteuerte.

1956 hob Butterworth *Valentine* aus der Taufe, ein Mädchen-Magazin für Teenager mit Liebesgeschichten und Reportagen über Pop-Musik. Die Debütnummer kam im Januar 1957 heraus und wurde ein großer Erfolg, sodass Butterworth später die beiden romantischen Comic-Serien *Marilyn* und *Roxy* übernahm, als der bisherige Autor Bob Lewis zum Konkurrenten Pearson wechselte. Das wachsende Interesse an Pop-Musik inspirierte Butterworth dazu, am Tag nach Beendigung der *Night of the Proms* (die traditionelle Sommerkonzertreihe in London mit klassischer Musik) die allererste *Pop Prom* zu veranstalten. Als Teilnehmer konnte er Tommy Steele, Cliff Richard, Chris Barber's Jazz Band und andere gewinnen, daraus entwickelte sich ein jährlich stattfindendes Event.

Butterworths Erfolg führte zur Einführung von *Honey* im April 1960, einem monatlichen Hochglanzmagazin für Teenager-Mädchen. Als Chefredakteur musste er den Geschäftsführern von Fleetway eines Tages Rede und Antwort stehen, nachdem die Beatles ein Cover zierten. Ein Mitglied des Vorstands verlangte gar, dass zukünftig alle Cover durch den Vorstand abgesegnet werden sollten. Die Diskussion nahm ein schnelles Ende, als aus der Runde die Frage nach einer zweiten Auflage aufkam, da die Ausgabe in kürzester Zeit ausverkauft war.

Neben seiner Arbeit als Redakteur schrieb Butterworth auch weiterhin Comic-Storys und wurde 1964 von Leonard Matthews angesprochen, ob er nicht ein paar Geschichten für das neue wöchentliche Magazin *Ranger* beisteuern wolle. Angedacht war ein Mix aus klassischen Abenteuern und Science-Fiction, woraufhin Butterworth Robert Louis Stevensons *Schatzinsel* adaptierte und die neuen Serien *Rob Riley* um einen Schuljungen und *Jason January, Space Cadet* schuf. John Sanders, noch für *Look & Learn* tätig, sollte das neue Magazin übernehmen, hatte aber nach eigenen Worten mit der ersten Ausgabe wenig zu tun: „Leonard hatte das Heft in der Hand. Ich habe es nur später schlafen gelegt. Dabei war es für mich eine ausgezeichnete Möglichkeit, viel zu lernen, während Leonard all seine Fantasien einbringen konnte. Er wollte die Uhr um 30 Jahre zurückdrehen, in die Zeit des Wilden Westens, der Wegelagerer, die Geschichten seiner Kindheit. Es waren die 1960er, und *Ranger* war bereits veraltet, bevor es auf dem Markt war – es war von Beginn an zum Scheitern verurteilt."

> „ES WAREN DIE 1960ER, UND RANGER WAR BEREITS VERALTET, BEVOR ES AUF DEM MARKT WAR – ES WAR VON BEGINN AN ZUM SCHEITERN VERURTEILT."

Ranger kam auf nur 40 Ausgaben, aber viele von Butterworths Serien überlebten die folgende Zusammenlegung mit *Look & Learn*, allein *Jason January* (nun ohne den Zusatz *Space Cadet*) und *Rob Riley* liefen bis 1967 bzw. 1971.

Während dieser Zeit lebten die Butterworths in einem prächtigen mittelalterlichen, von einem Wassergraben umgebenen Haus in Suffolk, mit einer riesigen fürstlichen Halle, einem Salon und einem großen Arbeitszimmer. Dort arbeitete Mike Butterworth, während sich auf seinem Schoß der zahme Mungo zusammengerollt hatte oder sich unter seinem Hemd aufwärmte.

Die Einstellung von *Ranger* im Juni 1966 veranlasste Butterworth, sich in anderen Bereichen als Autor zu versuchen, und bereits 1967 erschien mit dem Psychothriller *The Soundless Scream* bei John Long sein erster Roman. Da er zunehmend unzufrieden war mit der Verlagspolitik von Fleetway, kündigte Butterworth dort, hielt aber weiterhin Kontakt zur Redaktion. U. a. arbeitete er an der mehrsprachigen Zeitschrift *Tell Me Why* (1968–1970) mit.

Nach der Veröffentlichung seines zweiten Romans (1968, *Walk Softly, in Fear*) verabschiedete er sich von den meisten seiner Comic-Serien, darunter *Westward the Wagons* und *The Happy Day* (in Zusammenarbeit mit seiner Frau) für *Princess Tina*. Abgesehen von seiner Tätigkeit für *Das Reich Trigan*, war Butterworths letztes Comic-Skript das für den US-amerikanischen Verlag James Warren, bei dem von 1973 bis 1976 in

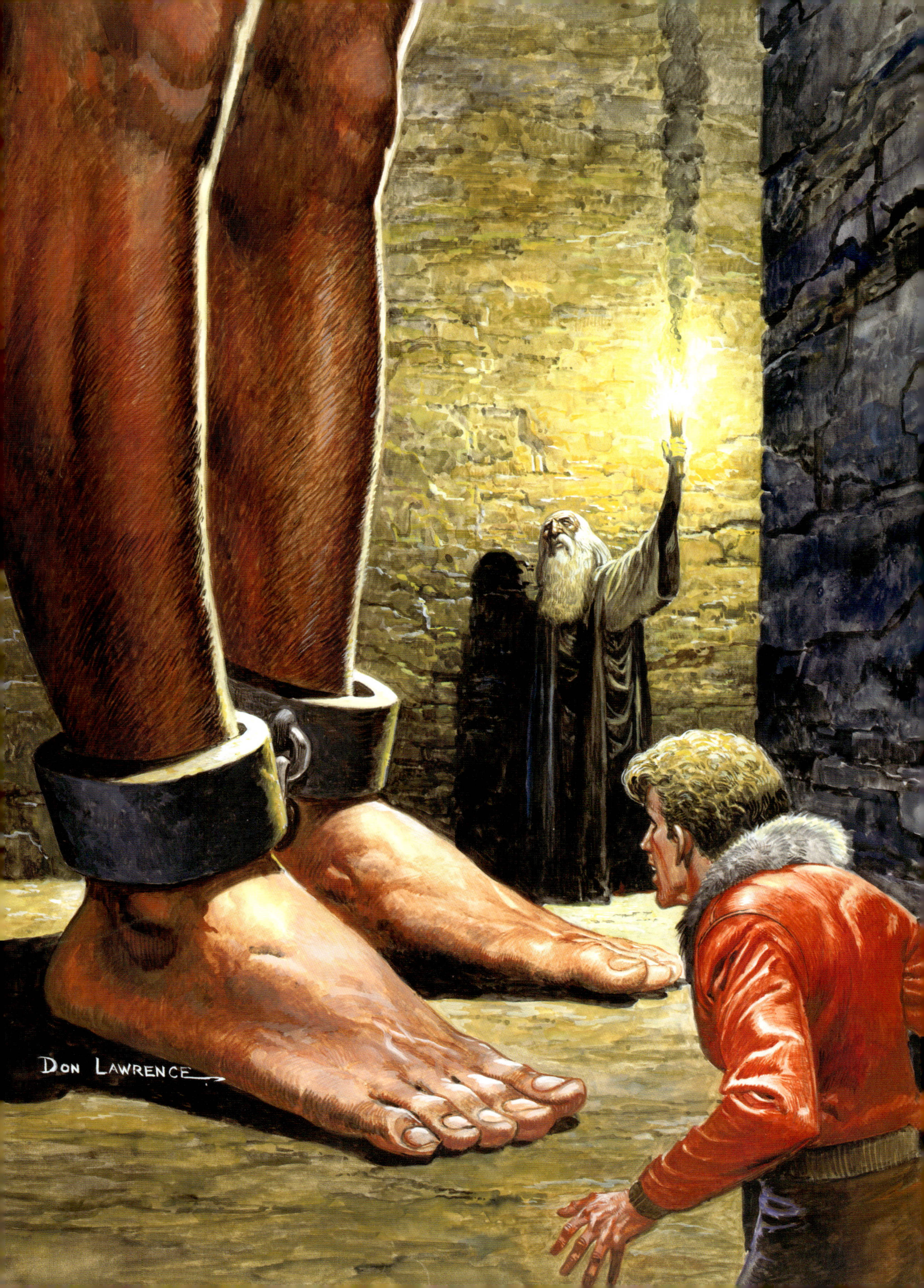
DON LAWRENCE

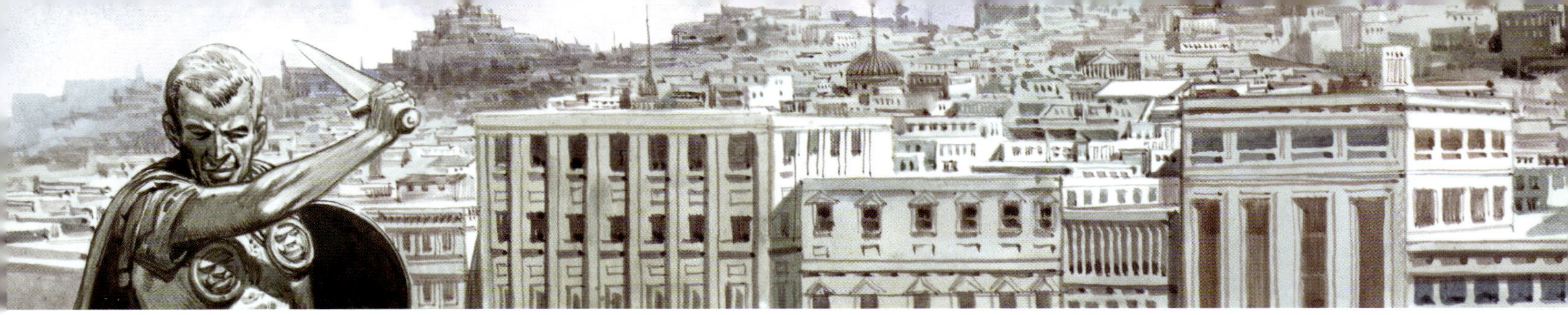

Vampirella eine Reihe seiner Geschichten unter dem Pseudonym Flaxman Loew erschienen.

Stattdessen konzentrierte sich Butterworth jetzt auf das Schreiben von Romanen und brachte in schneller Folge *Vanishing Act* (1970) und *Flowers of a Dead Witch* (1971) heraus. Sehr erfolgreich wurde seine Reihe mit schwarzhumorigen Thrillern: *The Man in the Sopwith Camel* (1974), *Remains to be Seen* (1976), *X Marks the Spot* (1978), *The Man Who Broke the Bank of Monte Carlo* (1983) und *A Virgin on the Rocks* (1985). Einige von ihnen sollten auch verfilmt werden, aber leider schaffte es nicht einer auf die Leinwand.

1975 wandte sich Butterworth unter dem Pseudonym Carola Salisbury sehr erfolgreich dem Genre der Schauerromane zu. *20th Century Romance and Historical Writers* beschrieb die Bücher als „bevölkert mit lebhaften, komplexen Charakteren, die die Vorstellungskraft des Lesers beflügeln und sein Interesse hervorrufen. Sie zeichnen sich aus durch Action, Abenteuer und Spannung und sollten hoch oben auf der Liste der zeitgenössischen unheimlichen Romane stehen".

Wie Barbara E. Kemp ausführte, konnte er sehr geschickt aus der Perspektive seiner Heldinnen erzählen: „Gedanken und Gefühle werden so natürlich aus der weiblichen Sicht zum Ausdruck gebracht, dass es schwerfällt im Hinterkopf zu behalten, dass der Autor in Wirklichkeit ein Mann ist. Mit dem Blick einer Frau wird die Handlung mit genau der richtigen Mischung aus Neugierde und Angst beschrieben, ohne in Hysterie zu verfallen mangels echtem Einfühlungsvermögen bei der Beschreibung einer wohlbehütet aufgewachsenen jungen Frau, die in einem Schauerroman mit Gewalt, Mysterium und Schrecken konfrontiert wird."

Sehr beliebt waren auch seine „Bodice Ripper" („Nackenbeißer") wie *The Pride of the Trevallions* (1975, auch bekannt unter *Mallion's Pride*), *Dolphin Summer* (1976), *The Winter Bride* (1978) und *Count Vronsky's Daughter* (1981) mit Anna Kareninas Tochter als Heldin. Für eine weitere Serie von Schauerromanen, die *Purity*-Trilogie (1977–1978), wählte Butterworth den Künstlernamen Janette Seymore. Weitere seiner Decknamen waren Anne-Marie Sheridan, Sarah Kemp und William Dobson (unter denen er Krimis veröffentlichte) und Robert Challoner für eine Reihe von historischen Seefahrerromanen um Butterworths persönlichen Helden Admiral Nelson.

Sein letzter Roman, *The Five Million Dollar Prince*, erschien noch kurz vor seinem Tod. Butterworth, der wenige Jahre zuvor seinen Namen in Michael Marlowe hatte ändern lassen, verstarb am 4. Oktober 1986 zu Hause im Alter von 62 Jahren.

Den Anstoß für seinen Rückzug von *Das Reich Trigan* im Jahr 1977 gab eine inhaltliche Richtungsänderung der Serie: „Der Künstler, der die Serie übernahm, glaubte zu wissen, wie der Hase läuft. ‚Wir brauchen Raumschiffe und Kerle in Kugelhelmen', meinte er." Butterworth verließ *Trigan*, das aus anderer Feder fortgesetzt wurde. Mit Oliver Frey war Butterworth seiner über Jahre bewährten erzählerischen Linie treu geblieben, das neue Team mit Ken Roscoe und Gerry Wood führte die Triganer nun weg von Elekton, hin zu Abenteuern im Weltall.

Butterworth äußerte sich gegenüber Dougal Dubash in einem Brief sieben Jahre darauf so, dass er den Abschied von *Trigan* nie bereut hätte: „Ich blicke nie zurück, es sei denn Geld ist im Spiel", schrieb er. „Aber ich würde *Das Reich Trigan* gern noch mal aufnehmen, nur um des Spaßes willen – und nur gemeinsam mit Don Lawrence."

Intermezzo

„Menschen des gleichen Gewerbes kommen selten zusammen, auch nicht zum Spaß oder zur Ablenkung", stellte der eingangs erwähnte Adam Smith bereits im 18. Jahrhundert fest, und das traf gut 200 Jahre später auch auf Don Lawrence und Mike Butterworth zu. Erst Jahre nach Dons Weggang von *Trigan* sahen sich die beiden das erste Mal, und das Treffen sollte nicht gut ausgehen. In den 1970er-Jahren waren die Butterworths nach Drewsteignton in Devon gezogen, und Lawrence erinnerte sich: „Ich weiß nicht mehr warum, aber wir trafen uns in Devonshire, und wir gingen im Streit auseinander."

Über all die Jahre wurden die Skripte zu *Trigan* jede Woche per Post verschickt, und nur bei schnell zu klärenden Fragen telefonierten der Zeichner und der Autor miteinander.

„Der Abend endete mit einer ordentlichen Meinungsverschiedenheit", so Lawrence weiter. „Ich kann manchmal richtig pampig werden. Ich weiß nicht mal warum, das ist etwas, das ich selbst an mir hasse. Ich kann mich extrem schlecht benehmen." Seine Frau Lis fügte hinzu, dass Don „sich betrunken hatte und sehr unhöflich wurde". „Das liegt alles am Alkohol", stimmte Lawrence zu. „Wir wären sehr gut miteinander ausgekommen, hätten wir nichts getrunken … Ich weiß nicht einmal, worüber wir uns zerstritten haben."

„Er war ein sehr guter Autor, müssen Sie wissen. Allein der Grundgedanke von *Trigan* – der Fund der Bücher mit den historischen Aufzeichnungen – war eine brillante Idee. So einfach, und doch so gut. Er hat eine ganze Reihe von Romanen geschrieben und war sehr erfolgreich damit. Es spricht also vieles für Mike. Aber es ist schade, dass wir uns nicht sehr gut verstanden haben. Gott, der Alkohol macht so viel kaputt!"

Der Zeichner

Das Zusammenspiel der beiden Talente Mike Butterworth und Don Lawrence brachte einen klassischen britischen Comic hervor, der in ganz Europa Anklang fand. *Trigan* ist ein Höhepunkt in der Geschichte des britischen Comics, und Lawrence' zwei gemalte Seiten pro Woche waren konkurrenzlos in den knapp elf Jahren, in denen er an der Serie mitwirkte.

Donald Southam Lawrence kam am 17. November 1928 in East Sheen zur Welt, einem Vorort von London. Seine Eltern waren Herbert und Nellie Lawrence, und

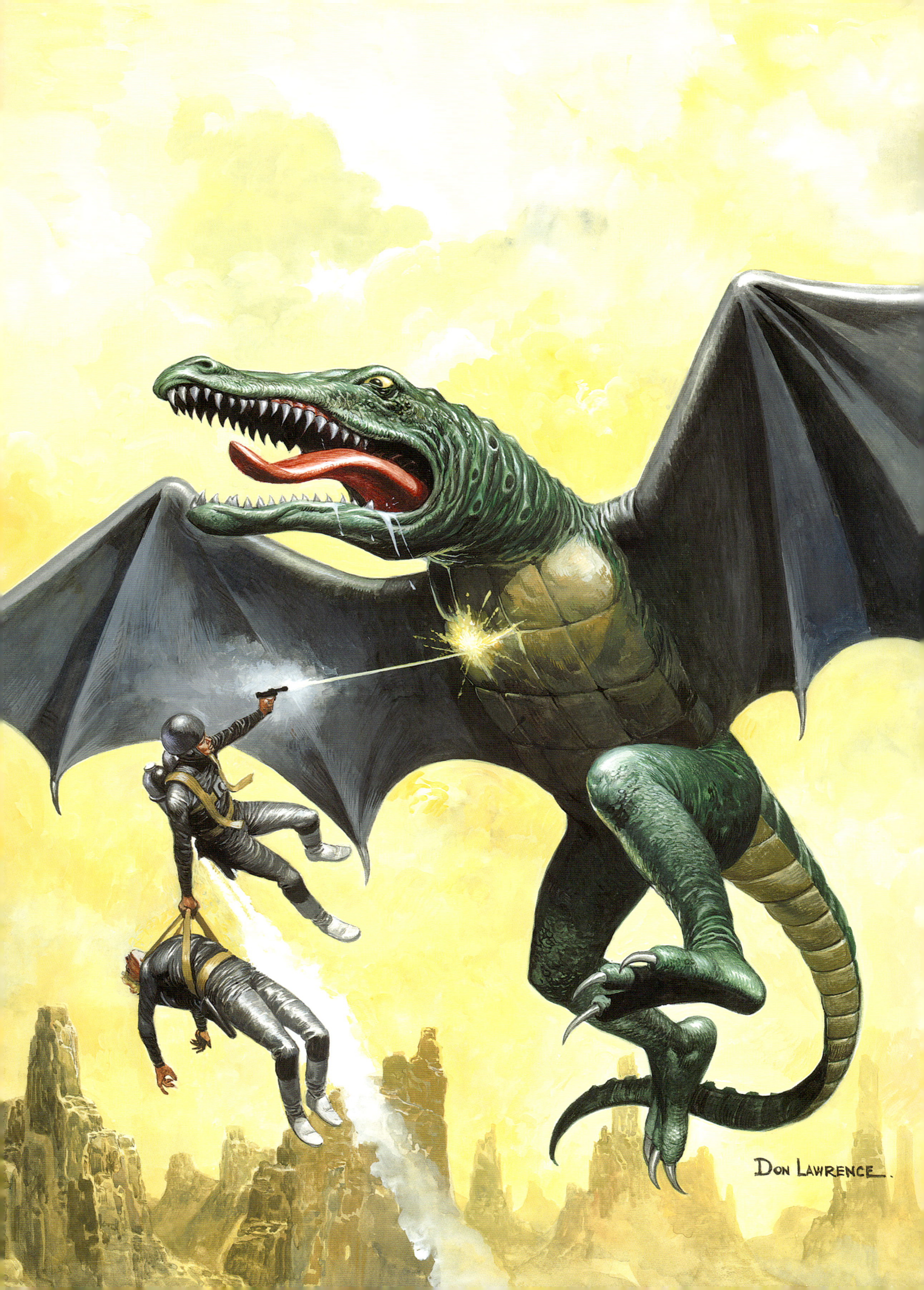
DON LAWRENCE

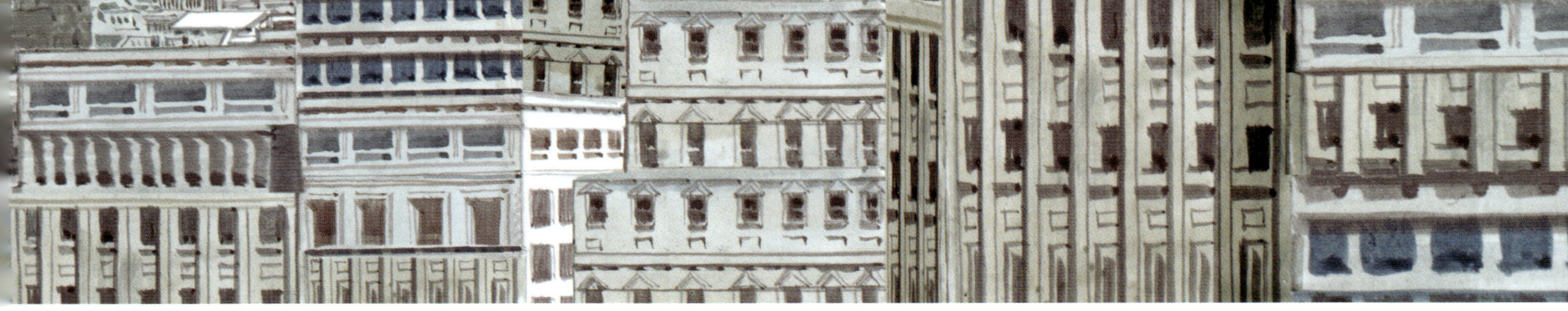

er hatte zwei ältere Geschwister. Er ging in Hammersmith im St. Paul's Internat zur Schule, wie auch sein Bruder Raymond, der sich besonders in Griechisch und Latein hervortat. Lawrence bestätigte dagegen später, dass er nicht so einen guten Eindruck hinterlassen habe und er sich „vor den akademischen Studien drückte und lieber Kunst machte. Ich musste mich dazu zwingen, da ich für solche Studien einfach kein Talent besitze".

Nach seinem Schulabschluss 1946, die Schule war zwischenzeitlich nach Crawthorn, Berkshire evakuiert worden, ging Lawrence zur Armee und leistete seinen Wehrdienst ab. Aufgrund seiner Schulausbildung erhielt er das Angebot, die Offizierslaufbahn einschlagen zu können, was er jedoch abschlug. Als einfacher Soldat verbrachte er seine Ausbildung in Bodmin, Chester und in Catterick, Yorkshire, in einem der kältesten Winter, die Großbritannien je gesehen hat. Um sich in den sechs Fuß tiefen Schneeverwehungen warm zu halten, verbrannten die Rekruten die Körper toter Schafe. Der folgende Sommer glich die widrigen Bedingungen dagegen wieder aus. Abgesehen von seiner Mutter und seiner Schwester Pamela, kannte Lawrence bis dahin nur wenige Mädchen, stellte aber fest, dass er als 18-Jähriger in schmucker Uniform viel Spaß haben konnte.

Schließlich wurde er als Fernschreiber nach Liverpool versetzt, wo sein Wehrdienst sich aufgrund mangelnder Disziplin um sechs Monate verlängerte. Die meiste Zeit davon verbrachte er jedoch mit Kartoffelschälen oder Fegen des Kasernenhofs, bis er zu seiner eigenen großen Erleichterung 1949 entlassen wurde.

Dank der Abfindung, die er zur Demobilisierung erhielt, konnte Don an der Borough Polytechnic (heute die South Bank University) Kunst studieren, verlor jedoch schon bald das Interesse. „Die ersten zwei Jahre wurden dir die Grundlagen vermittelt, um professionell arbeiten zu können, z. B. Bildaufbau und Anatomie. Ich genoss das sehr und konnte in der Zeit auch ein paar Arbeiten ausstellen. Aber nach zwei Jahren musstest du dich spezialisieren, und ich wählte Lithografie und Holzschnitzerei. Das waren beides nicht meine Stärken, die Alternativen kamen jedoch noch weniger infrage. Als Abschlussarbeit stellte ich eine Präsentationsbox her, die ich professionell gravieren lassen wollte. Das sollte 15 Pfund kosten, eine Menge Geld zu dieser Zeit. Ich lieh mir das Geld von meinem Vater, aber das Ergebnis war enttäuschend."

Kurz vor seinem Abschluss besuchte ein ehemaliger Mitschüler die Schule, um den Studenten seine Arbeit als Letterer von Schwarz-Weiß-Comics für Amalgamated Press vorzustellen. „Ich hatte als Kind Comics gesehen, aber wir wurden nicht dazu ermutigt, sie zu lesen. Comiclesen wurde als peinlich angesehen … Ich mochte die Comics, die er uns zeigte, sie waren sehr lebendig und erzählten Geschichten. In diesem Moment entschied ich, dass ich Comics zeichnen wollte."

„*TRIGAN* IST EIN HÖHEPUNKT IN DER GESCHICHTE DES BRITISCHEN COMICS …"

In seinem dritten Studienjahr hatte Don Julia Wilson kennengelernt. Sie war noch in ihrem ersten Jahr und die Beziehung entwickelte sich rasant. Julia wurde schnell schwanger und sie heirateten 1954. Ihr Sohn Ian wurde im Januar 1955 geboren, ihm sollten noch vier weitere Kinder folgen – Karen, Pippa, Amanda und Kai.

Don hatte sein Studium abgebrochen und musste nun Geld verdienen und suchte Ted Holmes bei Amalgamated Press auf, um ihm Beispiele seiner Kunstwerke zu zeigen. Holmes war jedoch unbeeindruckt von den Arbeiten und empfahl Don, sich bei Mick Anglo zu bewerben. Der ließ in seinem Studio Dutzende von Western- und Superhelden-Comics erstellen, die der Verleger Len Miller im Paket kaufte. „Das Studio war in einem dunklen Dachgeschoss in einem schmutzigen Gebäude in der Gower Street. Dort traf ich Mick Anglo, der mich um eine Probeseite für *Marvelman* bat. Er wollte Marvelman über einem Wolkenkratzer fliegen sehen. Mein Problem war schon immer meine Detailverliebtheit. So schloss ich mich für eine Woche im Schlafzimmer ein und zeichnete jeden Ziegelstein und jedes Fenster. Als ich die Seite dann Mick vorlegte, räumte der ein, nur ein Pfund pro Seite zu zahlen."

Lawrence arbeitete vier Jahre für das Gower Street Studio, vor allem an

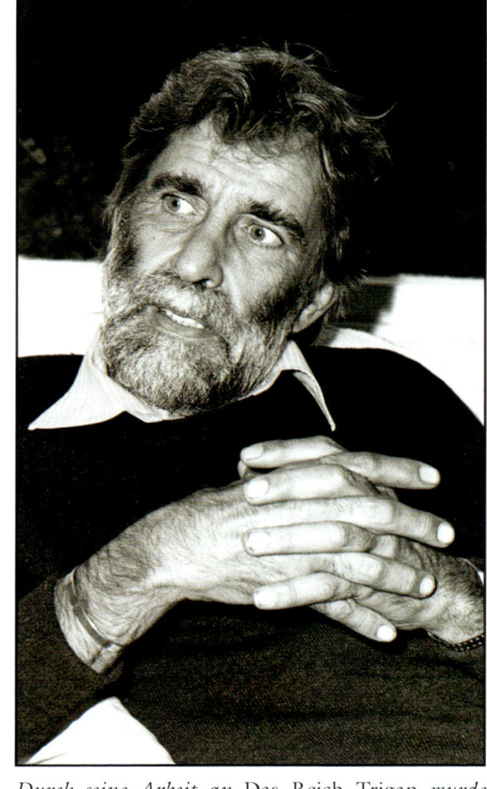

Durch seine Arbeit an Das Reich Trigan *wurde Don Lawrence' Kunst in ganz Europa gerühmt. Mit* Storm *war er in fast jedem Haushalt der Niederlande bekannt, dort wurde er auch vielfach ausgezeichnet. 1998 veröffentlichte der Don-Lawrence-Fanclub mit* Pas 70 *(*Nur 70*) zur Feier seines 70. Geburtstags seine Biografie.*

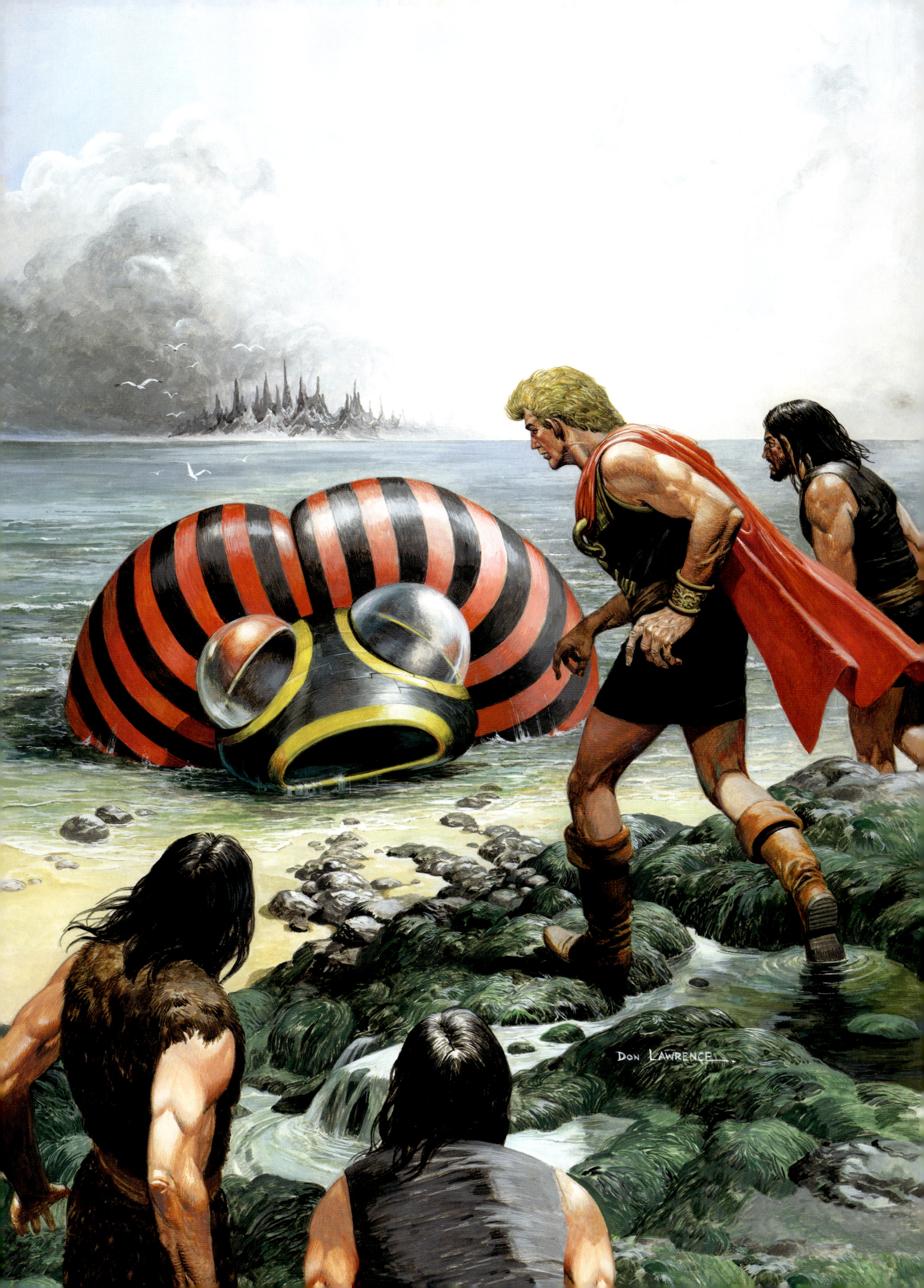
DON LAWRENCE

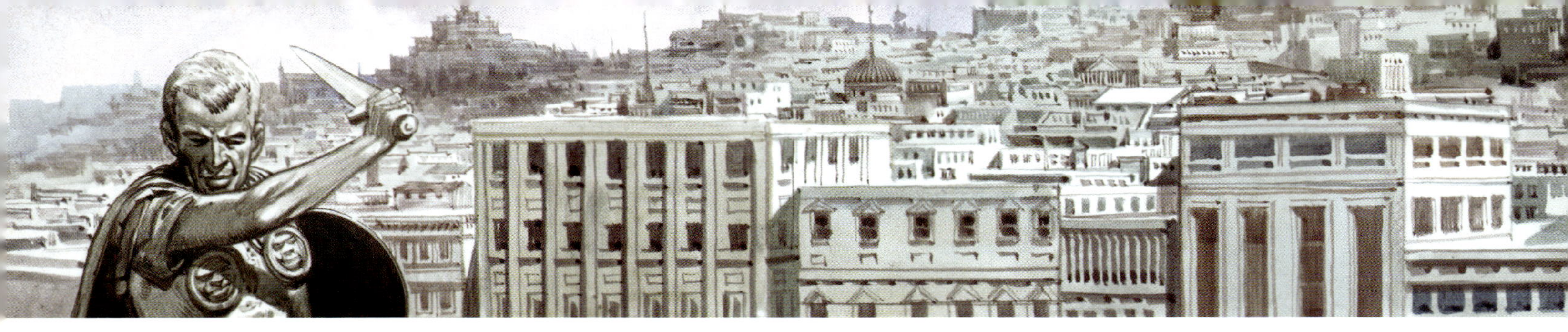

den Titeln rund um den Superhelden Marvelman. Er zeichnete aber auch Westernhelden wie Davy Crockett, Wyatt Earp und Daniel Boone für Len Millers unterschiedliche Zeitschriften. Die Künstler des Studios, darunter auch Ron Embleton, George Parlett, Jim Bleach, Colin Page und einige andere, wurden in den Comics nie genannt. Sie konnten aber trotz der fließbandartigen Arbeit ein gutes Einkommen erzielen. Lawrence erreichte nach einiger Zeit einen wöchentlichen Ausstoß von zehn Seiten und konnte seine Einnahmen nach einer Gehaltserhöhung verdoppeln. Er verdiente damit in etwa das Gleiche wie der Filialleiter einer Bank. Anfangs verfasste Anglo noch ein Skript oder entwarf grob die Story, nach einer Weile jedoch musste Lawrence auch das übernehmen.

Letzten Endes war es eine Frage des Geldes, dass Lawrence Anglo verließ. „Ich bat um eine Gehaltserhöhung, wusste aber, dass Mick dem nie zustimmen würde. Er meinte, dass die Qualität meiner Arbeit nachgelassen hätte, worauf ich erwiderte, dass ich selbst an schlechten Tagen immer noch besser sei als alle anderen seiner Zeichner. Wahrscheinlich habe ich gespürt, dass es einfach Zeit war zu gehen, und habe daher unbewusst die Brücken hinter mir verbrannt und mich selbst gezwungen, mir eine andere Arbeit zu suchen.“

„WAHRSCHEINLICH HABE ICH GESPÜRT, DASS ES EINFACH ZEIT WAR ZU GEHEN, UND HABE DAHER UNBEWUSST DIE BRÜCKEN HINTER MIR VERBRANNT UND MICH SELBST GEZWUNGEN, MIR EINE ANDERE ARBEIT ZU SUCHEN.“

Das war 1957, und Lawrence fand Arbeit bei Odhams Press, wo er für die folgenden drei Jahre den Western *Wells Fargo* für *Zip* und *Swift* zeichnete, mal als Strichzeichnung, mal als lavierte Tuschezeichnung. Anschließend kehrte er zurück zu Amalgamated Press und übernahm dort *Billy the Kid* für *Sun*.

Als *Sun* schwächelte, wurde es mit *Lion* zusammengelegt, und nach dem Vorbild der damals beliebten Hollywood-Filme fand Lawrence seine vorläufige Bestimmung – Abenteuercomics nach historischen Motiven wie *Olac the Gladiator* (1959 bis 1961), *Karl der Wikinger* (1960–1964) oder *Maroc the Mighty* (1964–1965). So beeindruckend er diese Serien auch gestaltete, es war doch nur ein vorläufiger Höhepunkt. Denn seine wahre Stärke zeigte sich in seinen farbig gemalten Seiten, auch wenn seine Anfänge diesbezüglich eher einer Katastrophe glichen. „Ich sollte eine Szene illustrieren, in der ein Haufen Assyrer gegen einen Haufen Ägypter kämpfte, oder so ähnlich. Also öffnete ich den Malkasten und verwendete jede Farbe, die ich finden konnte. Es sah schrecklich aus.“ Für die Kurzgeschichte von *Karl der Wikinger* im *Lion Annual 1965* wählte er daher eine abgestimmte Farbpalette und bewies, dass er auch mit Farbe ein Meister war. Diese Story machte den Weg frei zu *Das Reich Trigan*, das er für die nächsten elf Jahre zeichnen sollte.

Zwischenzeitlich nahm er noch weitere Aufträge an, so z. B. für eine Weile *Fireball XL5* für *TV Century 21* oder die Slapstick-Serie *Carrie* für das Monatsmagazin *Mayfair*, bei der die Titelfigur, ähnlich wie Jane von *Daily Mirror*, ihre Kleidung nie bis zum Ende der zwei Seiten anbehalten konnte.

Lawrence verabschiedete sich 1976 recht überstürzt von *Trigan*. Im März des Jahres fand im Londoner Mount Royal Hotel die erste Comic Convention Großbritanniens statt, „Comics 101“. Die zweitägige Veranstaltung zog Dutzende von Fachleuten der Branche an, darunter auch Lawrence. Einer der Höhepunkte war der Samstagabend mit dem „Ally Sloper Award Dinner“, bei dem der Komiker (und ehemalige Comic-Zeichner) Bob Monkhouse den ersten „Ally Sloper Award“ präsentierte. IPC (International Publishing Corporation, vormals Fleetway Publications) sponserte einen eigenen Sonderpreis, um das Talent eines Künstlers ihrer eigenen Publikationen anzuerkennen. Der Preis ging an Don Lawrence für seine Arbeit an *Das Reich Trigan*.

Lawrence freute sich über den Preis, die Freude wurde jedoch getrübt, als er gewahr wurde, dass *Trigan* ohne sein Wissen in ganz Europa lizenziert wurde. Er wusste zwar, dass IPC selbst im August 1973 einen 72-seitigen Sammelband veröffentlicht hatte, *The Look and Learn Book of the Trigan Empire*, aber ihm war nicht bekannt, dass der Comic bereits seit 1968 in den Niederlanden im wöchentlichen Magazin *Sjors* erschien. Auch von der Albumausgabe der ersten Episode von Uitgeverij Amsterdam Boek von 1973 wusste er nichts. In Italien warb im Januar 1974 *L'avventuroso gigante* stolz mit *Trigan* auf dem Cover der ersten Ausgabe, um noch im selben Jahr gesammelt im Hardcover unter *Tutto l'avventuroso gigante* zu erscheinen. Im deutschsprachigen Raum erschien die erste Episode 1972 als *Herr über Atlantis*

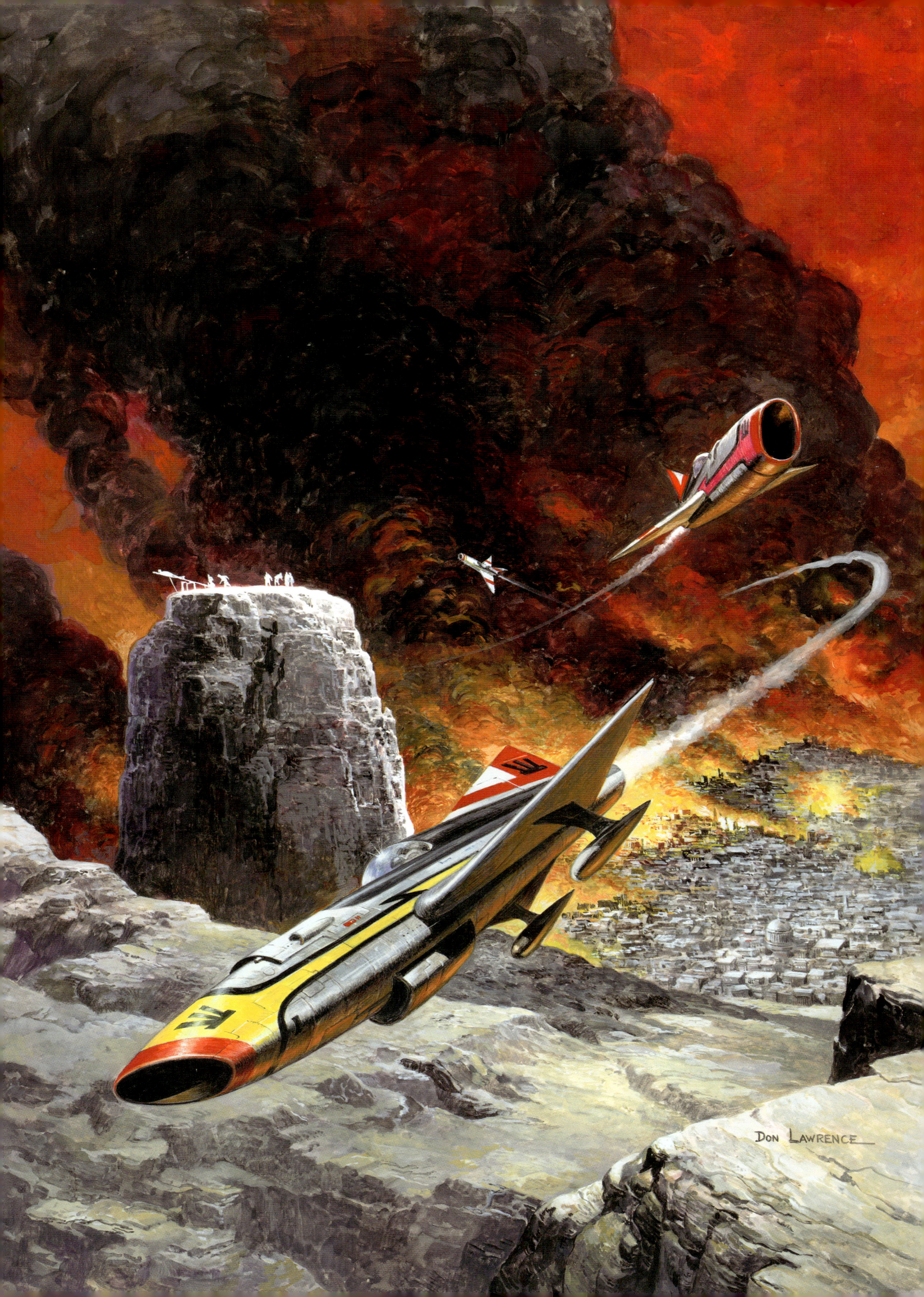
DON LAWRENCE

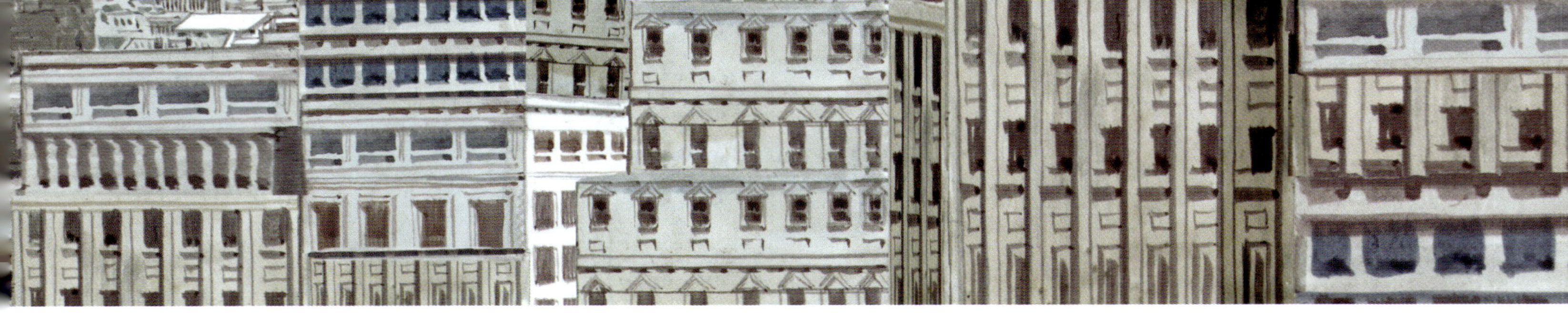

in der Albenreihe *Super Sonderheft* und seit 1975 jede Woche in *Kobra*.

„Ich lernte [den Agenten] Ervin Rustemagic auf der Convention kennen, und er erklärte mir, wie die Serie in ganz Europa verkauft wurde und wie viel ich an Tantiemen zu bekommen hätte", erzählte Lawrence später. Kaum wieder zu Hause, rief er seinen Agenten Danny Kelleher an und verlangte von ihm, dass er ein besseres Honorar aushandeln solle. „Ich sagte Danny, dass ich 100 Pfund je Seite und prozentual an den Lizenzen und Albenverkäufen beteiligt werden wolle."

IPC bot Lawrence 10 Pfund mehr je Seite und eine kleine Lizenzgebühr, ein für ihn lächerliches Angebot.

Don zog die Konsequenzen, beendete die aktuelle *Trigan*-Geschichte nach zehn statt wie geplant 16 Seiten und kündigte nach elf Jahren und 487 Episoden. Eine Entscheidung, die er umgehend bereute, ging er doch auf die 50 zu und war nun, nach 30 Jahren als Comic-Zeichner, arbeitslos. Wie sollte er seine Familie ernähren, zumal er von IPC, dem größten Comic-Verlag Großbritanniens, so schnell keinen Auftrag mehr erhalten würde.

„ICH SAGTE DANNY, DASS ICH 100 PFUND JE SEITE UND PROZENTUAL AN DEN LIZENZEN BETEILIGT WERDEN WOLLE."

Doch Lawrence brauchte sich keine Sorgen zu machen. In den Niederlanden war *Trigan* immens beliebt, und noch am selben Tag machte ihm der Oberon Verlag das Angebot, für die neue Wochenzeitschrift *Eppo* zu arbeiten. Nach dem missglückten Start *Commandant Grek* hob Lawrence *Storm* mit aus der Taufe, ein Science-Fiction-Epos um einen Astronauten, dessen Raumschiff in einen der roten Flecken auf dem Jupiter gerät und weit in die Zukunft geschleudert wird, wo die Ozeane der Erde verschwunden sind. Martin Lodewijk, dem diese Idee beim Lesen eines Artikels in *National Geographic* in den Sinn kam, war bereits ausgelastet durch seine redaktionellen Aufgaben bei *Eppo* und dem Schreiben von zwei anderen beliebten niederländischen Comic-Serien. So ging die neue Serie erst einmal durch die Hände mehrerer Autoren, darunter auch Lawrence selbst, bis sich Lodewijk 1981 *Storm* annahm und die Handlung mit dem ersten Pandarve-Zyklus komplett überarbeitete. Lodewijk war in der Lage, Lawrence' künstlerische Fähigkeiten „anzuzapfen", und aus der Zusammenarbeit der beiden entstanden die besten Seiten, die in Dons Gesamtwerk zu finden sind. Die Serie ist in seiner Heimat kaum bekannt, wobei Lawrence vonseiten seiner Kollegen viel Anerkennung erfahren hat. 1980 gewann er den „Society of Strip Illustration Lifetime Achievement Award", in Europa erhielt er 1981 den „Grand Prix Spatial", 1987 den „Gouden Bommel Award", 1994 den „De Stripschapprijs" und 1998 den renommierten „Pantera di Lucca Lifetime Achievement Award". Eine retrospektive Ausstellung seiner Arbeiten in Breda, Holland, zog 1994 über 10.000 Besucher an.

Unvermeidlich forderten die Jahre ihren Tribut. Lawrence litt unter zahlreichen Augenproblemen, und durch die verpfuschte Behandlung seines grauen Stars verlor er 1995 seine Sehkraft im rechten Auge. Im selben Jahr erschien sein vorerst letztes *Storm*-Album, für den Folgeband hatte er nur wenige Seiten fertigstellen können, die im Magazin *Pandarve* des Don-Lawrence-Fanclubs 1999–2001 abgedruckt wurden. Er fand jedoch zurück an den Zeichentisch und konnte das Album gemeinsam mit seinem ehemaligen Assistenten Liam Sharp beenden.

Lawrence brachte sich auch bei anderen niederländischen Publikationen ein, und er war ein begeisterter Unterstützer seines Fanclubs, der 1984 in den Niederlanden gegründet wurde. Aus diesem Club heraus entstanden die zwölfbändige Edition *Don Lawrence – The Collection*, ein limitierter Band zu Dons siebzigstem Geburtstag 1998, und die gesammelten Abenteuer von *Trigan*, *Storm* und *Karl*.

Sein Lebensmittelpunkt lag über viele Jahre in Eastbourne, bevor er nach Jevington in The Old Post Office zog. Diese Adresse war vielen seiner Fans in Europa bekannt, die während eines Urlaubs auch immer mal dort vorbeischauten.

Er hatte sich zwar fast vollständig zur Ruhe gesetzt, Dons Kunst aber wurde weiterhin ausgestellt. So 1997 beim Comic-Festival in Lucca und 1999 beim Gardner Arts Centre of the University of Sussex. 2003, zum 75. Geburtstag des Künstlers, erteilte Königin Beatrix der Niederlande die Erlaubnis, Lawrence zum Ritter von Oranien-Nassau zu schlagen.

Lawrence, zeitlebens ein starker Raucher, litt unter Emphysemen und wurde am letzten Sonntag des Jahres 2003 mit einer Lungenentzündung ins Krankenhaus eingeliefert. Dort verstarb er am nächsten Tag, Montag den 29. Dezember 2003, und hinterließ seine zweite Frau Elisabeth Clunies-Ross, die er 1979 geheiratet hatte.

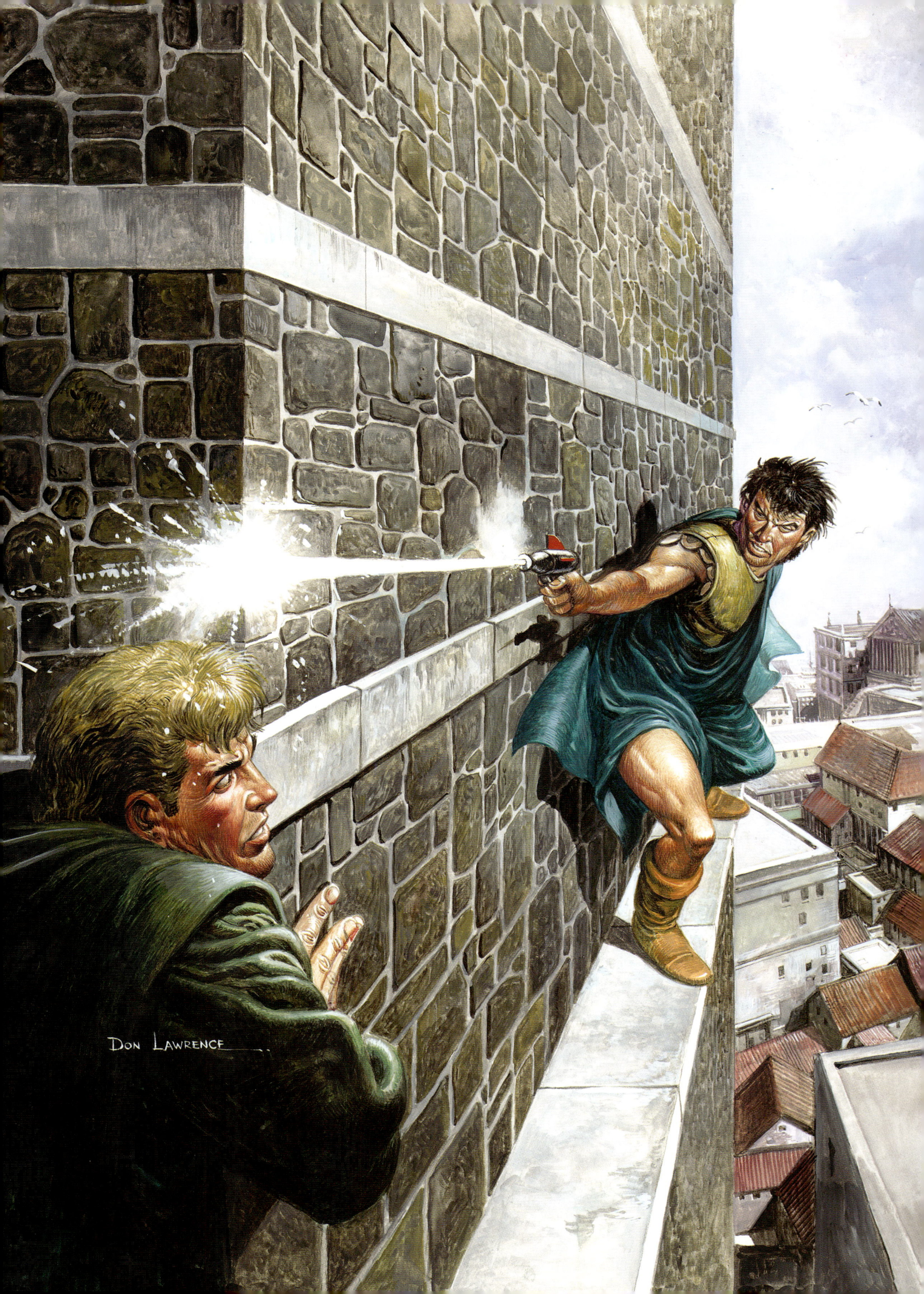
DON LAWRENCE

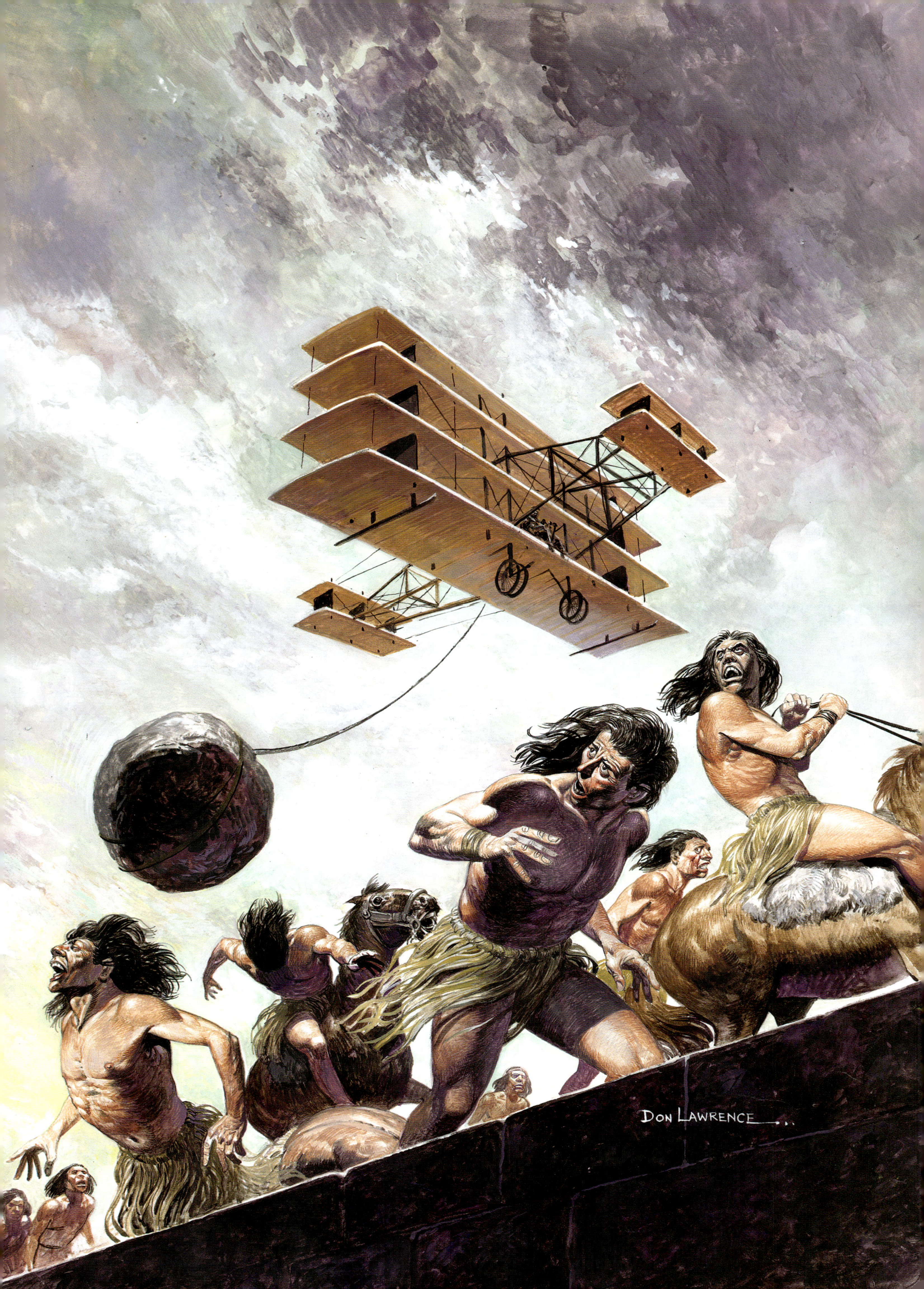
DON LAWRENCE

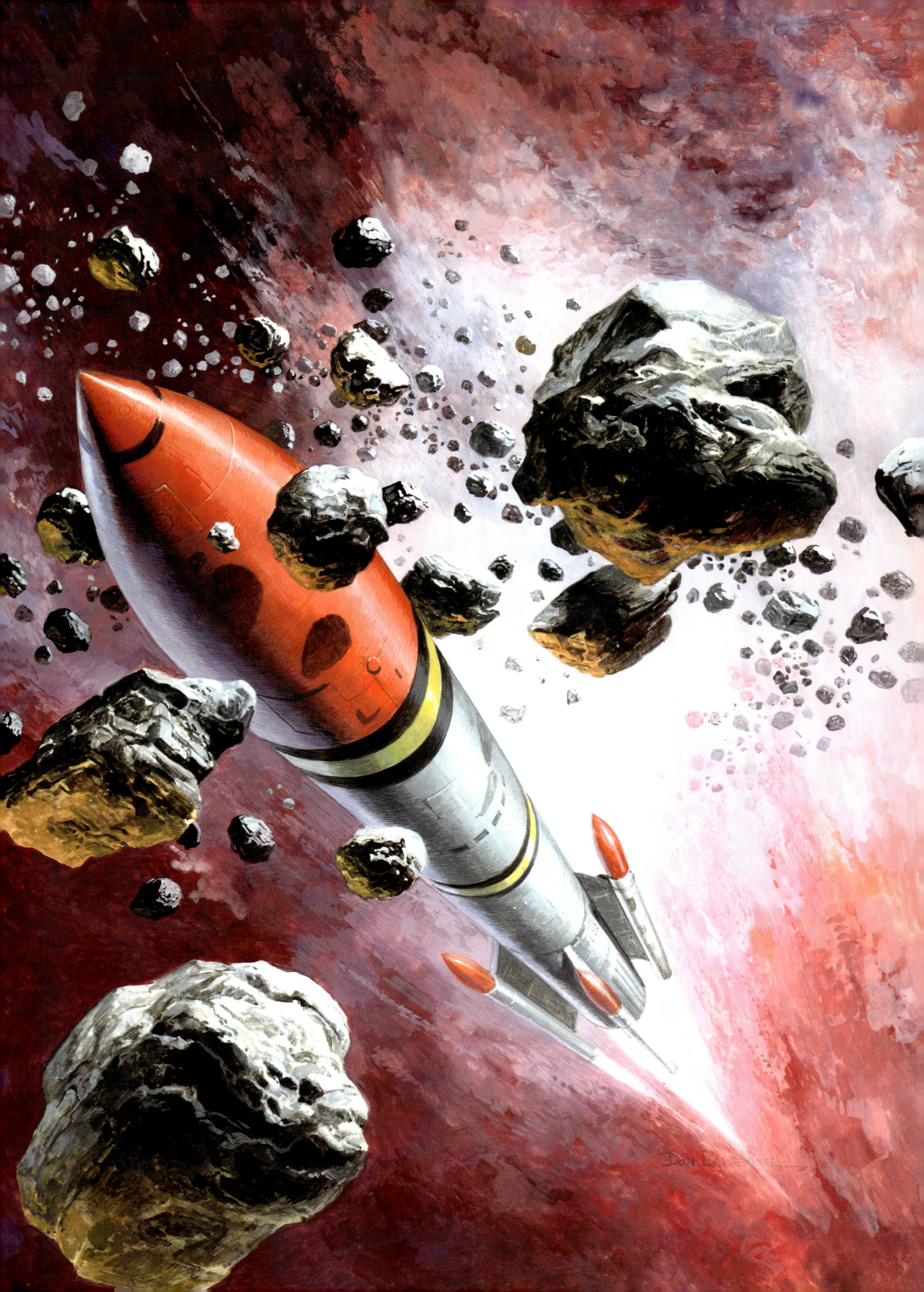

Mike Perkins erinnert sich

Bevor ich Don Lawrence das erste Mal getroffen habe, hatte ich keine Vorstellung davon, wie viel zeitlose Eleganz und unvergleichlicher Stil in einer einfachen Handbewegung liegen kann.

Doch eins nach dem anderen ...

In den Jahren 1992/93 machte ich mich daran, im Comic-Business Fuß zu fassen. Damals hatte ich mich mit Pat Kelleher von der Agentur Temple Rogers Artists verabredet, der mir zuvor bereits einiges an Tipps für meine Arbeitsweise gegeben hatte. Er wollte mich jetzt, sechs Monate später, wiedertreffen, um zu sehen, ob ich Fortschritte gemacht hatte. Als ehemaliger Agent von Don Lawrence wollte er mich dann diesem phänomenalen Künstler vorstellen (auf den ich schon durch dessen Arbeiten an *Trigan* aufmerksam geworden war), damit ich mir von einem echten Profi Feedback und Ratschläge holen konnte. Nachdem Termin und Treffpunkt feststanden (Don war sehr offen und herzlich und hatte mich zu sich nach Hause eingeladen), nahm ich den Zug bis zu einem kleinen Bahnhof in seiner Nähe, wo Don auf mich wartete. Und damit kommen wir zur eingangs erwähnten zeitlosen Eleganz und dem unvergleichlichen Stil ...

„WIE COOL IST DAS DENN, BITTE?“

Wir sind beide ziemlich groß und als wir uns in Dons Sportwagen gezwängt hatten, angelte er sich ein paar handgenähte Lederhandschuhe vom Armaturenbrett und streifte sie über. Mir war gleich klar, wie stilvoll solche Kleidungsstücke waren, da ich damals die GQ abonniert hatte. Aber hier passierte es auf einmal live vor meinen Augen, dass jemand tatsächlich Handschuhe anzog, die einzig und allein dem Zweck dienten, einen Sportwagen zu fahren. Ich selbst stamme aus einer typischen Arbeiterfamilie und war zutiefst beeindruckt! Für Mr. Lawrence allerdings war das völlig selbstverständlich. Er verlor kein Wort darüber, aber es blieb mir fest im Gedächtnis haften ... und zwar unter der Rubrik: „Wie cool ist das denn, bitte?“

Wir fuhren also zu Dons Haus, das eine umgebaute alte Poststation war, die offensichtlich zu einer Zeit errichtet worden war, in der die Ernährungsstandards nicht ganz so hoch und die Menschen demzufolge nicht ganz so groß waren wie heutzutage, denn Don und ich mussten uns immer ein wenig bücken, wenn wir von einem Raum in den anderen gingen, um nicht mit dem Kopf an die offenen Deckenbalken zu stoßen. Wenn Don nicht selbst über 1,85 m gewesen wäre, hätte man auf die Idee kommen können, dass er Gefallen daran fand, dass jeder andere Künstler sich vor ihm verbeugen musste. Besonders gilt das, wenn man bedenkt, dass Chris Weston und Liam Sharp beinahe genauso groß waren wie Don und ich. Der einzige Ort, wo man sich nicht bücken musste, war Dons Studio – und da saß er die meiste Zeit.

Dons Kritik meiner Arbeit fiel positiv aus. Er mochte den Weg, den ich künstlerisch eingeschlagen hatte, und gab mir durch die Schwaden zahlloser Zigaretten hindurch viele wertvolle Ratschläge. Wir sprachen auch über die Comic-Branche und über seine Karriere. Währenddessen legte Don letzte Hand an eine Zeichnung für *Storm*, die fast ins Hintertreffen geriet, weil Don ausgiebig über Gott und die Welt plauderte. Er steigerte sich derart in die Themen hinein, dass er völlig vergaß, an der Zigarette zu ziehen, die in seinen Fingern brannte. Fasziniert und erschrocken zugleich starrte ich wieder und wieder auf die Zigarettenasche, die immer länger und länger wurde und unter ihrem Gewicht abzufallen drohte, direkt auf das beinahe fertige *Storm*-Bild. Doch Don hatte es im Griff. Während er weitersprach, streifte seine Hand so beiläufig wie rechtzeitig die Asche ab. Offenbar passierte ihm das häufiger, wie die Routine der Bewegung mir verriet. Nach einem langen Tag voller Gespräche und konstruktiver Kritik brachte Don mich wieder zum Bahnhof, natürlich nicht, ohne erneut diese schönen Lederhandschuhe anzuziehen.

Ihr werdet vermutlich nicht den dicken Zigarettenqualm riechen können, der bei der Entstehung der zahlreichen Lawrence-Alben produziert wurde, aber ihr könnt sicher das Blut,

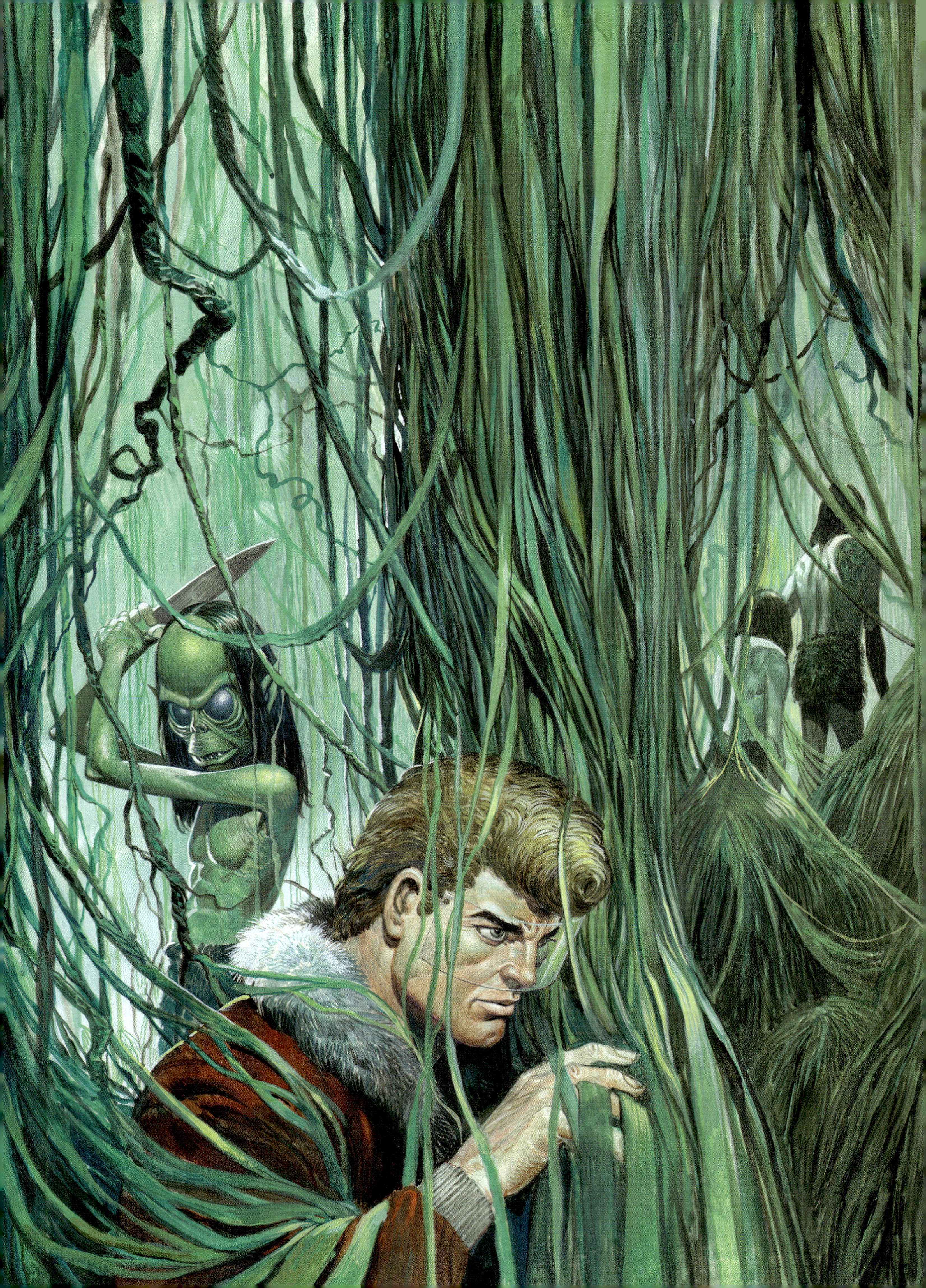

den Schweiß und die Tränen erahnen, die Don unzweifelhaft in seine Werke mit eingearbeitet hat. Und dann werdet auch ihr zweifellos die künstlerische Klasse und die zeitlose Eleganz dieses Mannes unter „Wie cool ist das denn, bitte?“ verbuchen.

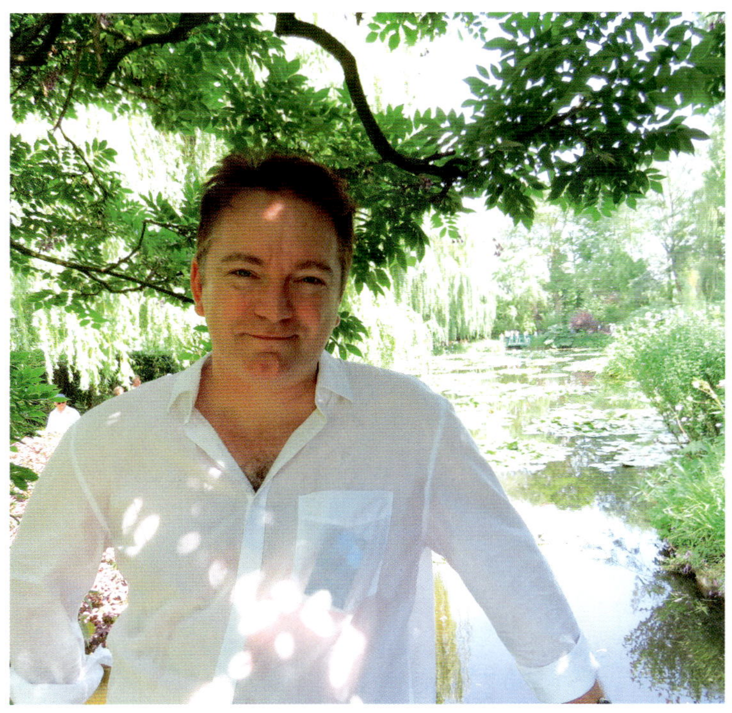

MIKE PERKINS

Mike Perkins wurde im englischen Wolverhampton geboren. Seit 1993 zeichnet er Comics, wobei seine ersten Arbeiten bei *2000 AD* erschienen. Nach ersten Arbeiten für amerikanische Verlage zog er mit seiner Frau nach Florida, um für das neu gegründete CrossGen-Studio zu arbeiten, das den US-Markt umkrempeln wollte. Das Projekt schlug schließlich fehl, aber durch seine Arbeiten an Serien wie *Ruse* oder seiner Eigenentwicklung *Kiss Kiss Bang Bang* hatte er bereits die Aufmerksamkeit des Comic-Giganten Marvel auf sich gezogen. 2004 bekam er einen Exklusivvertrag bei Marvel, der mehrfach verlängert wurde. Neben einer längeren Strecke für *Captain America* verbindet sich sein Name vor allem mit der Comic-Adaption von *Stephen Kings The Stand – Das letzte Gefecht*. Vier Jahre lang, von 2008 bis 2012, zeichnete er 31 Hefte unter der Obhut von Stephen King höchstpersönlich.

Bei Marvel hat er an fast jeder bekannten Figur gearbeitet, besonders gerne aber an den dunkleren Charakteren wie *Carnage*, *Deathlok* oder *Iron Fist*. Obwohl er unter Exklusivität stand, erlaubte ihm Marvel, ein eigenes Projekt umzusetzen. Zusammen mit dem britischen Autor Mike Carey entstand so in zusätzlichen Nachtschichten *Der Fluch von Rowans Rise*, eine Horrorgeschichte mit überraschenden Wendungen.

2017 war Mike der Präsident des 24. Comic-Festivals im luxemburgischen Contern – zum ersten Mal wurde diese Ehre einem Zeichner zuteil, der nicht aus dem frankobelgischen Raum stammt.

2018 folgte dann, nach 14 Jahren der Exklusivität für Marvel, der Wechsel zu DC, wo er – wiederum exklusiv tätig – zunächst an der Serie *Green Lanterns* arbeitete.

Aktuell sind von seinen Arbeiten in deutschen Übersetzungen lieferbar:

Der Fluch von Rowans Rise
Das Marvel Hochzeitsalbum
Der Tod von Captain America Band 1 und 2
Green Lanterns Band 8
Stephen King: The Stand Band 1 bis 6
(alle bei Panini erschienen)

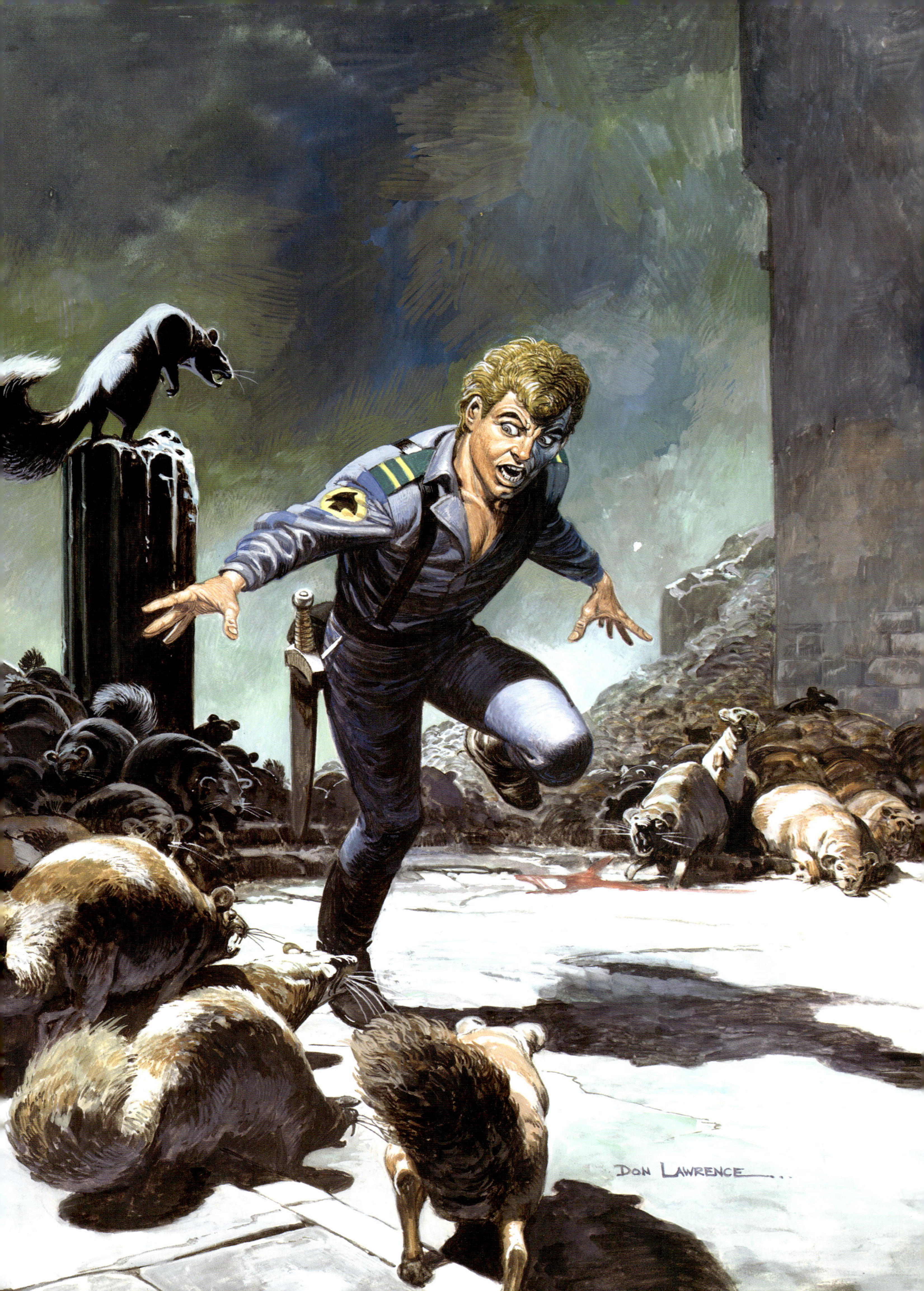
DON LAWRENCE

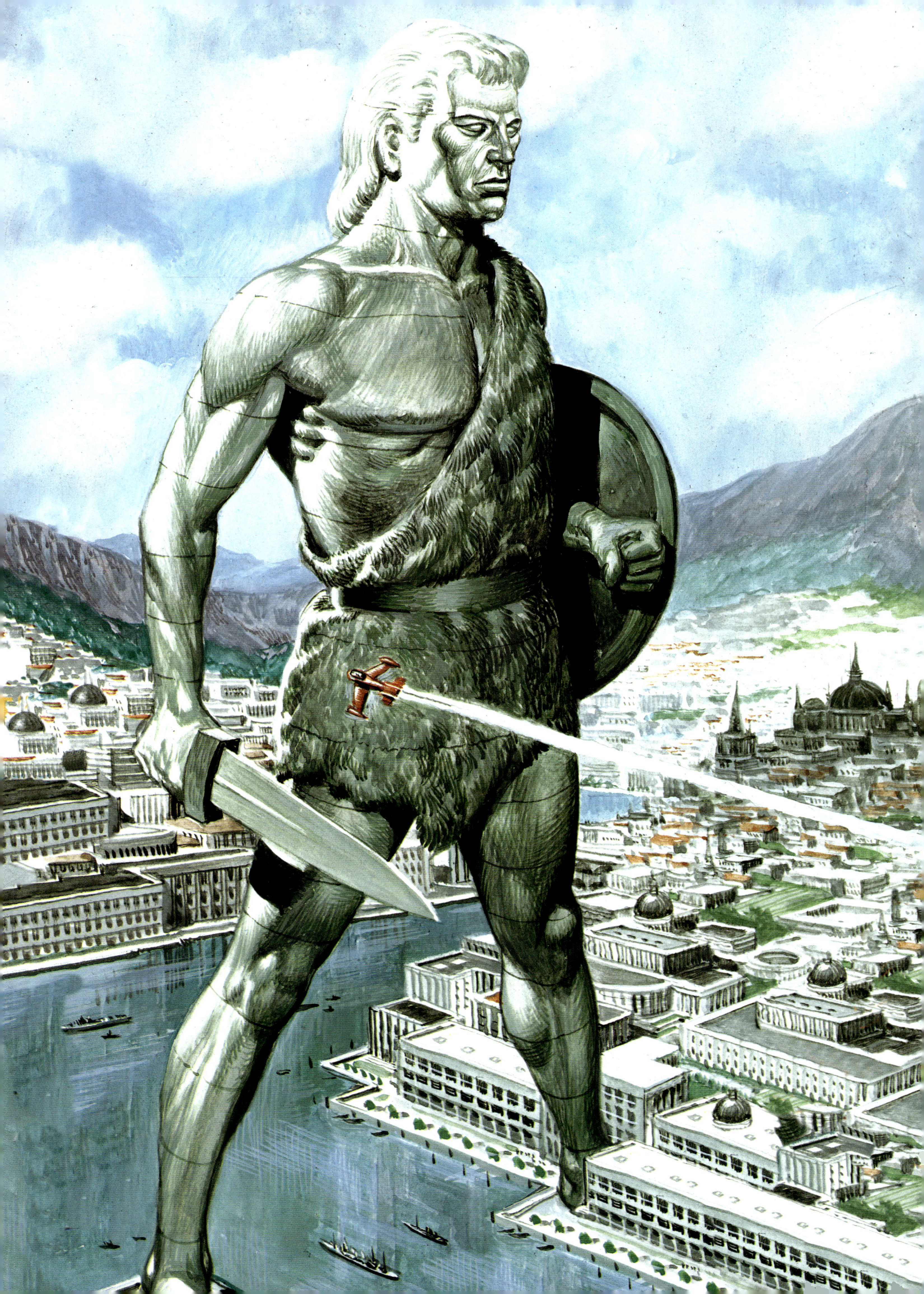

Interview mit Liam Sharp

Liam, vielen Dank, dass du dir Zeit für uns nimmst, obwohl du so viel zu tun hast!

Es ist mir ein Vergnügen!

Dieses Interview soll sich hauptsächlich um deine Zeit mit Don Lawrence drehen. Wie wurdest du eigentlich sein Assistent?

Das war größtenteils pures Glück. Ich bin Lawrence-Fan, seit ich in *Look & Learn* das erste Mal auf *Das Reich Trigan* gestoßen bin. Ich war gerade mal 11 Jahre alt, als ich ein Kunststipendium an einer sehr exklusiven Privatschule in Eastbourne ergattert hatte – es war übrigens das erste dieser Art, das dort angeboten wurde. Für mich, der ich aus einer Arbeiterfamilie stamme, war das eine Riesensache und einigen Familienmitgliedern hat das auch nicht gepasst. Es handelte sich dabei wohl um eine Art umgekehrten Snobismus. Ich ging dann weg aus Derbyshire nach Sussex ins Internat. Als ich 17 war, erfuhr ich durch einen Freund meines Kunstlehrers, dass Don Lawrence ganz in der Nähe wohnte, und zwar in Jevington, einem kleinen Ort in der Nähe von Eastbourne, und dass er einen Assistenten suchte. Besagter Freund versorgte mich dann mit ein paar Seiten eines *Storm*-Skripts und so zeichnete ich eine Comicseite dazu, die dann ihren Weg zu Don Lawrence fand. Leider habe ich diese Seite nicht mehr. Don war wohl recht beeindruckt von meiner Arbeit und erklärte sich mit einem Treffen einverstanden. Das alleine war schon ein unglaubliches Ereignis für mich! Wir einigten uns darauf, dass ich drei Wochen meiner Sommerferien bei ihm verbringen sollte und wenn das funktionierte, dann könnte ich im folgenden Jahr als sein Assistent anfangen.

Und es funktionierte!

Was waren in diesem Jahr deine Aufgaben?

Da war alles Mögliche dabei. Vieles davon war einfache Basisarbeit, Modellzeichnen zum Beispiel, entweder in seinem Studio oder in einem Kurs, den ich in Eastbourne besuchte. Manchmal musste ich in mühsamer Kleinarbeit seine Werke direkt von den Originalen kopieren, Pinselstrich für Pinselstrich. Das Schlimmste war aber, die Rahmen seiner Panels nachzuziehen, nachdem diese fertig waren. Man muss dazu wissen, dass Don oft bis zu zwei Wochen brauchte, um eine einzige Seite fertigzustellen. Diese Mordsarbeit war den einzelnen Panels natürlich anzusehen. Und um die Rahmen zu zeichnen, benutzte er in der Regel einen besonderen Federhalter, einen Mapping Pen, und Tusche. Mapping Pens bestehen in der Regel aus einem Schaft mit zwei Metallfedern oben an der Spitze, deren Abstand man individuell einstellen kann. Je weiter sie voneinander entfernt sind, desto breiter wird der Strich. Don wollte die Panelrahmen exakt 5 mm breit haben, daher musste der Spalt zwischen den Federn, die die ziemlich flüssige Tusche abgaben, exakt genauso breit sein – das war eine sehr heikle Angelegenheit, geradezu grauenvoll! Da können so viele Dinge schiefgehen! Glücklicherweise passierte das immer nur bei meinen eigenen Arbeiten, aber nie bei denen von Don. Manchmal ließ er mich auch Panels, die er angefangen hatte, zu Ende zeichnen, oder Panels, die er vorgezeichnet hatte, kolorieren. Diese Zeichnungen sind übrigens alle in *Storm: Der lebende Planet,* einem Album aus dem Pandarve-Zyklus, zu finden. Im Laufe des Jahres wurde mir dann klar, dass Don *Storm* eigentlich nicht aufgeben wollte. Es war sein Baby. Er war nicht bereit, etwas von der enormen Arbeitslast zu delegieren oder sie ganz an jemand anderen abzugeben. Und ich musste mir eingestehen, dass es nicht mein Ziel sein konnte, einen anderen Künstler lediglich zu kopieren. Ich hatte eigene Träume und ich war noch sehr jung. Ich bin mir sicher, dass Don wusste, dass ich mit 18 noch gar nicht die Erfahrung haben konnte, ein solches Projekt selbst zu stemmen. Ich war auf einem guten Weg, aber ich hatte noch verdammt viel zu lernen. Und das ist immer noch der Fall.

„UND ICH MUSSTE MIR EINGESTEHEN, DASS ES NICHT MEIN ZIEL SEIN KONNTE, EINEN ANDEREN KÜNSTLER LEDIGLICH ZU KOPIEREN."

Nach dir wurde Chris Weston Dons Assistent. Aber du bist irgendwann zurückgekehrt. Was war der Grund dafür und was waren deine Aufgaben?

Don und ich blieben über meine erste Assistenzzeit hinaus befreundet und viele Jahre später kam mir zu Ohren, dass Don mit

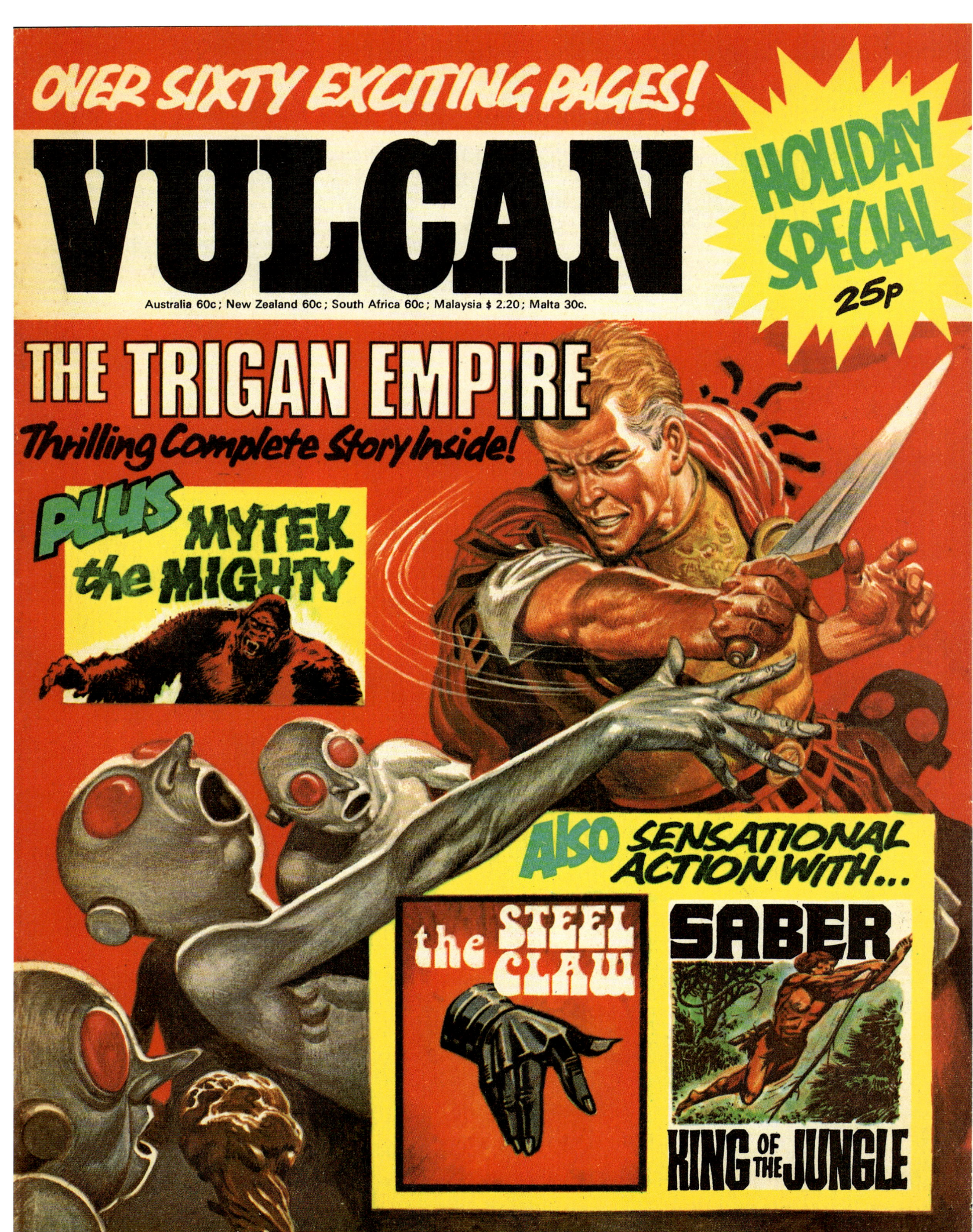
OVER SIXTY EXCITING PAGES!
VULCAN
HOLIDAY SPECIAL
25p
Australia 60c; New Zealand 60c; South Africa 60c; Malaysia $ 2.20; Malta 30c.
THE TRIGAN EMPIRE
Thrilling Complete Story Inside!
PLUS MYTEK the MIGHTY
ALSO SENSATIONAL ACTION WITH...
the STEEL CLAW
SABER
KING OF THE JUNGLE

seinem letzten *Storm*-Album (*Die von Neumann-Maschine)* zu kämpfen hatte. Er arbeitete an den letzten 10 Seiten und er war – so glaube ich – nicht mehr mit dem Herzen dabei. Eine Augenoperation war nicht gut verlaufen. Er war jetzt auf einem Auge beinahe blind, und da war nun einerseits die Aussicht, nach Abschluss der *Storm*-Ära endlich einfach das malen zu können, was er wollte (er hatte immer davon geträumt, maritime Motive zu malen), und andererseits die Realität, in der ihn sein Handicap ausbremste. Einer beispiellosen Karriere stand ein schmerzhaftes, langwieriges Ende bevor, also half ich ihm bei diesen letzten *Storm*-Seiten. Es war aber trotz allem eine ganz besondere Zeit für mich, und es war beinahe magisch, diese Tage mit einem lieben Freund und Mentor zu verbringen.

Gab es zu dieser Zeit Überlegungen, *Storm* doch noch weiterzuführen?

Die gab es tatsächlich. *Storm* hatte zu dieser Zeit keinen Verlag. Das Muttermagazin gab es nicht mehr, aber es existierten einige Magazine in Europa, in denen es hätte erscheinen können. Ich schlug das Projekt damals dem Besitzer und Redakteur von *Comics International* vor. Ihm gefiel der Vorschlag und wir holten Dave Gibbons ins Boot, um die Storys zu schreiben, mit mir als Co-Autor. Don sollte die Vorabskizzen machen, ich dann die Panels fertigstellen. Unglücklicherweise war dieser Arbeitsprozess so umständlich, dass wir das nicht lange durchhielten. Manche Seiten brauchten eine Woche, um sie zu vollenden. Das ergab ein so bescheidenes Einkommen, dass ich meine Familie damit nicht ernähren konnte. Also wurde nie mehr daraus als ein paar besonders schöne Stücke Comic-Kunst.

Was kannst du uns über Don und seine Persönlichkeit erzählen?

Don war – wie wohl jeder Einzelne von uns – sehr kompliziert. Seine Launen dauerten Wochen, ob er nun guter Stimmung war oder schlechter. Später wurde mir klar, dass es sich dabei um die Symptome einer Depression handelte, aber damals wussten wir noch nicht sehr viel über diese Krankheit. Er hätte sich selbst sicher nicht als depressiv bezeichnet, als wir uns kennenlernten. Aber als wir an den letzten *Storm*-Seiten arbeiteten, sprach er das Thema sehr deutlich an. Dass er auf einem Auge blind wurde, war da sicher nicht hilfreich. Allerdings war Don eigentlich ein recht ehrlicher Mensch und sagte immer geradeheraus, was er dachte. Er nahm dabei kein Blatt vor den Mund! Er hielt auch mit Kritik über sich selbst nicht hinterm Berg. Er war glücklich, der zu sein, der er war, im Guten wie im Schlechten, und damit hatte er Recht. Es kümmerte ihn nicht, wie andere über ihn dachten. Er war Sozialist, auch wenn sein Texter, Martin, eher konservativ war. Er hatte beim Militär Disziplin gelernt. Er war herzlich und interessierte sich für viele Dinge. Wir konnten den ganzen Tag reden oder einfach nur dasitzen und zusammen Musik hören. Bis heute gibt es Alben, die ich nicht auflegen kann, ohne dass ich mich in Gedanken wieder in Dons Studio zurückversetzt sehe, Brian Enos *Music For Airports*, Pink Floyds *Meddle*, Gerry Raffertys *Night Owl*, David Bowies *Heroes* … und so viele mehr.

Don und ich sprachen häufig über diverse Künstler der Comic-Branche, egal ob klassisch oder zeitgenössisch. Er kannte sich aus und war immer an den Werken neuer, aufsteigender Stars interessiert. Er liebte europäische Comics, aber er mochte auch die Mainstream-Sachen aus den USA und Großbritannien. Er versuchte immer, seine Arbeit dem Zeitgeist anzupassen, was er in den späteren *Storm*-Jahren auch erreichte. Ich erinnere mich, dass wir uns zusammen Frank Millers *The Dark Knight Returns* ansahen. Das war damals ein großer Erfolg, alle redeten davon. Meiner Ansicht nach konnte es Dons detailverliebtem, bildhaften Stil nicht das Wasser reichen, aber er sagte, ich würde die Kunst darin verkennen. Es habe unglaublichen Witz, Energie und Stil. Natürlich hatte er Recht und es ist bis heute einer meiner Lieblingscomics. Aber so war Don – er konnte über den Tellerrand hinausschauen, sehen, was unter der Oberfläche lag, und einem dabei helfen, es auch zu sehen. Er hat nicht alles nach seinen eigenen hohen Standards beurteilt; wenn es um seine Mitarbeiter ging, allerdings schon!

> „ER KONNTE BRUTAL, CHARMANT, FREUNDLICH UND MANCHMAL AUCH EIN BISSCHEN GEMEIN SEIN, ABER ER WAR EIN GROSSARTIGER UND GUTHERZIGER MANN …“

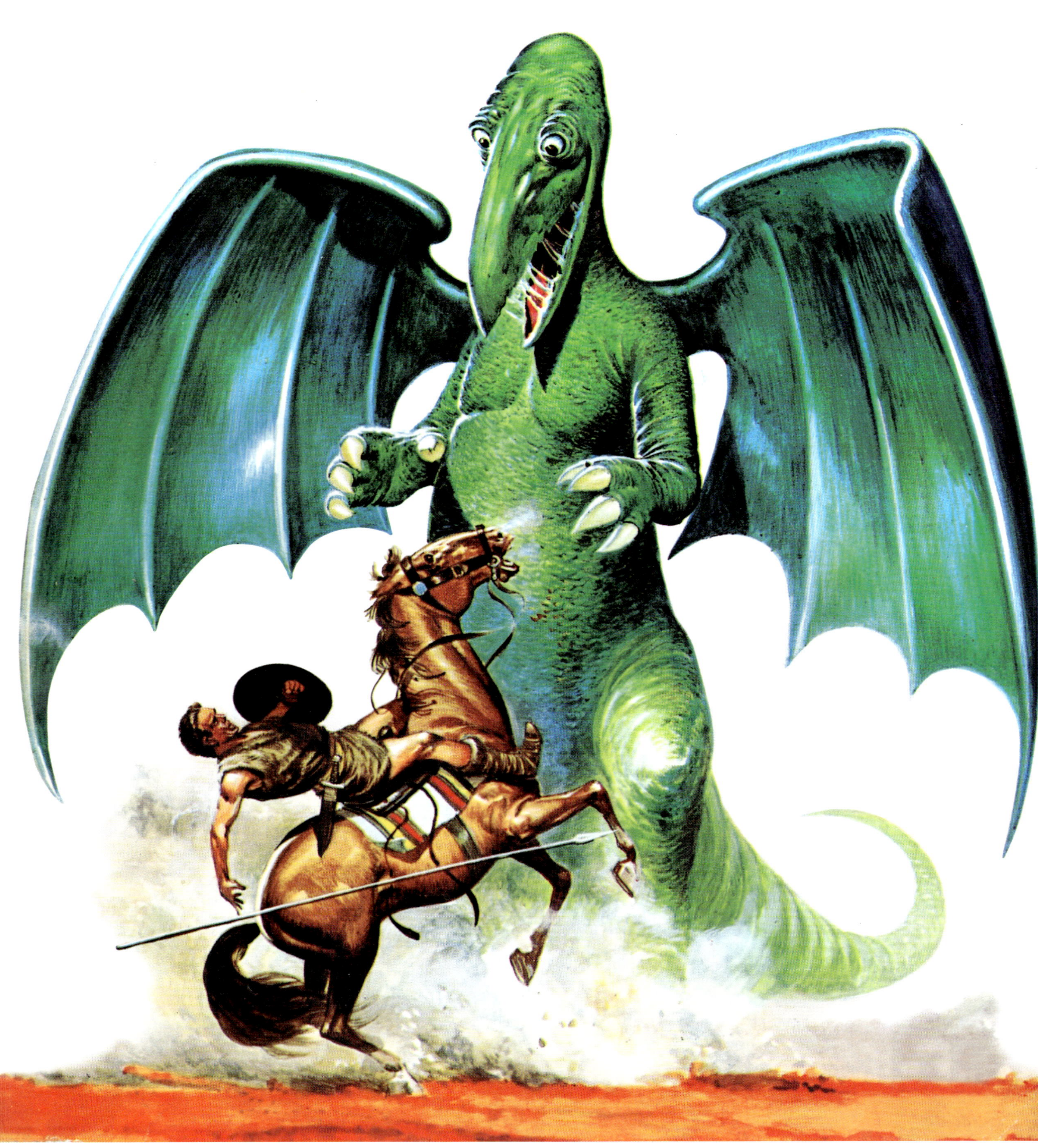

War er exzentrisch?

Meiner Ansicht nach nicht, nein. Auch wenn andere das anders sehen mögen. Er konnte brutal, charmant, freundlich und manchmal auch ein bisschen gemein sein, aber er war ein großartiger und gutherziger Mann und ich bin der Ansicht, er war auch ein weiser Mann. Er hatte eine erstaunliche Arbeitsmoral. Er lag niemals auf der faulen Haut! Er hatte die produktivste Fantasie, die mir je untergekommen ist. Was er alles aus dem Hut zaubern konnte, ganz ohne Anlass … es war einfach unglaublich. Er war tolerant in Sachen Cannabiskonsum oder sexuellen Darstellungen. Er hatte eine sehr europäische Einstellung, was Erwachsenencomics betraf. Es gab kaum etwas, das ihn hätte schockieren können. Aber exzentrisch? In meinen Augen war er das nicht. Er war irgendwie genau so, wie man sich den Künstler vorstellen würde, der *Das Reich Trigan* und *Storm* erschaffen hat. Ich mochte ihn sehr.

„BAM, BAM, BAM!"

Was hast du persönlich von Don gelernt? Wie hat er dein Leben und deine Arbeit beeinflusst?

Als ich mal an einem alten Skript arbeitete, das er mir überlassen hatte, schaute er mir über die Schulter. Er zeigte auf meine Arbeit, lachte in sich hinein und fragte: „Was ist das denn?" Ich antwortete: „Ein Korridor." Darauf Don: „Nein, das ist nur eine leere Kiste. Da ist nichts dran. Es ist die langweiligste und unkreativste Idee dessen, was ein Korridor sein könnte." Und dann fragte er mich, warum ich dem Korridor denn diese Form gegeben hätte und ob er nicht organisch sein könnte? Befand er sich auf einem anderen Planeten? Wand er sich, ähnlich wie eine Schlange? Woraus war er gemacht – und warum? Don brachte mir bei, auf solche Details zu achten und unkreative Klischees zu vermeiden. Das hatte eine transformative Wirkung. Er brachte mir auch bei, Texturen zu zeichnen, denn er glaubte, dass zu viele Zeichner alles so malten, als sei es aus dem gleichen Material. Bis heute denke ich, dass das zu einem der wichtigsten Aspekte meiner eigenen Arbeit geworden ist, und ohne Don wäre das nicht passiert.

Was den Einfluss auf mein Leben angeht, so kam ich mit einer ziemlich konservativen Einstellung aus dem Internat und das, ohne es zu wissen. Er nannte mich einen „urbanen Conan", und das war kein Kompliment. Für ihn war Conan ein Faschist. Es wurde mir mit der Zeit klar, dass ich eigentlich viel liberaler war, als die Schule es beabsichtigt hatte, und sicherlich sozialistische Tendenzen aufwies, also hat wohl Don diese Aspekte in mir gefördert. Und seine analytische, selbstkritische Einstellung war etwas, das ich bewunderte und auf mich übertrug. Offen der zu sein, der man wirklich ist, mit seinen Fehlern und allem Drum und Dran. Wenn man sich selbst kennt, gibt es nichts zu verstecken.

Was war das Lustigste, das du mit Don erlebt hast?

Manchmal hat Don geistesabwesend vor sich hingesungen – „Bam, Bam, Bam!" – und wurde dabei immer lauter. Das bedeutete in der Regel, dass er gut gelaunt war, und das war sehr ansteckend. Ich habe das jahrelang selbst gemacht. Und wenn man ihn darauf ansprach, dann war er sehr überrascht, ja fast entzückt, sodass er mit einem breiten Grinsen nur mit „Ja?" antwortete. Er hatte ein warmes Lächeln. Seine buschigen Augenbrauen schossen dann in die Höhe, seine himmelblauen Augen zwinkerten lustig. Auch das habe ich unbewusst kopiert und ich erwischte mich häufig dabei, wie ich „den Don" machte, auch lange, nachdem sich unsere Wege getrennt hatten.

Reden wir nun auch noch ein wenig über dich. Wir haben viele deiner Werke wie die von Marvel, von DC und Wildstorm, aber auch *Spawn: The Dark Ages* übersetzt. Erst kürzlich war deine *Wonder Woman*-Serie ein großer Verkaufsschlager in Deutschland. Glaubst du, dass sich die Comic-Branche in den letzten 30 Jahren stark verändert hat?

Meine eigene Karriere ist nicht gerade linear verlaufen. Es gab viele Höhen und Tiefen. Bislang ist es mir noch nicht gelungen, meine größten Träume zu verwirklichen, als da wären: meine eigenen Ideen erfolgreich umzusetzen. Ich habe das zwar versucht, aber weder das Interesse noch die Auflagen waren ausreichend genug, als dass ich das lange hätte tun können. Ich hatte auch selten so viel Zeit dafür, wie ich mir gewünscht hätte. Wirtschaftlich gesehen, ist es heutzutage unmöglich, eine Reihe wie *Storm* zu machen, bei der man zwei Wochen braucht, um eine einzige Seite fertigzustellen. Wir reden von Auflagen um die 200.000, allein in den Niederlanden. In den USA erreichen Mainstream-Comics in aller Regel kaum eine solche Auflage.

Aber es freut mich doch sehr, dass ich offenbar gerade einen neuen Höhepunkt auf der Beliebtheitsskala erreicht habe. Man kann nie wissen, wann man ein

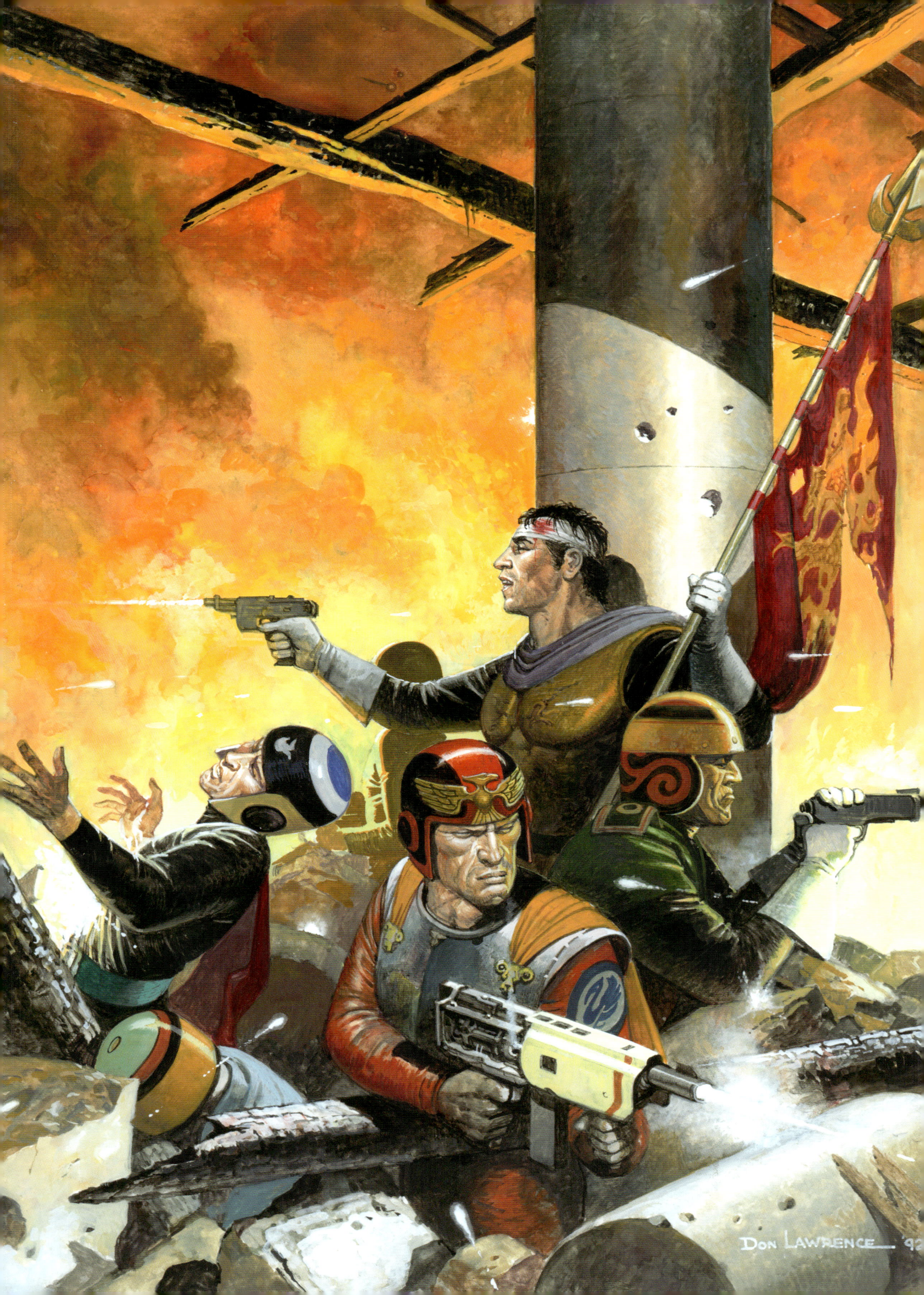
DON LAWRENCE '92

Comeback feiern kann, und ich nehme das nicht auf die leichte Schulter. Das Tolle daran ist, dass ich gerade für *Green Lantern* zeichne, das von Grant Morrison geschrieben wurde, und ich würde auch sagen, dass die *The Brave and The Bold: Batman and Wonder Woman*-Miniserie, die ich geschrieben und gezeichnet habe, alle Einflüsse der europäischen Comics in sich vereinigt, sowohl die 2000er-Jahre in England als auch das Mainstream-Material aus den USA. Es ist ein Hybrid. Und besonders *The Brave and The Bold* ruft Vergleiche mit Dons Arbeit geradezu hervor, was mir wirklich viel bedeutet. Ich habe den Eindruck, dass ich von Heft zu Heft besser werde. Und Don hat die Messlatte, mit der ich meine eigene Arbeit beurteile, sehr hoch gesetzt. Ich bin noch nicht da, wo ich hinwill, aber ich versuche es weiter!

Was war von all deinen Arbeiten bisher dein Lieblingsprojekt?

Da gab es verschiedene – und jedes aus einem anderen Grund. *Death's Head II*, weil es mir eine Karriere in den USA ermöglichte, ich ihn entworfen habe und er einen enormen Erfolg hatte: eine halbe Million verkaufter Exemplare! *Man Thing* zusammen mit J. M. DeMatteis, weil ich die Story liebe und das Gefühl hatte, dass es mich und meine Kunst wieder zu den illustrativen Wurzeln zurückführte, die Don verkörperte. Dieses Album ist in meinen Augen wahrhaftiger als viele andere meiner Arbeiten, die oft den Fehler haben, dass sie andere populäre Stile nur nachäffen. Ich dachte immer, mein eigener Stil sei nicht gut, aber Minderwertigkeitskomplexe sind bei Comic-Autoren allgemein üblich. *Gears of War* zeigte mir dagegen, dass ich konsequent sein kann, und ist wahrscheinlich der künstlerische Vorläufer für meine derzeitigen Arbeiten bei DC. *Captain Stone is Missing*, weil ich das zusammen mit meiner Frau Christina gemacht habe. Es ist meine Liebeserklärung an die großartigen Comics der Achtziger. *Wonder Woman: Die Wiedergeburt*, weil es auch für mich eine Art Wiedergeburt war – und weil ich so gern mit Greg Rucka zusammengearbeitet habe. *The Brave and The Bold*, weil es eine Geschichte ist, die ich schon als Teenager schreiben und zeichnen wollte. Das hab ich nur aus Liebe gemacht und ich kann immer noch nicht recht glauben, dass DC mich das tun ließ! Und *Green Lantern*, weil ich da mit Grant zusammenarbeiten kann, den ich sehr mag, und ich darin künstlerisch einen neuen Höhepunkt erreicht habe. Das ist wirklich toll.

Irgendwann müssen wir zum Ende kommen, die nächste Deadline lauert immer. Eine Frage zum Abschluss also: Was ist die eine Frage, die dir nie in einem Interview gestellt wurde, obwohl du sie gern beantwortet hättest?

Wem bist du in Bezug auf deine Karriere am dankbarsten?

Und wie lautet die Antwort?

Meiner Frau Christina. Und ich sage euch auch, warum: Sie macht das, was ich tue, erst möglich. Sie ist mein Coach, denn das ist ein Marathon. Sie gibt mir Feedback, sie motiviert mich. Sie weiß, was ich brauche, um Tag für Tag in dieser undurchsichtigen, antisozialen, fordernden und manchmal brutalen Branche zu überleben. Wir sind seltene und exotische Tiere darin, wir brauchen Aufmerksamkeit und müssen vorsichtig behandelt werden. Ohne Christina wäre ich nicht der Mann, der ich bin, und derzeit bin ich die beste Version meiner selbst, die ich je war. Ich kann ihr gar nicht genug danken, dafür und für eine Million andere, meist unsichtbare Dinge, die die Leute nicht sehen können.

Dann bist du ein glücklicher Mann. Danke für deine Zeit!

Es war mir ein Vergnügen.

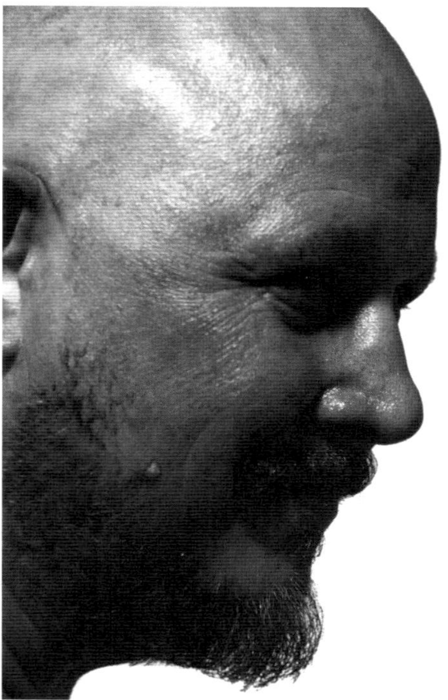

LIAM SHARP
Liam Sharp wurde im Mai 1968 in Derby, England, geboren und lebt heute in den USA. Er begann seine Karriere als Assistent von Don Lawrence. Seine ersten professionellen Arbeiten erschienen im *2000 AD*-Magazin, gefolgt von Marvel UK und später auch von Marvel USA. Zu seinen bekanntesten Arbeiten zählen *Spawn: The Dark Ages* und insbesondere seine aktuellsten Arbeiten für DC in Form der *Wonder Woman*-Serie unter dem Rebirth-Banner.

Aktuell sind von seinen Arbeiten in deutschen Übersetzungen lieferbar:
Batman Metal Sonderband: *Die Batmen aus der Hölle*
Batman und Wonder Woman: Der Ritter und die Prinzessin
Wonder Woman Rebirth 1 und 3 (Band 2 ist eine andere Storyline)
(alle bei Panini erschienen)

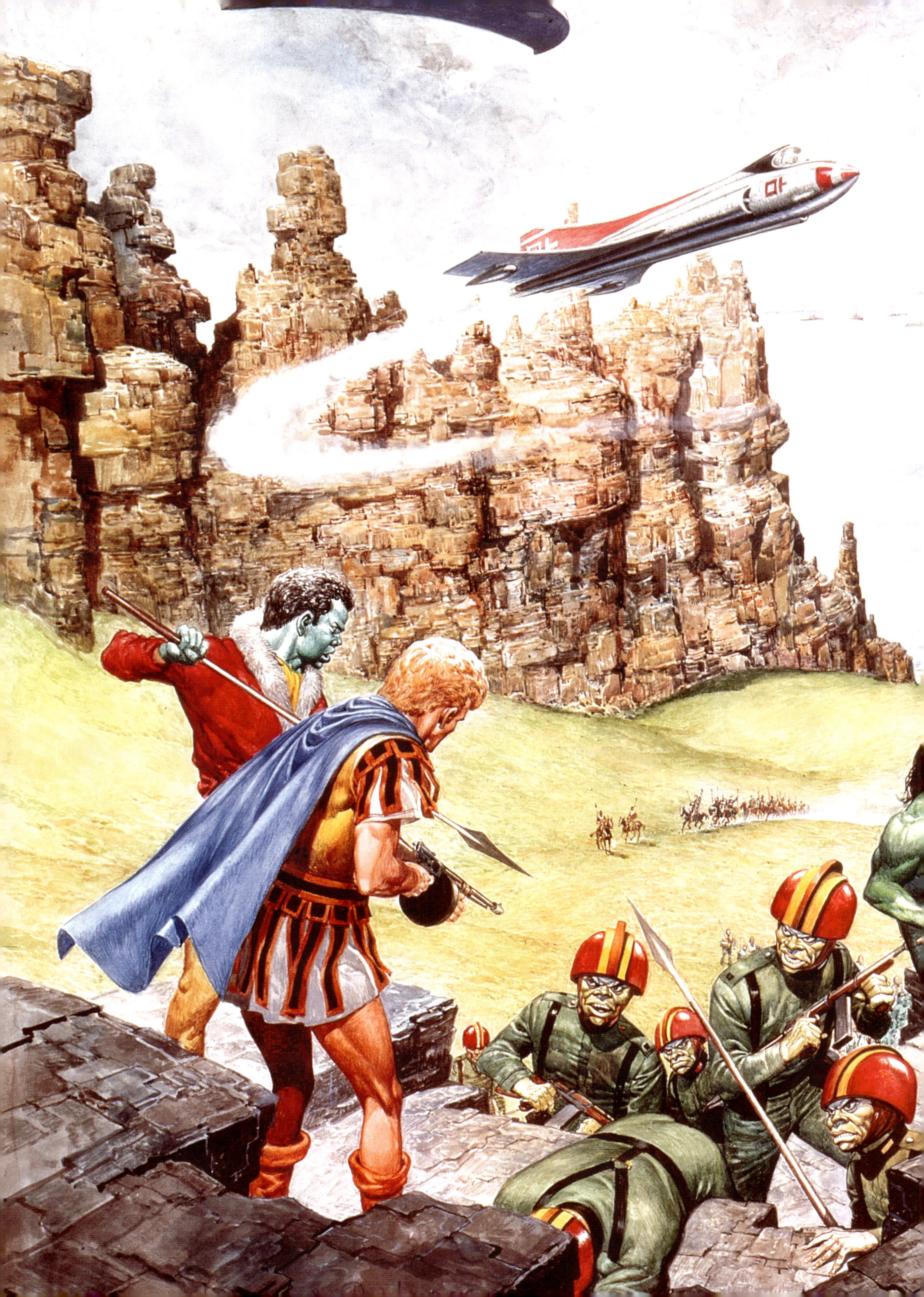

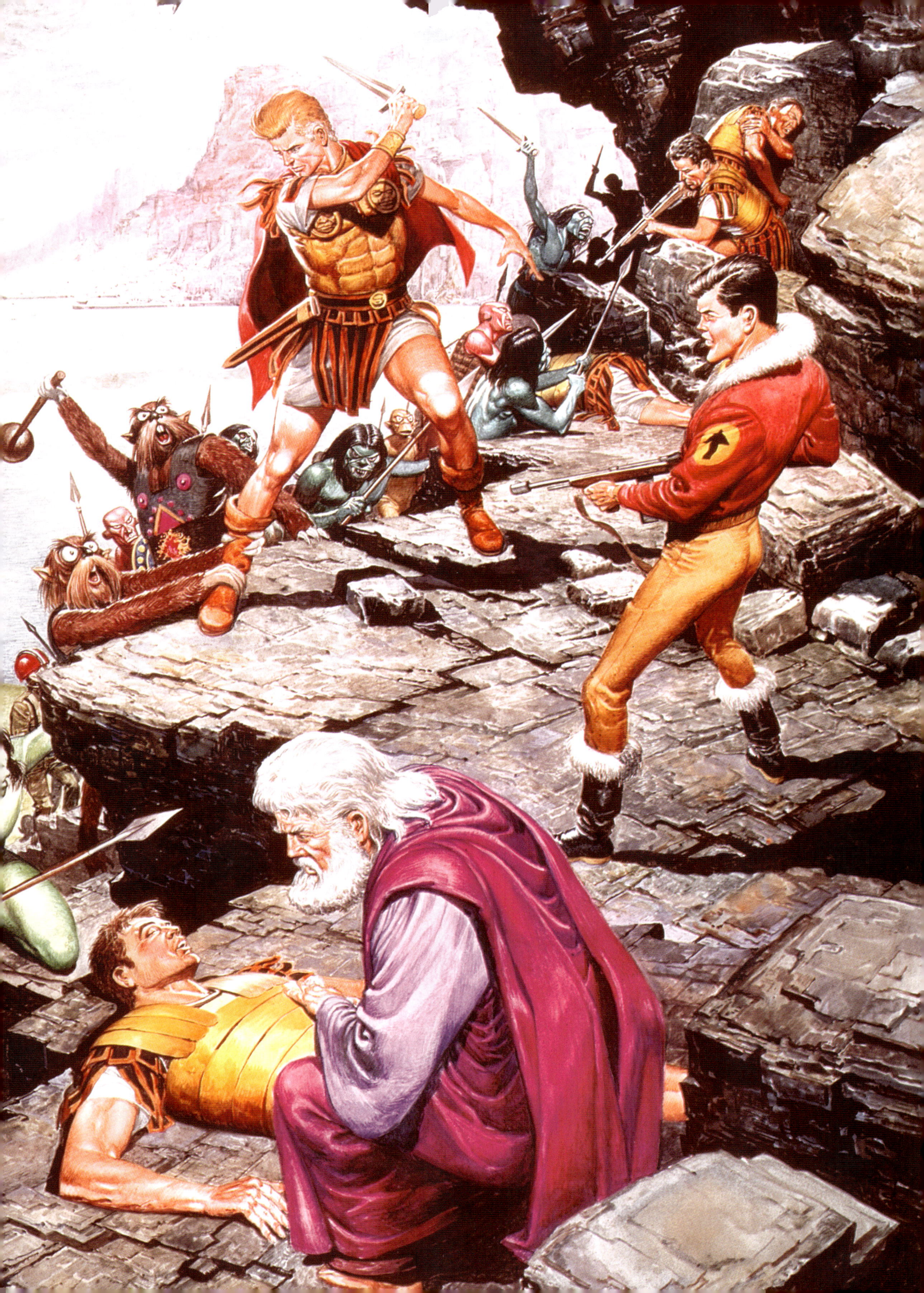

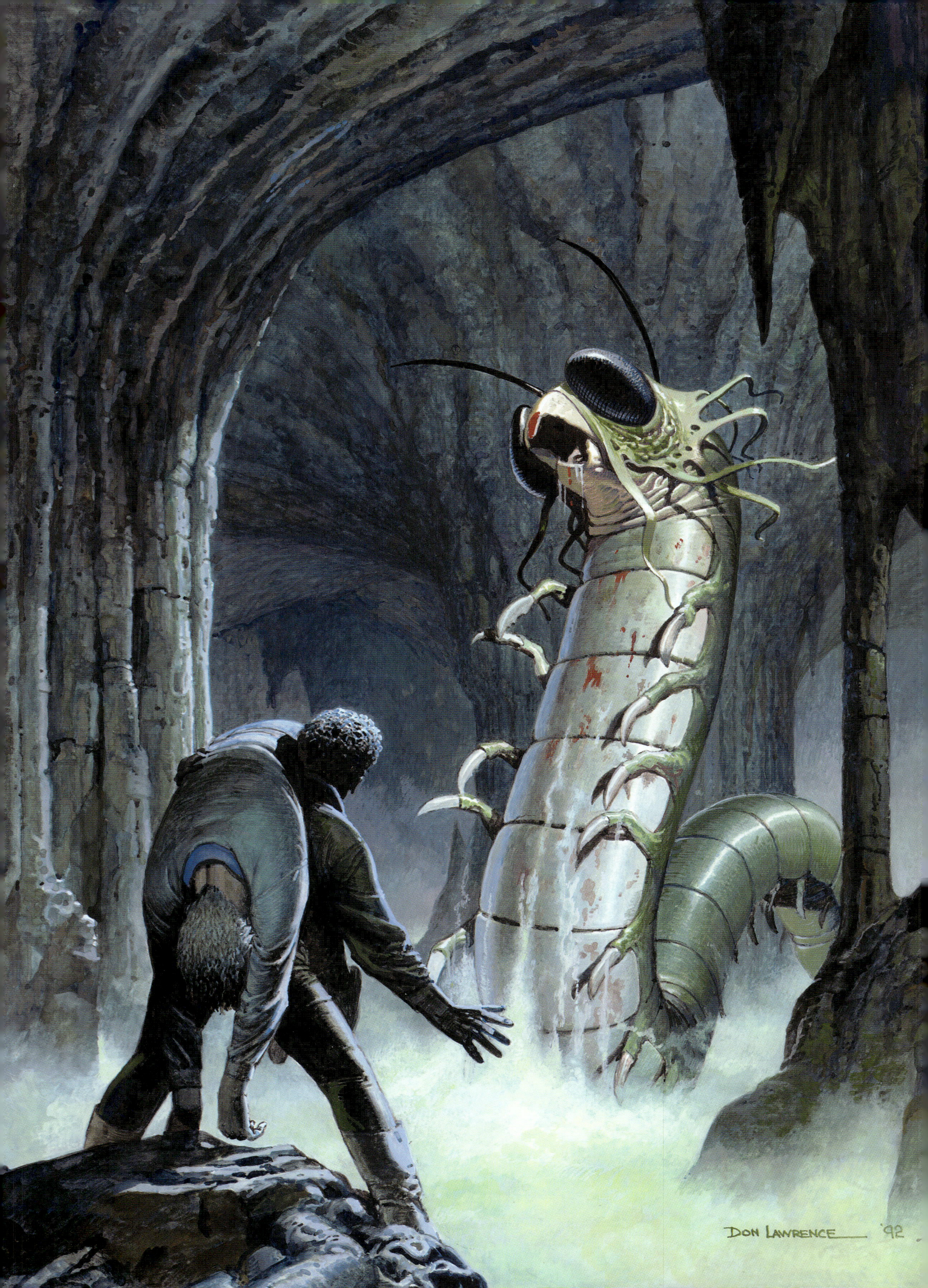
DON LAWRENCE '92

Interview mit Chris Weston

Hi Chris! Danke, dass du dir etwas Zeit für uns nimmst. Du wurdest ja in Deutschland geboren, sollen wir das Interview also auf Deutsch führen?

[Antwortet auf Deutsch] *Bitte nicht, nein!*

Ich bin in Deutschland geboren, aber auf einem britischen Armeestützpunkt aufgewachsen und auf britische Schulen gegangen. Ich habe Deutsch in der Schule gelernt, war aber nie sehr gut darin und habe offenbar so gut wie alles vergessen, was ich gelernt habe. In Deutschland kam ich auch zum ersten Mal mit Don Lawrence' Werk in Berührung, und zwar in einer Ausgabe von *Vulcan*. Das war ein wöchentlich erscheinendes Comic-Heft, das die besten Abenteuergeschichten von Fleetway Comics neu auflegte. Es enthielt *The Steel Claw*, *Robot Archie*, *Kelleys Eye* … und natürlich *Trigan*! Sowohl mein Vater als auch ich waren von der Qualität von *Trigan* überrascht, aber es dauerte ein paar Jahre, bis ich entdeckte, welcher Künstler dafür verantwortlich zeichnete.

Deine ersten Schritte in der Branche passen zu unserem Schwerpunktthema – nämlich deine Zeit mit Don Lawrence. Wie wurdest du zu seinem Assistenten?

Dahinter steckt wirklich eine ganz verrückte Geschichte. Ich war zu dieser Zeit schon lange wieder in Großbritannien. Da gab es damals eine bekannte Fernsehsendung, die *Jim'll fix it* hieß. So eine Art *Wünsch Dir was* für Kinder. Moderiert wurde sie von einem sehr unangenehmen Typen namens Jimmy Savile, der Kindern jede Woche ihre Träume und Wünsche erfüllte. Auch ich hatte einen Brief an Jim Savile geschrieben, in dem ich ihn darum bat, er möge mich doch mit meinem Lieblingskünstler Don Lawrence zusammenzubringen. Doch bevor ich den Brief abschicken konnte, bekamen wir einen Neuzugang in der Klasse. Ein Junge namens Kai. Als ich ihn fragte, was sein Dad so beruflich machte, erzählte er mir, dass der Comiczeichner sei. Auf die Frage: „Welche Art von Comics?" antwortete Kai: „Ach, von denen hast du sicher noch nie gehört, die heißen: *Das Reich Trigan*." Ich bin beinahe in Ohnmacht gefallen! Wie man sich vorstellen kann, ließ ich Kai keine Ruhe mehr, bis er mich dann schließlich 1983 mit zu sich nach Hause nahm. Und dann war es so weit: Ich durfte meinen Künstlerhelden treffen!

Noch eine Bemerkung zu *Jim'll fix it*: Es war wohl eine Extraportion Glück, dass ich den Brief an Jimmy Savile nie abgeschickt habe, denn es stellte sich heraus, dass er wohl ein Pädophiler war, der sich an den Kindern verging, die in seine Show kamen. Ich bin dem also nur knapp entkommen.

„ICH DURFTE MEINEN KÜNSTLERHELDEN TREFFEN!"

Und wie wurdest du dann schließlich zu Dons Assistent?

Es stellte sich heraus, dass Don ein sehr großzügiger Mensch war. Er erlaubte mir, ihn hin und wieder in seinem Studio zu besuchen und ihm bei der Arbeit zuzusehen. Er bestärkte mich in meinem Vorhaben, selbst Comiczeichner zu werden. Etwa zu dieser Zeit wurde Liam Sharp Dons Assistent für ein Jahr. Danach bot Don dann mir die Stelle an. Ich hatte mich allerdings schon bei der Kunsthochschule in Brighton beworben und war auch angenommen worden, also musste ich mich entscheiden, ob ich das Angebot der Hochschule oder das von Don annehmen wollte. Die Entscheidung fiel mir nicht wirklich schwer.

Hast du bei Don nur das Zeichnen gelernt oder ihn auch bei seinen Arbeiten unterstützt?

Don hat mir die Grundlagen beigebracht, sodass ich schließlich losziehen und mich auf eigene Füße stellen konnte. Dafür zahlte ich ihm dann im ersten Jahr 10 % von allem, was ich verdiente. So verschaffte er mir einen ganz großartigen Karrierestart.

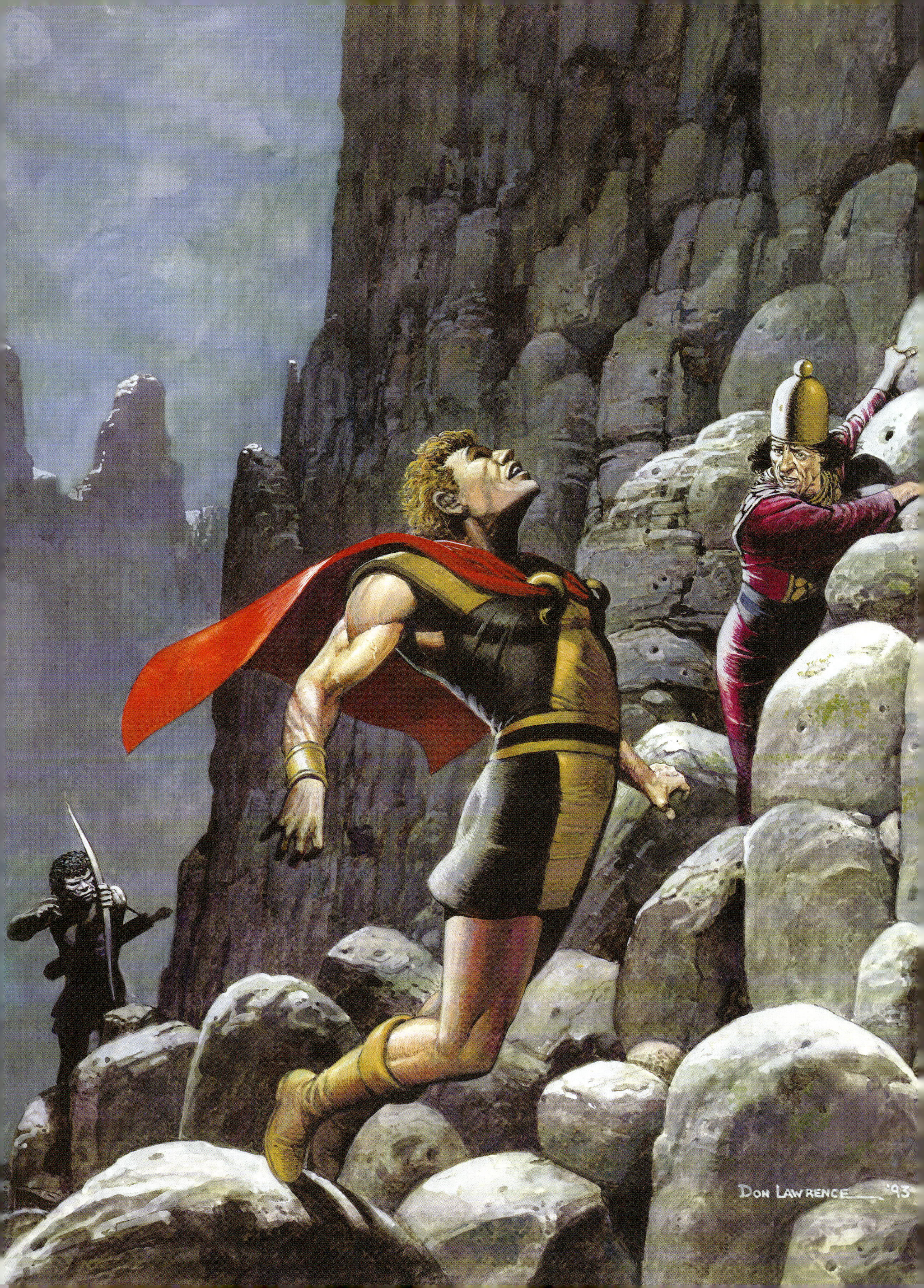
DON LAWRENCE '93

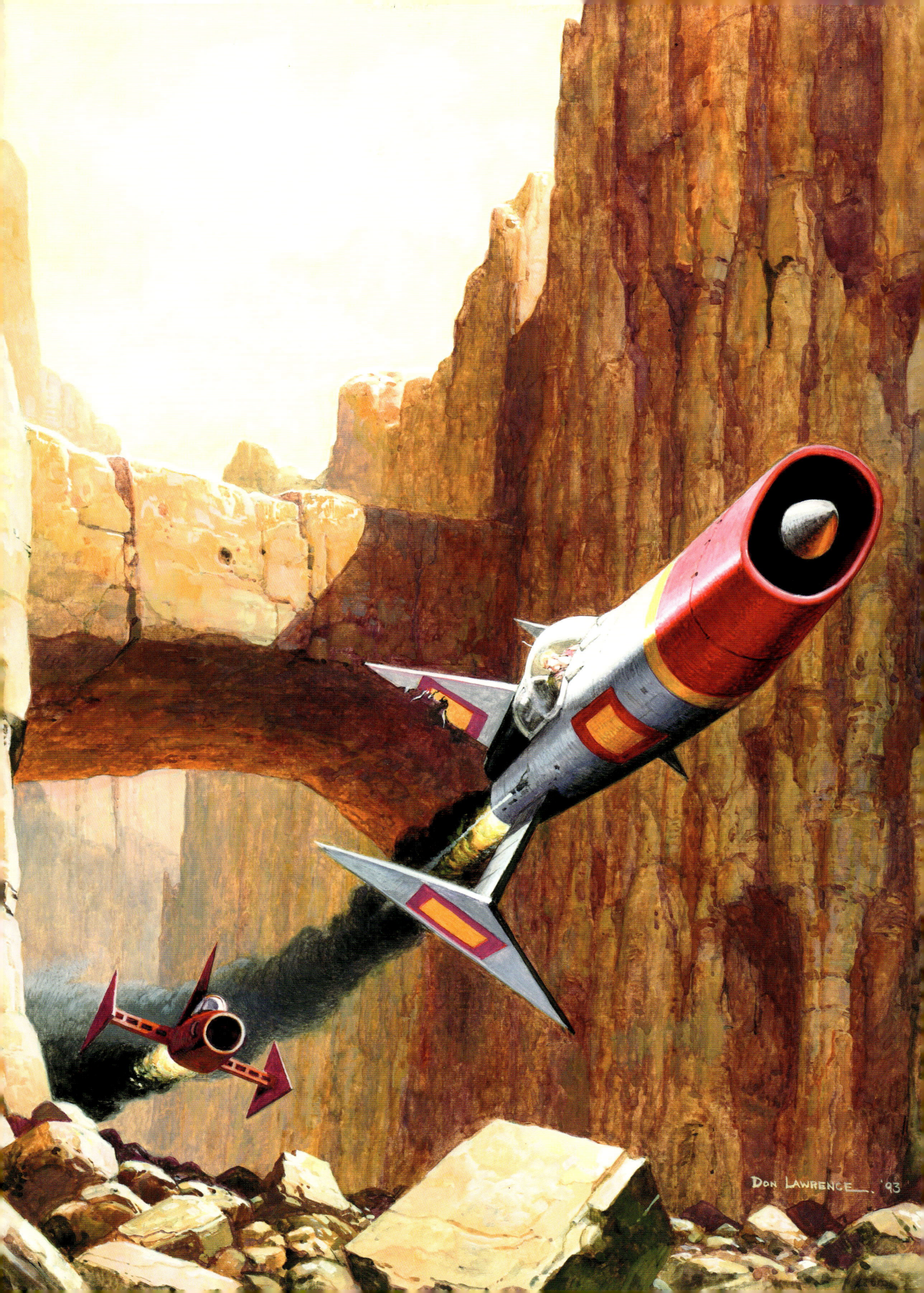
DON LAWRENCE '93

Don brachte mir das Zeichnen bei, indem er mich akribisch akkurate Kopien der Werke anderer Künstler anfertigen ließ, einschließlich seiner eigenen. Das konnten Künstler sein, die ich bewunderte, wie Brian Bolland, Dave Gibbons oder Colin Wilson, aber auch Zeichner, die ich erst durch ihn kennenlernte, wie Jean „Mœbius" Giraud.

> „ZUMINDEST HATTE ER IMMER EINEN JOINT IN DER TASCHE."

Ich musste dabei wirklich äußerst sauber arbeiten, denn er entdeckte auch die geringsten Abweichungen vom Original innerhalb von Sekunden! Dieses Vorgehen sollte mir das Zeichnen mit Tusche und verschiedene Maltechniken beibringen. Don behauptete immer, dass er nicht in der Lage sei, mir das Zeichnen selbst beizubringen, aber er könne mich die verschiedenen Techniken lehren. Ich fand das Kopieren der Zeichnungen anderer Leute unglaublich langweilig. Aber ich denke, das war auch der Sinn der Übung: Die Disziplin zu lernen, stundenlang dazusitzen und Kunst zu kreieren.

Ich habe Don nie bei seinen eigenen Arbeiten geholfen, aber ich machte ihm oft Vorschläge. Manchmal nahm er sie begeistert an und integrierte sie dann in seine eigenen Werke.

Was kannst du uns über Don und seine Persönlichkeit sagen?

Don war mir immer ein Vorbild und ich empfinde es als außergewöhnliche Ehre, ihn als Mentor gehabt zu haben. Er hat mir die Augen für alle möglichen Ideen und Einflüsse geöffnet, die mir bis dahin verborgen geblieben waren. Er zeigte mir Künstler, Musik, Bücher und Filme, von denen ich zuvor noch nie gehört hatte.

Er war ein Lebemann und fast schon ein Hippie. Zumindest hatte er immer einen Joint in der Tasche. Diesen Geruch werde ich wohl immer mit meiner Zeit in seinem Studio in Verbindung bringen. Ich habe aber nie mitgeraucht. Don musste meinem Vater damals versprechen, dass er mir nie einen anbieten würde.

Auf die Menschen draußen wirkte er immer sehr entspannt, aber sein Verstand arbeitete sehr rasch, er war sehr aufmerksam und hatte eine schnelle Auffassungsgabe.

War er exzentrisch?

Das würde ich so nicht sagen. Er war ein sehr selbstbewusster und willensstarker Charakter, der zu seiner Meinung stand. Er konnte sehr bissig sein und manchmal zucke ich noch heute angesichts der harten Kritik zusammen, die er mir während unserer gemeinsamen Zeit angedeihen ließ. Er nahm da kein Blatt vor den Mund.

Ich erinnere mich daran, dass er oft auf dem Boden saß und Karten mit sich selbst spielte. Das war seine Art, den Kopf freizukriegen. Irgendwann kaufte er sich einen Billard-Tisch und spielte dann oft Billard. Er hatte auch eine große Vorliebe für Kricket und ließ auf dem Fernseher Spielübertragungen laufen, während er arbeitete.

Er hatte auch einen großartigen Musikgeschmack. Wir hörten beinahe jeden Tag Pink Floyd und Brian Eno.

Was hast Du von Don gelernt, und wie hat er dein Leben und Werk beeinflusst?

Ich habe während meiner ganzen Karriere in meinen Arbeiten nie einen direkten Einfluss Dons erkennen können. Ich glaube, dass Brian Bolland und Mœbius mich mehr beeinflusst haben. Allerdings habe ich letzthin ein paar Bilder gemalt, die mich an Dons Werke erinnern. Ich glaube, heutzutage wäre ich viel eher bereit, etwas von ihm zu lernen, als ich es damals war. Ich fände es toll, wenn wir uns wieder einmal treffen könnten und ich ihm einige technische Fragen stellen könnte! Er geistert oft durch meine Träume, und ich fühle mich immer noch von ihm eingeschüchtert und sehne mich nach seiner Anerkennung; etwas, von dem ich nicht das Gefühl habe, ich hätte es zu seinen Lebzeiten jemals erreicht. Er sagte einmal zu mir, dass ich einfach nicht zeichnen könne, und das war sehr schmerzhaft zu hören. Aber ich glaube, er hätte vielleicht meine Arbeitsmoral zu schätzen gewusst. Ich war immer sehr dankbar für die Zeit mit ihm, und ich habe mir selbst

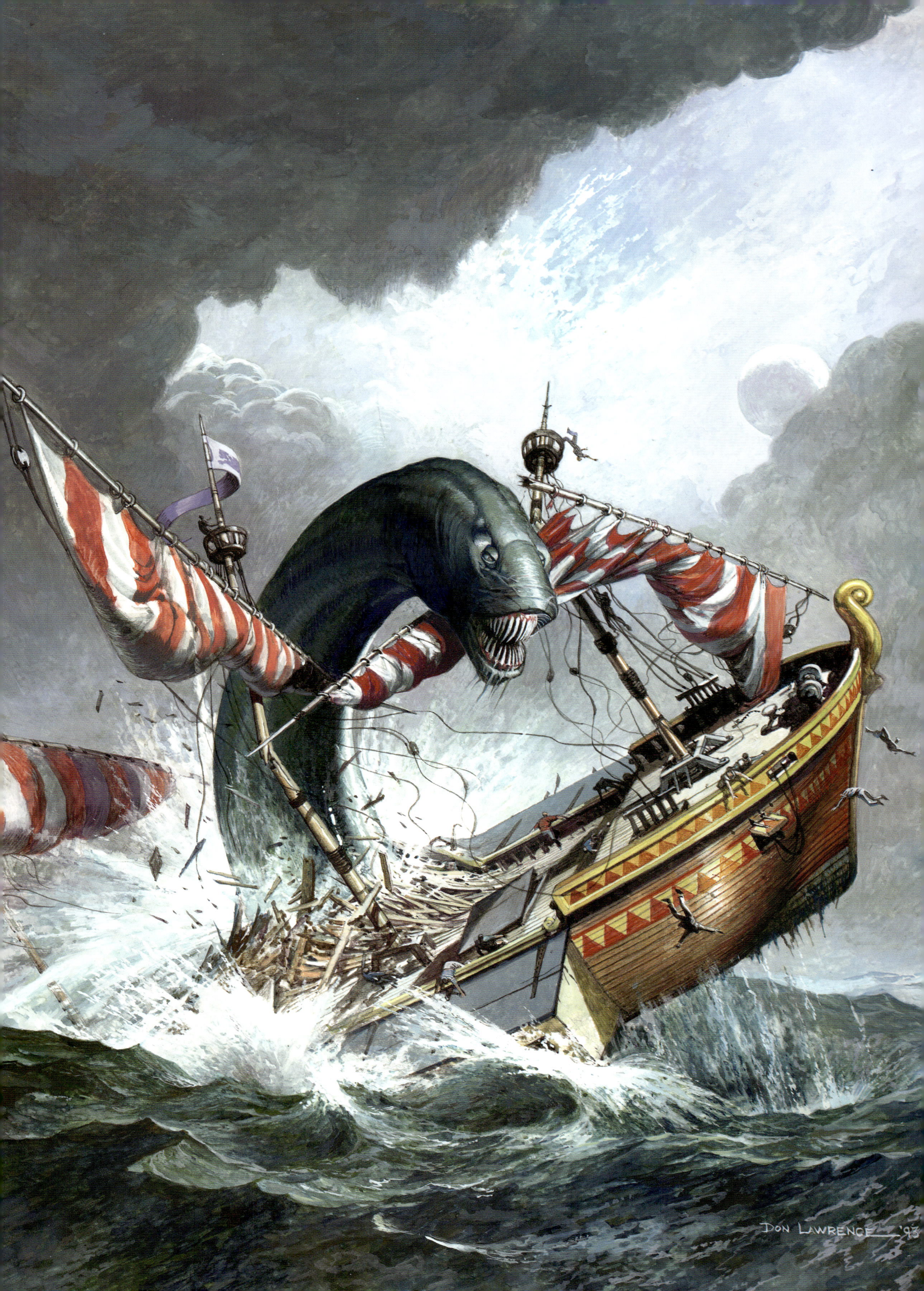
DON LAWRENCE '93

versprochen, dass ich auch einmal Assistenten einstellen werde, sozusagen, um mein Karma auszugleichen. Aktuell habe ich gleich ein paar davon. Einer davon ist Karl Fitzgerald. Er macht sich wirklich hervorragend. Jetzt bin ich der Mentor! Ich muss allerdings gestehen, dass meine Kritik nicht so offen ist wie die von Don damals.

Was ist das Lustigste, das du je mit Don erlebt hast?

Ich erinnere mich daran, dass er mit einem Becher Tee in der Hand durch den Garten ging, ohne darauf zu achten, wohin er ging – und dann prompt in einem ausgehobenen Loch landete. Das klingt nicht sehr lustig, ich weiß, aber er holte sich dabei nicht einmal den kleinsten Kratzer und verschüttete noch nicht einmal seinen Tee. Aber es sah aus wie eine Szene aus einem Buster-Keaton-Film. Er konnte immer den Witz an einer Sache erkennen.

Lass mich am Ende eine letzte Frage stellen: Was ist die eine Frage, die dir nie in einem Interview gestellt wurde, obwohl du sie gern beantwortet hättest?

Wo würdest du sein, wenn du Don nicht getroffen hättest?

Und wie lautet die Antwort?

Gute Frage! Ich denke nicht gern darüber nach. Ich glaube nicht, dass ich auf der Brighton Kunsthochschule gut zurechtgekommen wäre. Ich hätte die Sache wohl recht schnell schleifen lassen und wäre zu einem Nichtsnutz geworden. Das Beste, was Don mir beibrachte, war Disziplin. Die Fähigkeit, stundenlang dazusitzen und einfach seine Arbeit voranzubringen, auch wenn es Dinge gibt, die man lieber täte. Ich bewunderte Don so sehr und hatte solche Angst, ihn zu enttäuschen, dass ich immer 100 % meiner Kraft in meine Arbeit steckte. Und das tue ich auch heute noch. Ich glaube nicht, dass ich unter einem anderen Mentor jemals diese Arbeitsmoral entwickelt hätte.

Vielen Dank für deine Zeit!

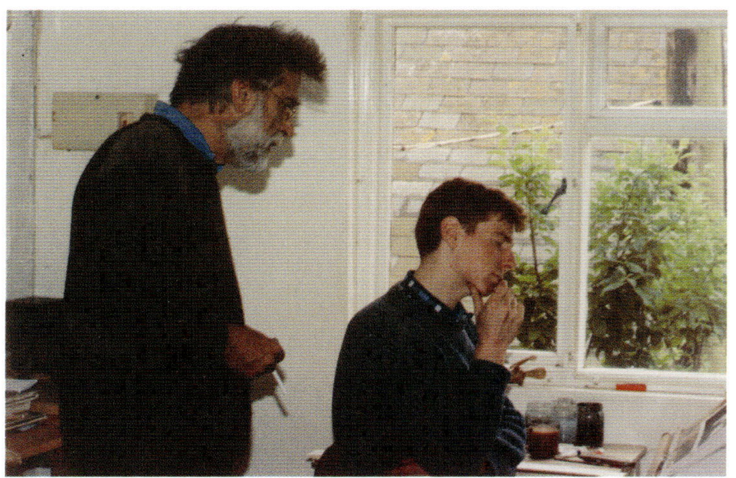

CHRIS WESTON
Chris Weston wurde im Januar 1969 in Rinteln, Deutschland, geboren. Er begann seine Karriere als Assistent von Don Lawrence und lieferte seine erste professionelle Arbeit für *Judge Dredd* ab. Nach weiteren Arbeiten für das berühmte *2000 AD*-Magazin in den folgenden sieben Jahren erschien seine erste Arbeit für den amerikanischen Markt in Mark Millars Ära bei *Swamp Thing*. Weitere Titel für Vertigo folgten ebenso wie diverse Arbeiten für DC und Marvel. Aktuell sind von seinen Arbeiten in deutschen Übersetzungen lieferbar: *Sandman präsentiert: The Dreaming*, *Superman Megaband* 1. (alle bei Panini erschienen)

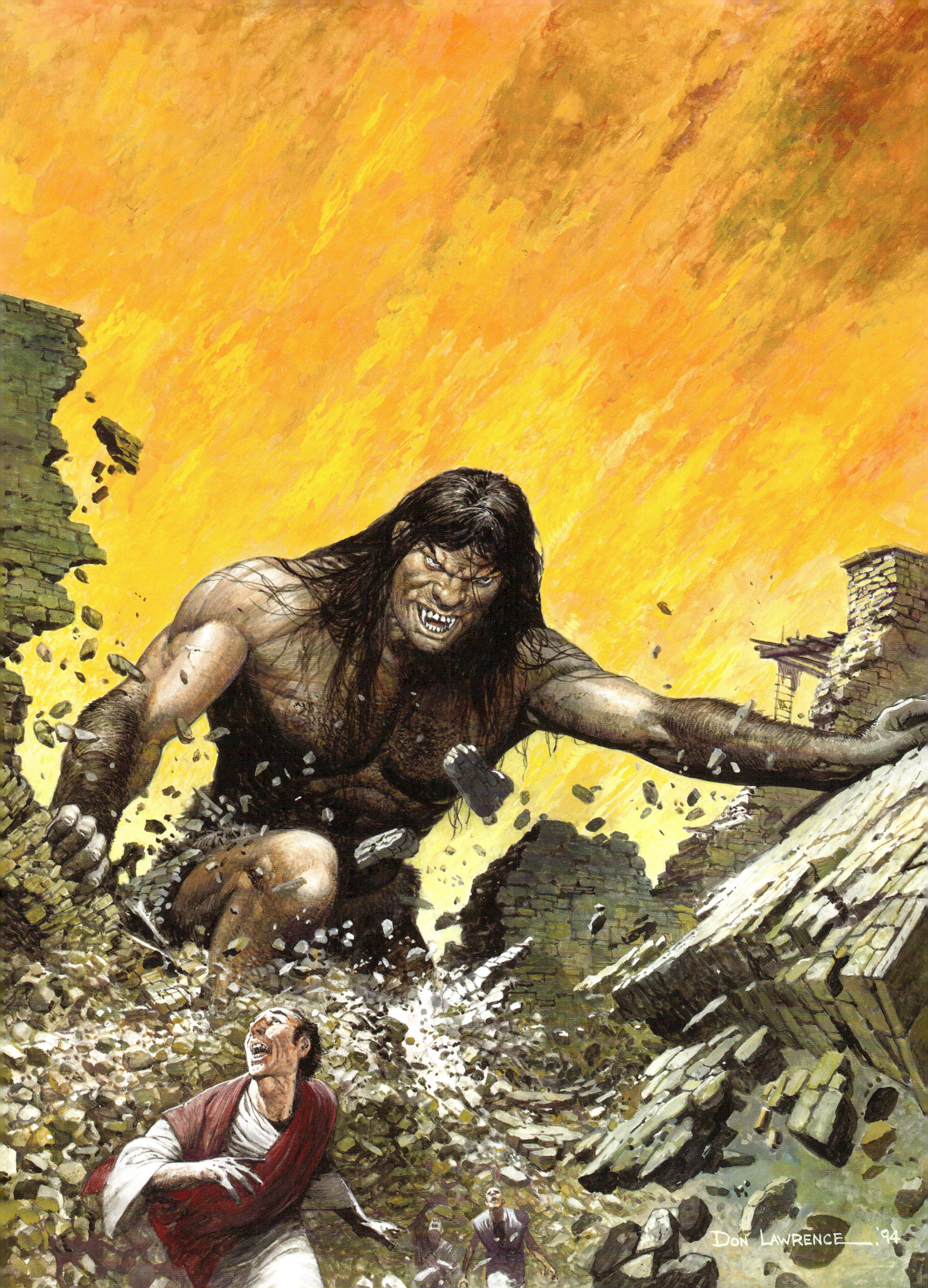
DON LAWRENCE '94

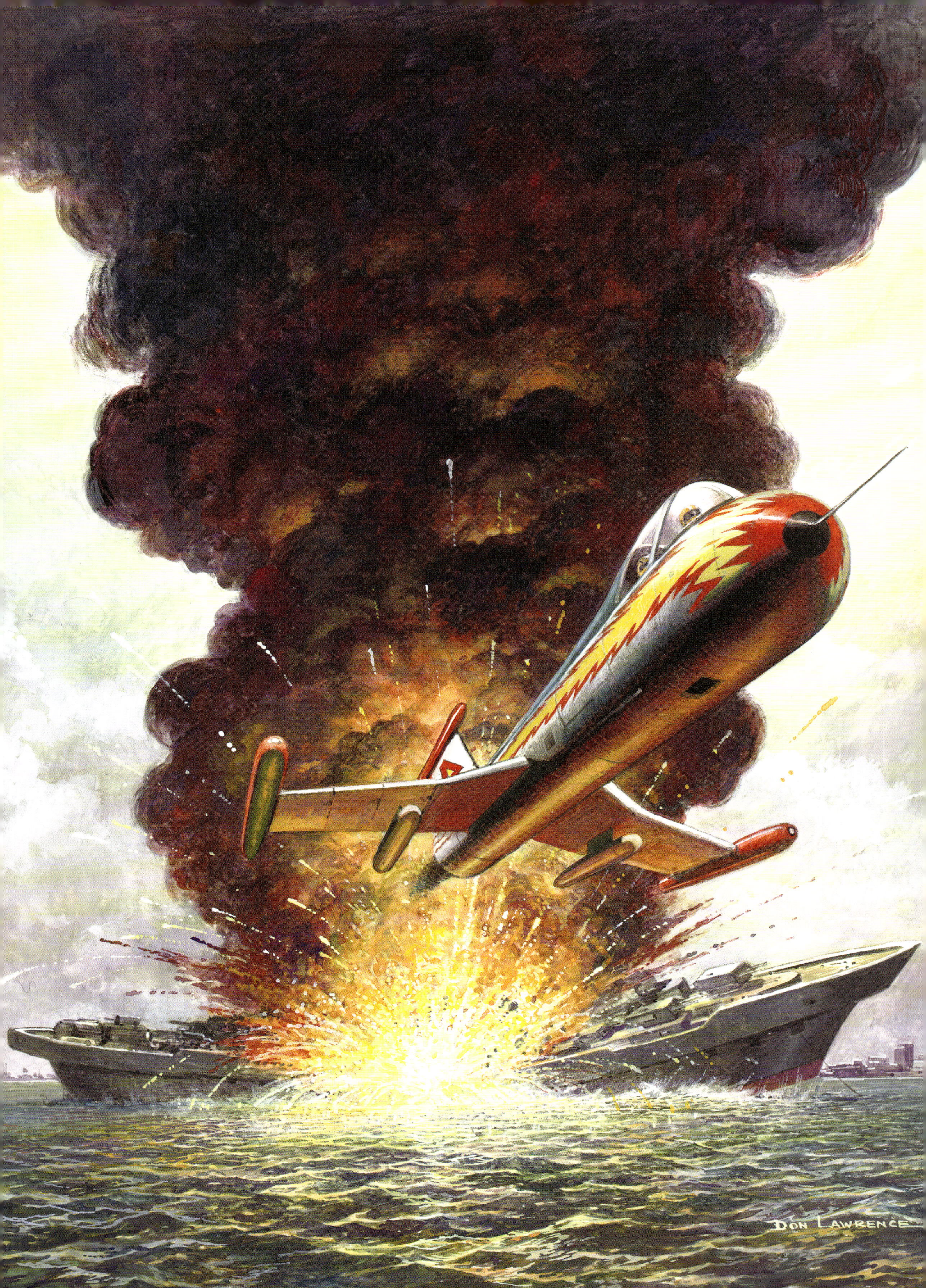
DON LAWRENCE

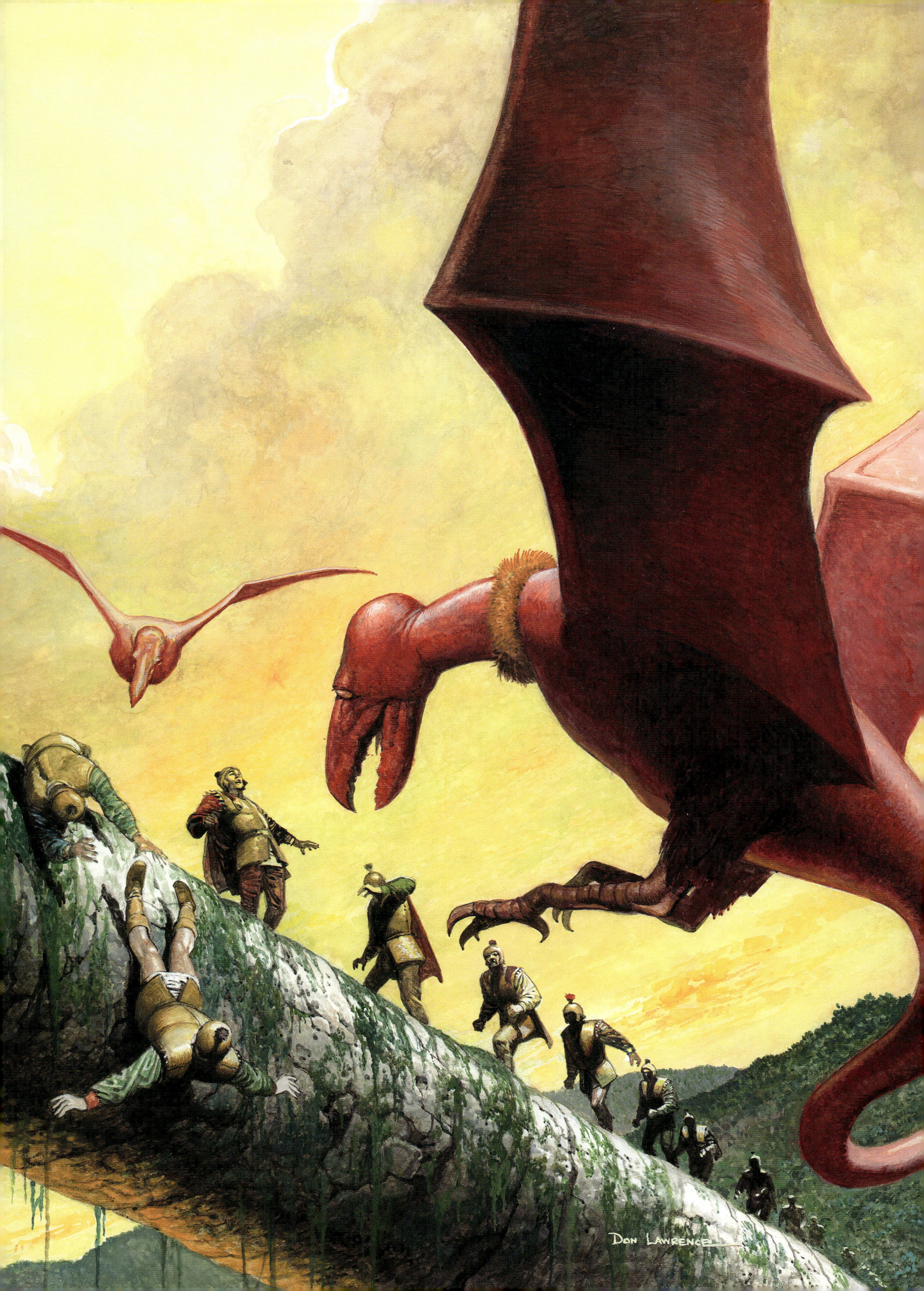
DON LAWRENCE

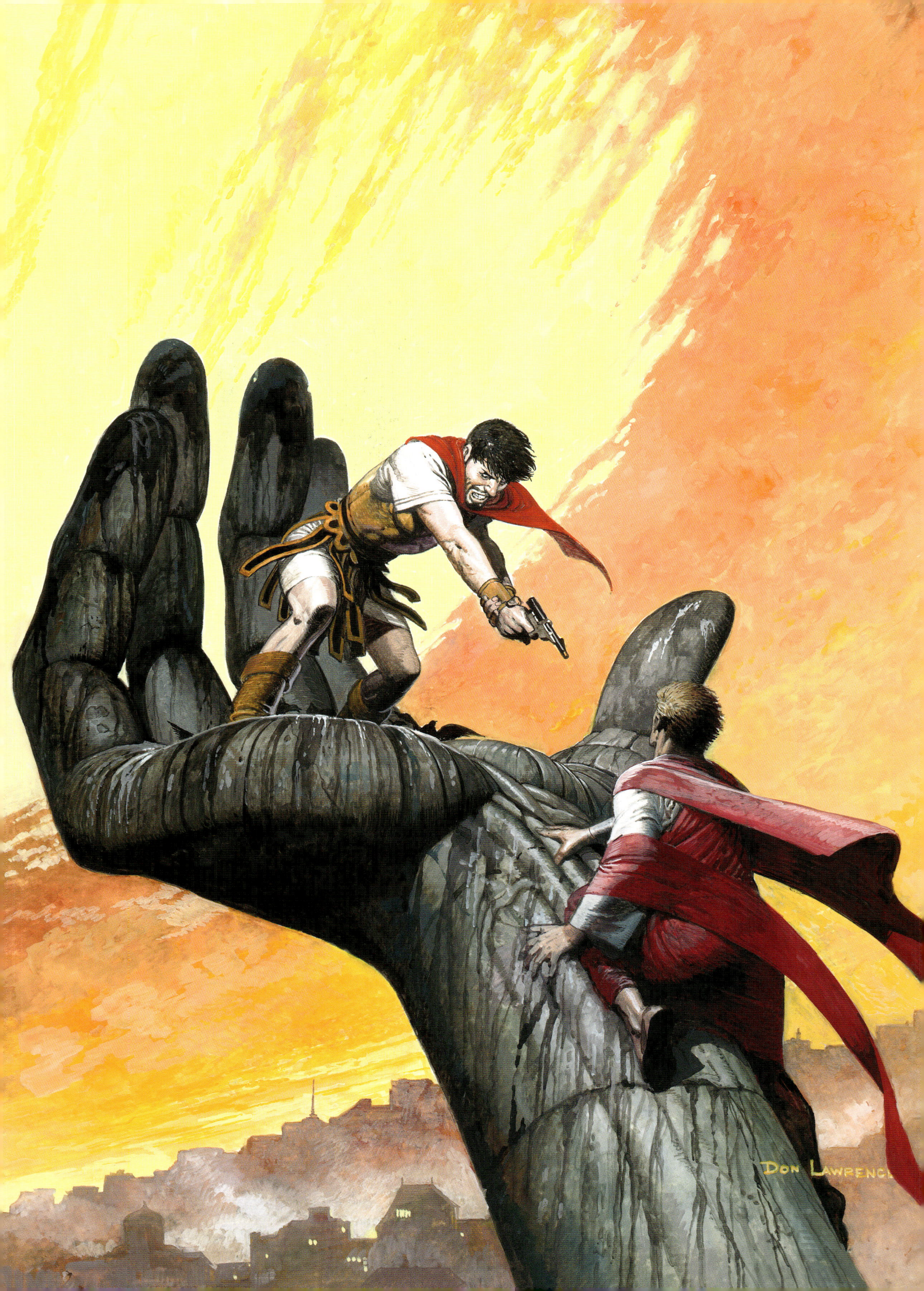
DON LAWRENCE

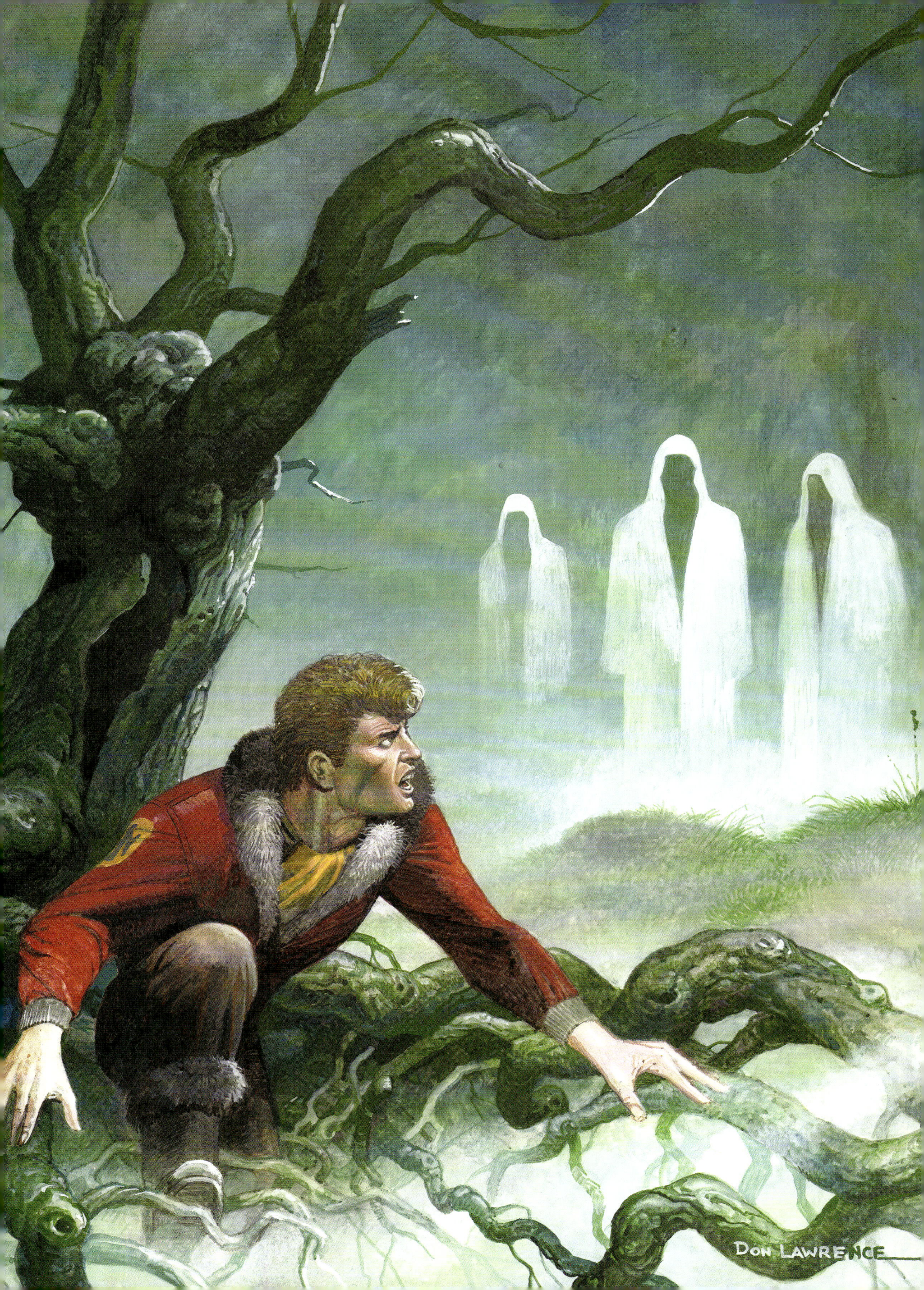
DON LAWRENCE

Periks Labor

Eine Dokumentation

In Trigopolis konnten zwei der wichtigsten Gebäude des Reichs Trigan bestaunt werden: der kaiserliche Palast, Heim des Souveräns und seiner Familie, und das große Labor und Observatorium mit den modernsten Maschinen und Anlagen, die je auf Elekton entwickelt wurden.

Das Labor war die Heimat von Perik, größter Wissenschaftler des Planeten, Vertrauter und Berater des Herrschers von Trigan, Kaiser Trigo. Aber Perik war mehr als nur ein loyaler Wissenschaftler. Als Universalgelehrter füllte er zahllose weitere Rollen aus – Architekt, Ingenieur, Erfinder, Astronom, Lehrer, Arzt, Historiker, Philosoph, Philanthrop und noch einiges mehr. Wie in jedem Herrscherhaus, egal wo und wann, stand auch hier im Schatten eines großen Herrschers ein intellektueller Geist, der das Unmögliche möglich machte. Perik hatte sich durch seine Leistungen seine Position verdient und erhielt unbegrenzte Ressourcen für seine Forschungen und Erfindungen.

Periks Labor wurde auf einem der fünf Hügel von Trigopolis erbaut, geschützt von den mächtigen Stadtmauern und unweit des kaiserlichen Palastes. Er hatte es selbst entworfen nach dem Vorbild seines alten Labors in Tharv, so wie er viele Gebäude konzipierte in den Gründungstagen von Trigopolis. Das Innere des Gebäudes präsentierte sich als ein Labyrinth aus wissenschaftlichen Gerätschaften, Generatoren, chemischen Reaktionskammern und vielen Dingen, die Perik für seine Experimente benötigte. Es gab ebenso eine Klinik zur Entwicklung neuer Heilmethoden, bei denen auch Versuchstiere zum Einsatz kamen. Dort wurden komplizierte Operationen durchgeführt, für die es in den städtischen Kliniken oder in der Notfallstation im Palast nicht die nötige Ausrüstung gab (Periks Arbeitsräume im kaiserlichen Palast umfassten auch eine kleine Krankenstation mit Ärzten und Pflegern, um die kaiserliche Familie im Notfall versorgen zu können). Das Labor war groß genug, um modernste Maschinen wie Flugzeuge oder Boote zu entwickeln, wobei die tatsächliche Erprobung solcher Systeme natürlich auf Testgelände außerhalb geschah. Zu den interessantesten Räumlichkeiten des Gebäudes zählte das Observatorium mit seinem gigantischen Teleskop zur Beobachtung des Himmels und der Sterne. Neben den Computern und Karten fiel dort das Modell des Sonnensystems Yarna ins Auge mit seiner Zwillingssonne und Elekton mit seinen zwei Monden. In Periks Bibliothek standen sämtliche je geschriebenen Bücher von wissenschaftlichem oder kulturellem Wert in allen erdenklichen Sprachen. Diese Sammlung musste er mühsam neu aufbauen, nachdem seine ursprüngliche Bibliothek in Tharv beim Angriff der Loka ein Opfer der Flammen geworden war. Ohne diesen Angriff wäre Perik jedoch nie nach Vorg geflüchtet und hätte nicht zur Gründung von Trigopolis beitragen können.

Im Jahr des Zemm übergab Trigo eine neue, modernere Version des Labors an seinen alten Freund. Er war nun gerüstet für die aktuellen Herausforderungen in Forschung und Entwicklung. Die Neugestaltung war aber auch Teil des Programms zu Wiederaufbau und Modernisierung von Trigopolis. Wobei Renovierung und Neubau Perik seit jeher begleiteten: Sein erstes Labor in Tharv wurde durch die Bomber der Loka dem Erdboden gleichgemacht, der Neubau in Trigopolis wurde während der Revolte der Tharv im zweiten Jahr des Vanni zerstört und, kaum wiederhergestellt, erneut erheblich beschädigt während der Unruhen im dritten Jahr des Ziss.

Wie man den Chroniken des Reichs Trigan entnehmen kann, stand das Labor regelmäßig im Mittelpunkt der Ereignisse. Oft wurden dort neue Maschinen oder Geräte entwickelt, die zu spannenden Abenteuern führten, oder Perik wurde in seinen Räumen zu einer Lösung inspiriert, um einer das Reich bedrohenden Gefahr zu begegnen.

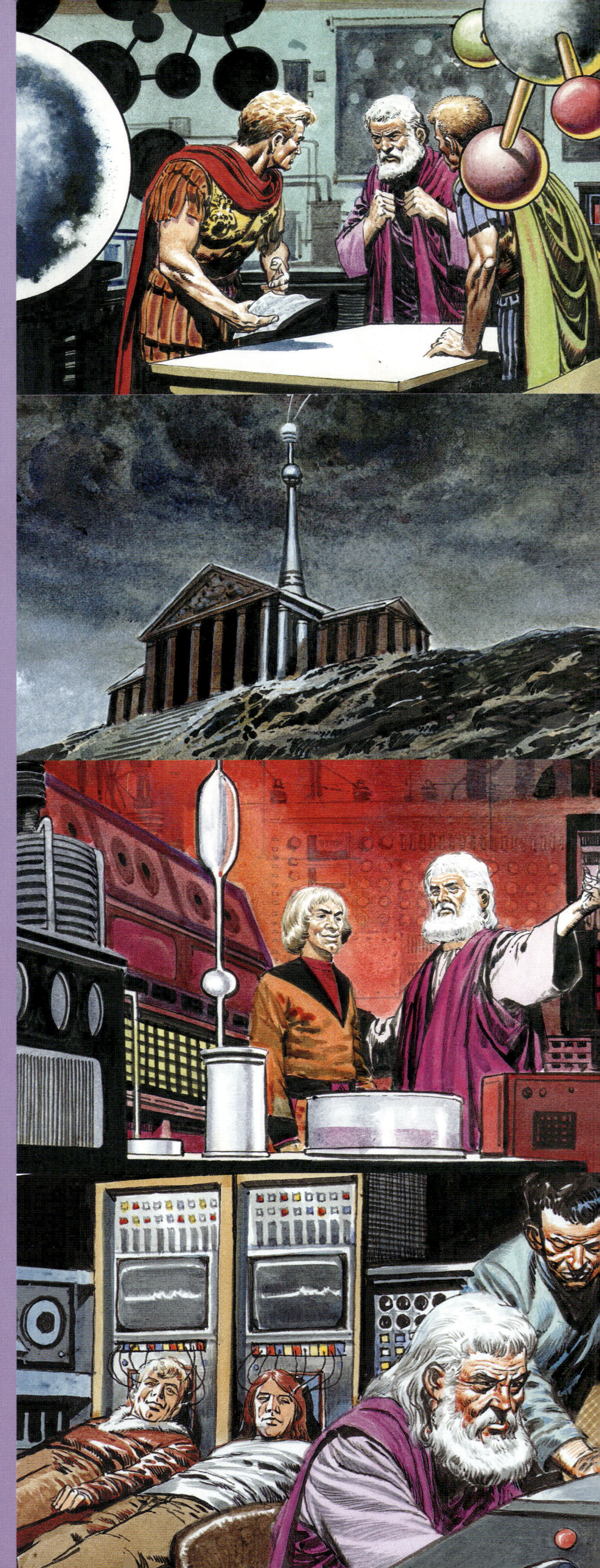

Vorrichtungen

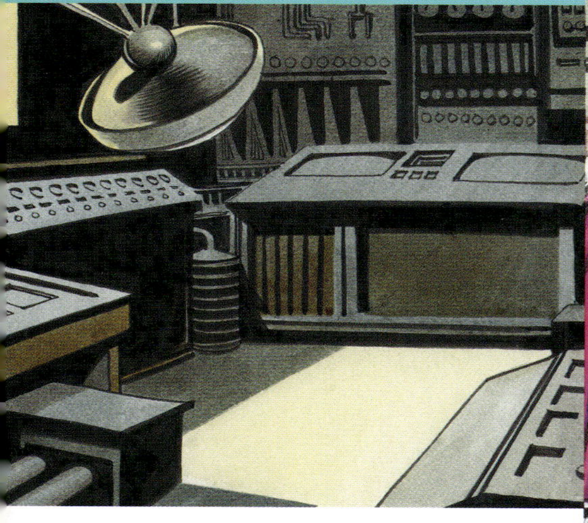

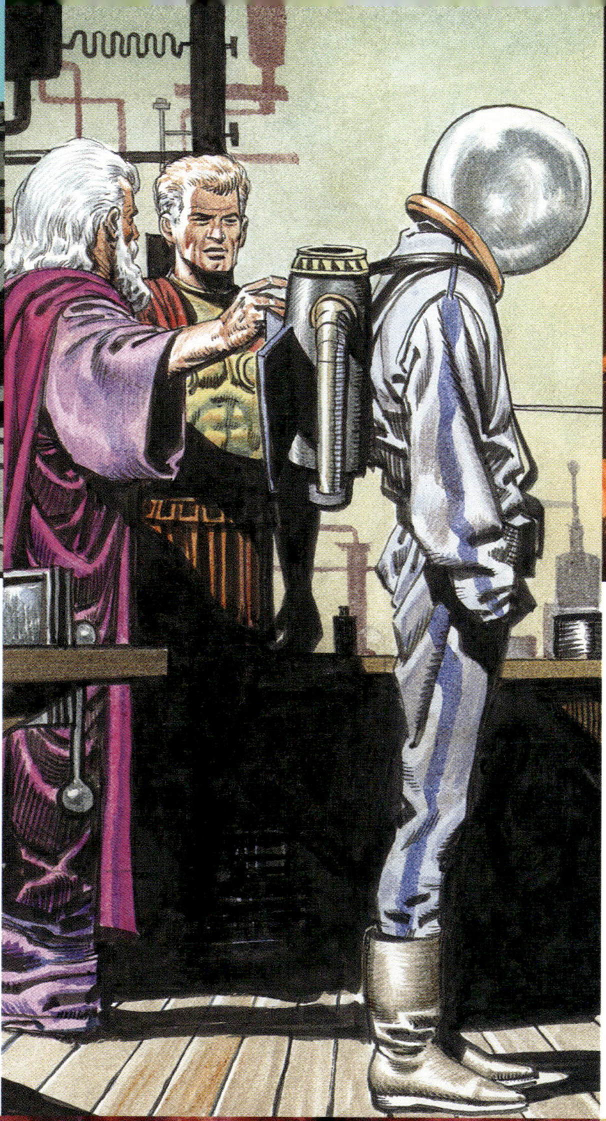

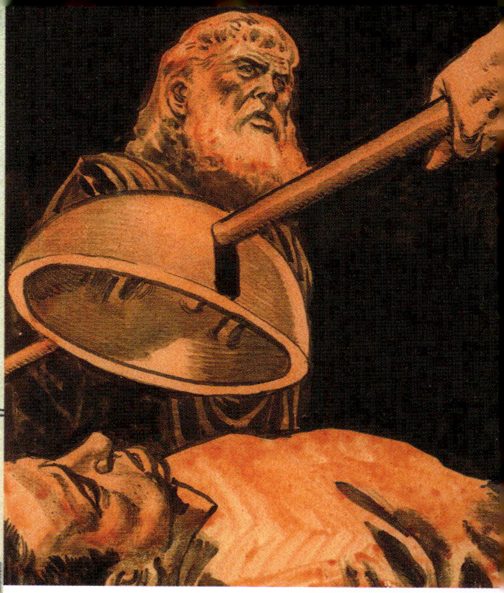

▲ ***Unsichtbarkeits-Maschine***
Dieses Gerät ließ Lebewesen unsichtbar werden. Der Erfolg hing leider von vielen individuellen Faktoren ab, sodass nur eines von drei Subjekten das Experiment überlebte.

► ***Jet-Tauchanzug***
Der von Düsen angetriebene Tauchanzug wurde im Wassertank des Labors getestet und erreichte extreme Geschwindigkeiten unter Wasser.

▲ ***Gesichtsveränderer***
Dieses Gerät wurde nicht von Perik entwickelt, er musste es jedoch untersuchen und anpassen, um den Transferprozess umzukehren.

▼ ***Hypnotiseur***
Mit diesem Gerät konnte Perik eine Person hypnotisieren und ihr Befehle ins Unterbewusstsein einpflanzen.

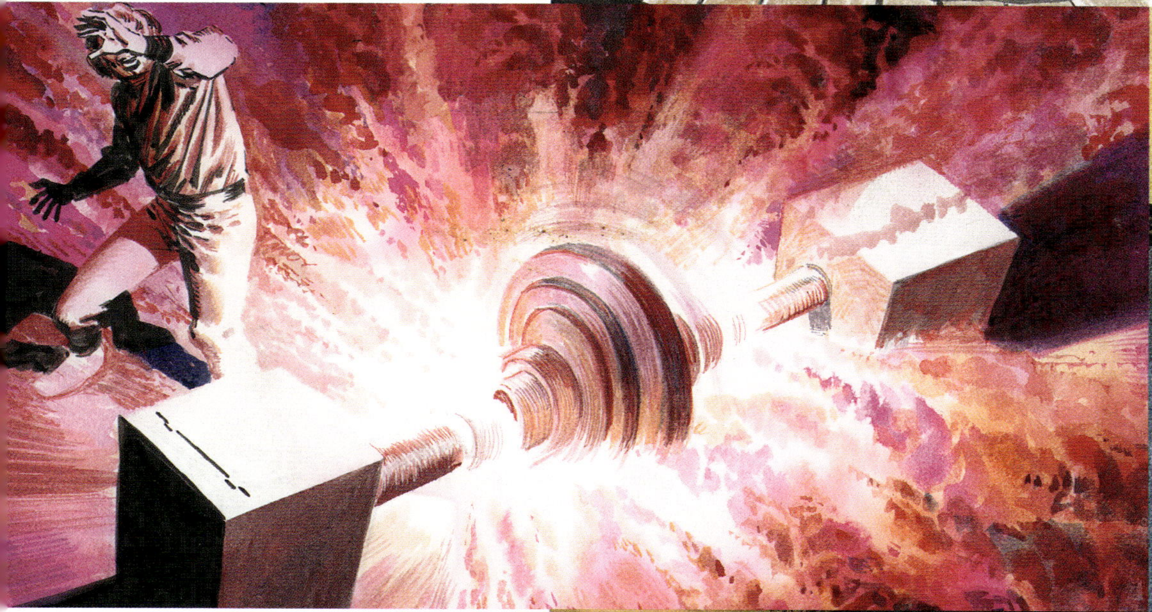

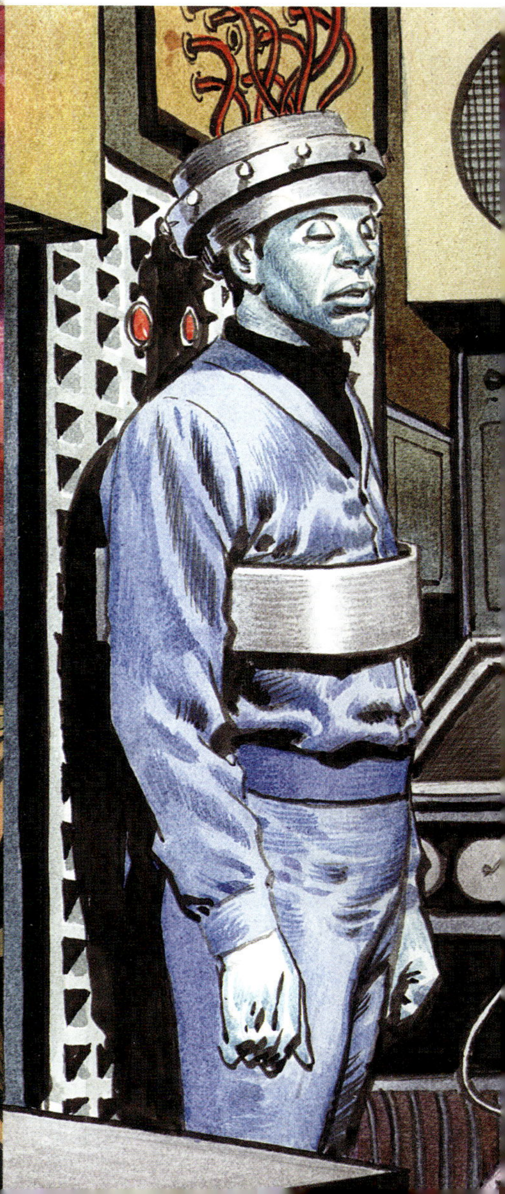

▲ ***Transporter***
Der Transporter wurde entwickelt, um ein Objekt im linken Kasten in seine Atome aufzulösen und es dann in den rechten Kasten zu transferieren. Leider funktionierte der Transporter nie wie gewünscht. Er erzeugte ein identisches Duplikat des Objekts, wobei das Objekt nur genau einmal dupliziert werden konnte.

► ***Alterungs-Maschine***
Perik baute eine Maschine nach, die Menschen älter werden ließ. Er kehrte den Prozess um und ließ sie wieder jünger werden.

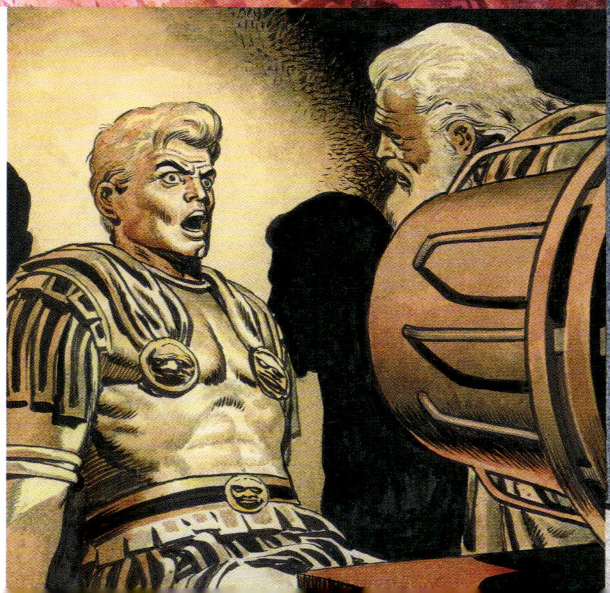

Medizin

Dünger
Perik entwickelte ein Mittel, das das Wachstum der Ibis-Pflanze beschleunigte. Wer die Samen der so behandelten Pflanzen aß, wuchs überproportional schnell, nur blieb leider sein Geist zurück.

Körperscanner
In seinem Labor hatte Perik einen großen Scanner, mit dem er das gesamte Nervensystem durchleuchten konnte.

Blitz-Kammer
Mithilfe von magnetischen Feldern erzeugte Perik einen kontrollierten Sturm. Dessen Blitze leitete er als heilende Kraft in eine Kammer, in der der Patient lag.

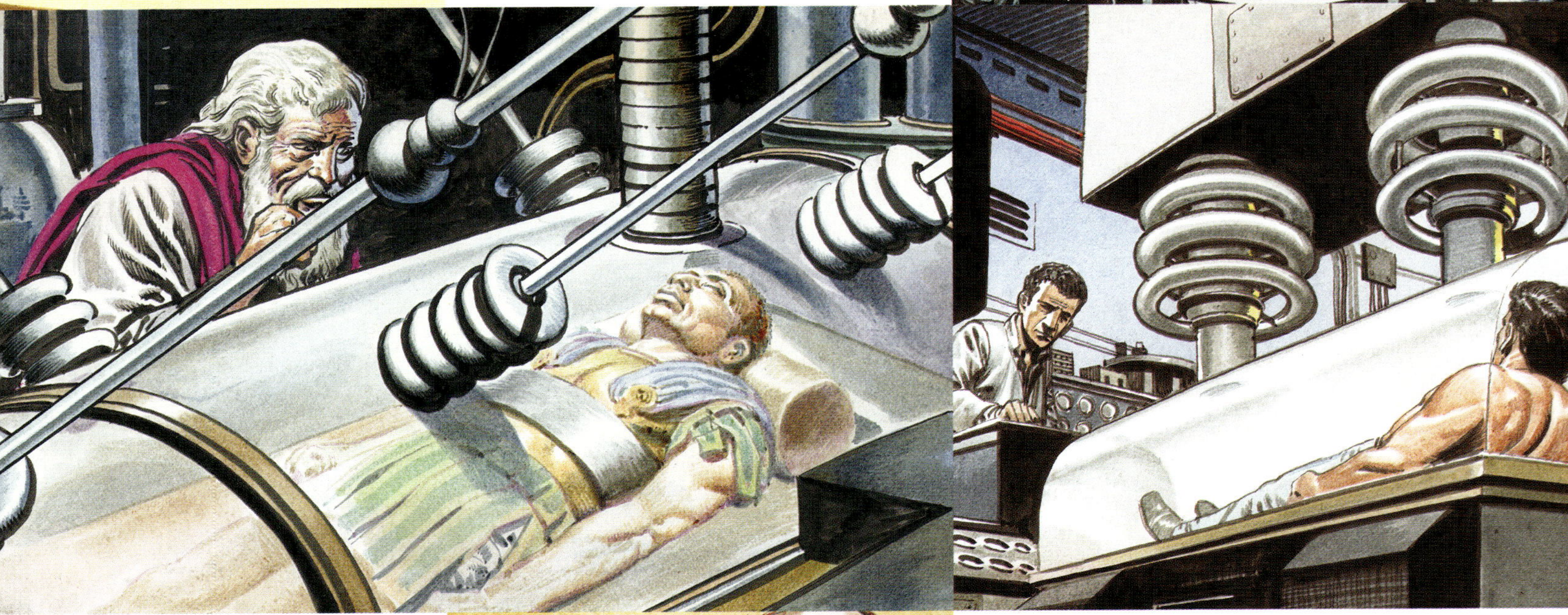

Medizinische Checks
Perik überwachte den Gesundheitszustand der kaiserlichen Familie und auch den von Prominenten. Wie den des Raketensportlers Lukaz Rann nach seinem Unfall.

Miniaturisierer
Perik erfand eine Maschine, die eine Person extrem verkleinern konnte.

Hydronik-Kammer
Dieses Gerät konnte Menschen in Wasser verwandeln. Dabei behielten sie ihr Bewusstsein und konnten im flüssigen Zustand elektrische Blitze verschießen.

Sauerstoff-Tank
Im Sauerstoff-Tank konnten Kranke oder Verletzte schneller genesen.

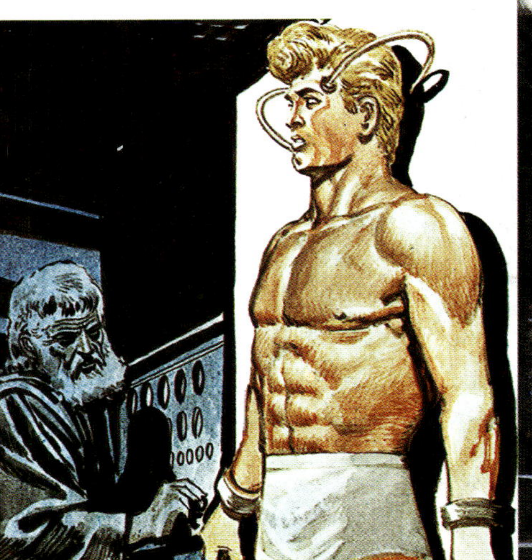

Architektur

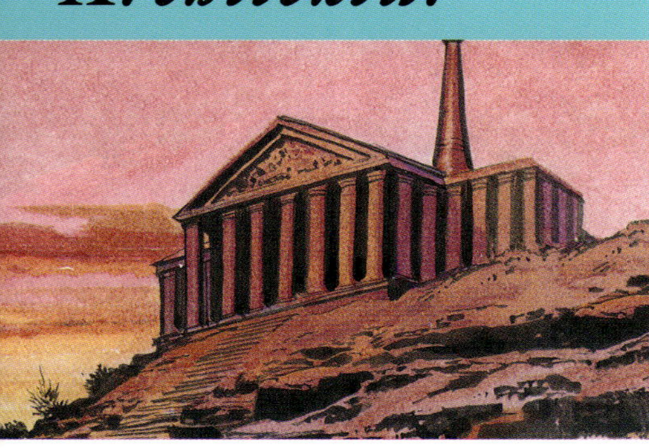

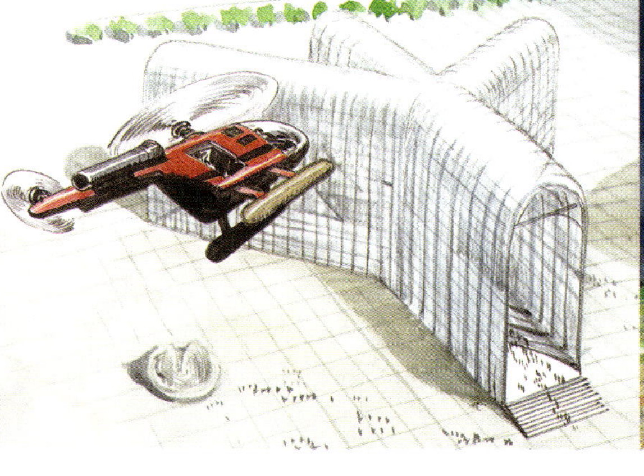

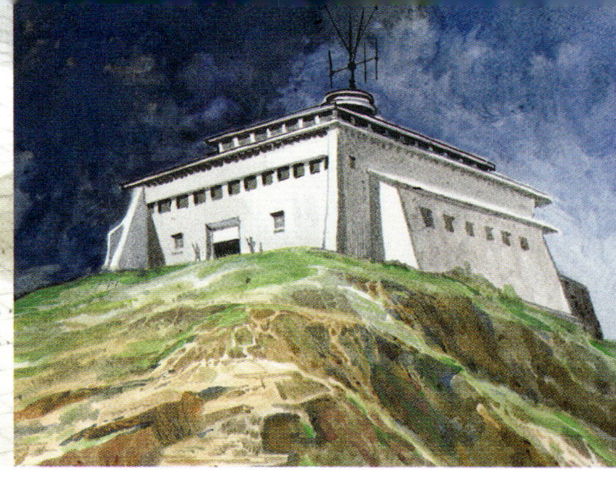

▲ ***Labor***
Periks erstes Labor entstand nach seinen eigenen Entwürfen. Er orientierte sich dabei an der Architektur des alten Tharv. Solche von Säulen getragenen großen Hallen prägten das Bild von Trigopolis über viele Jahrzehnte.

▲ ***Der Planetenpalast***
Perik war bei der Planung und beim Bau des seinerzeit größten Gebäudes Elektons beteiligt. Es wurde eigens für die Weltausstellung im Jahr des Haktar errichtet; der komplett aus Glas gefertigte Palast wurde später als eines der Wunder von Elekton gezählt.

▲ ***Bunker***
Perik konstruierte einen speziellen Bunker, allein um die Pläne für ein Waffensystem zu schützen, das den gesamten Planeten zerstören konnte. Das Waffensystem selbst hatte er auch entworfen, er kam jedoch mit Trigo überein, diese gefährliche Waffe nie zu bauen und die Pläne in einem uneinnehmbaren Bunker zu lagern. Nachdem die Pläne zerstört wurden, wurde der Bunker zu einem Hochsicherheitsgefängnis umgebaut.

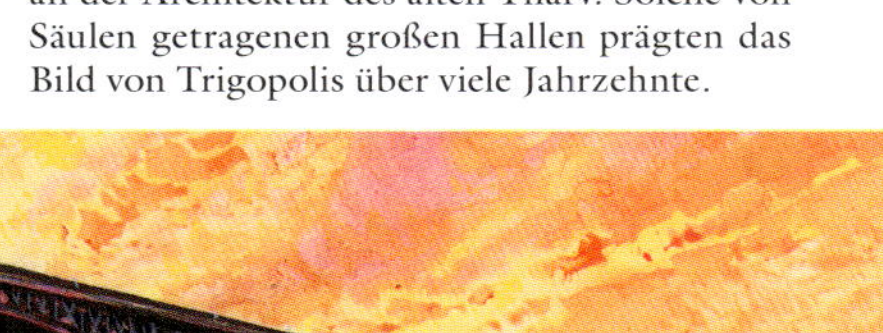

◄ ***Die Brücke über die Bucht von Trigopolis***
Die große Brücke über die Bucht von Trigopolis verband die Hauptstadt des Reichs Trigan mit dem Rest des Imperiums. Der Brückenbau kostete über achthundert Millionen Thullars und dauerte fünf Jahre.

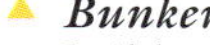

Transportmittel

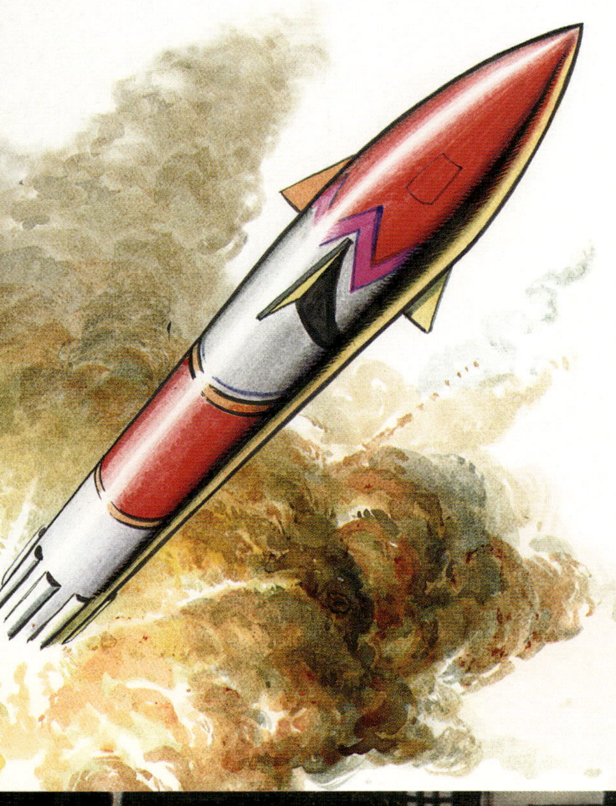

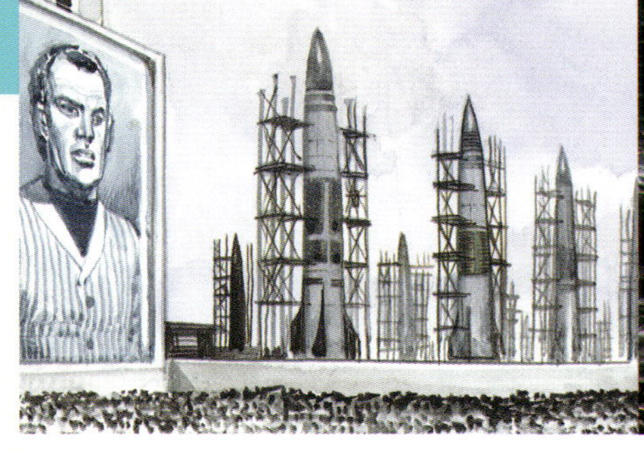

▲ ***Raumfahrtprogramm***
Perik initiierte im Jahr des Haktar das triganische Raumfahrtprogramm. Über die Jahre wurden viele Raketen gebaut, um das Sonnensystem Yarna zu erkunden.

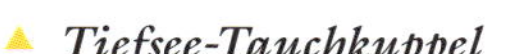

▲ ***Tiefsee-Tauchkuppel***
Um die Tiefen der Ozeane Elektons zu erforschen, baute Perik eine Tauchkuppel, die den Meeresgrund erreichen konnte. Sie war über ein dickes Kabel mit einer Plattform verbunden, von der aus der Tauchgang überwacht wurde.

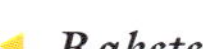

◄ ***Rakete***
Die erste von Perik gebaute Rakete wurde für eine Rettungsmission zum Mond Bolos benötigt. Normalerweise braucht es Jahre, um ein Raumfahrzeug zu planen und zu bauen, Perik schaffte es innerhalb weniger Monate.

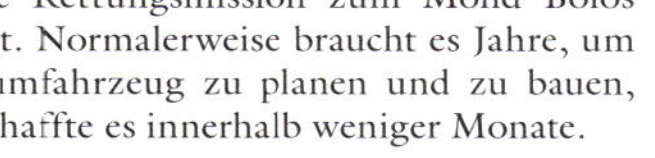

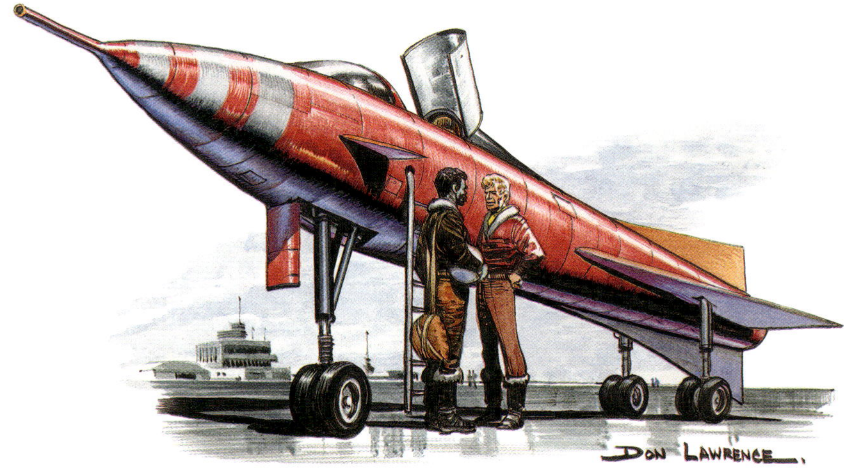

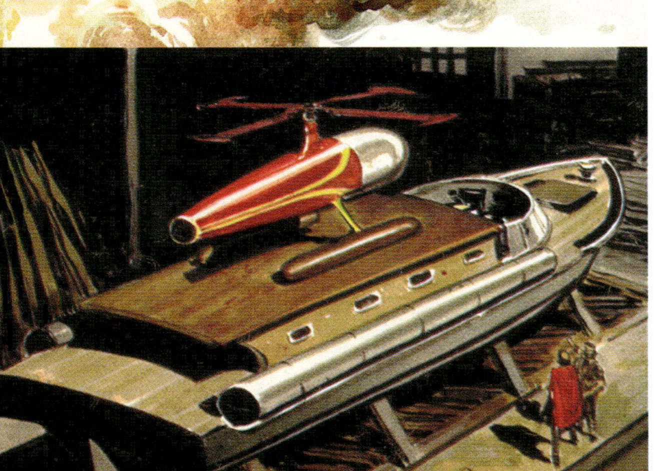

◄ ***Forschungsschiff***
Dieses Schiff war speziell für die Fahrt auf dem Daveli-Fluss und seine Umgebung ausgerüstet. Perik konnte in seinem Labor Fahrzeuge aller Art wie Flugzeuge, Boote usw. konstruieren.

▲ ***Düsenjäger***
Dieser hochmoderne Düsenjäger war das schnellste Flugzeug des Planeten. Sein großes Manko war, dass er aufgrund seiner hohen Geschwindigkeit Vibrationen erzeugte, die am Boden Schäden verursachten.

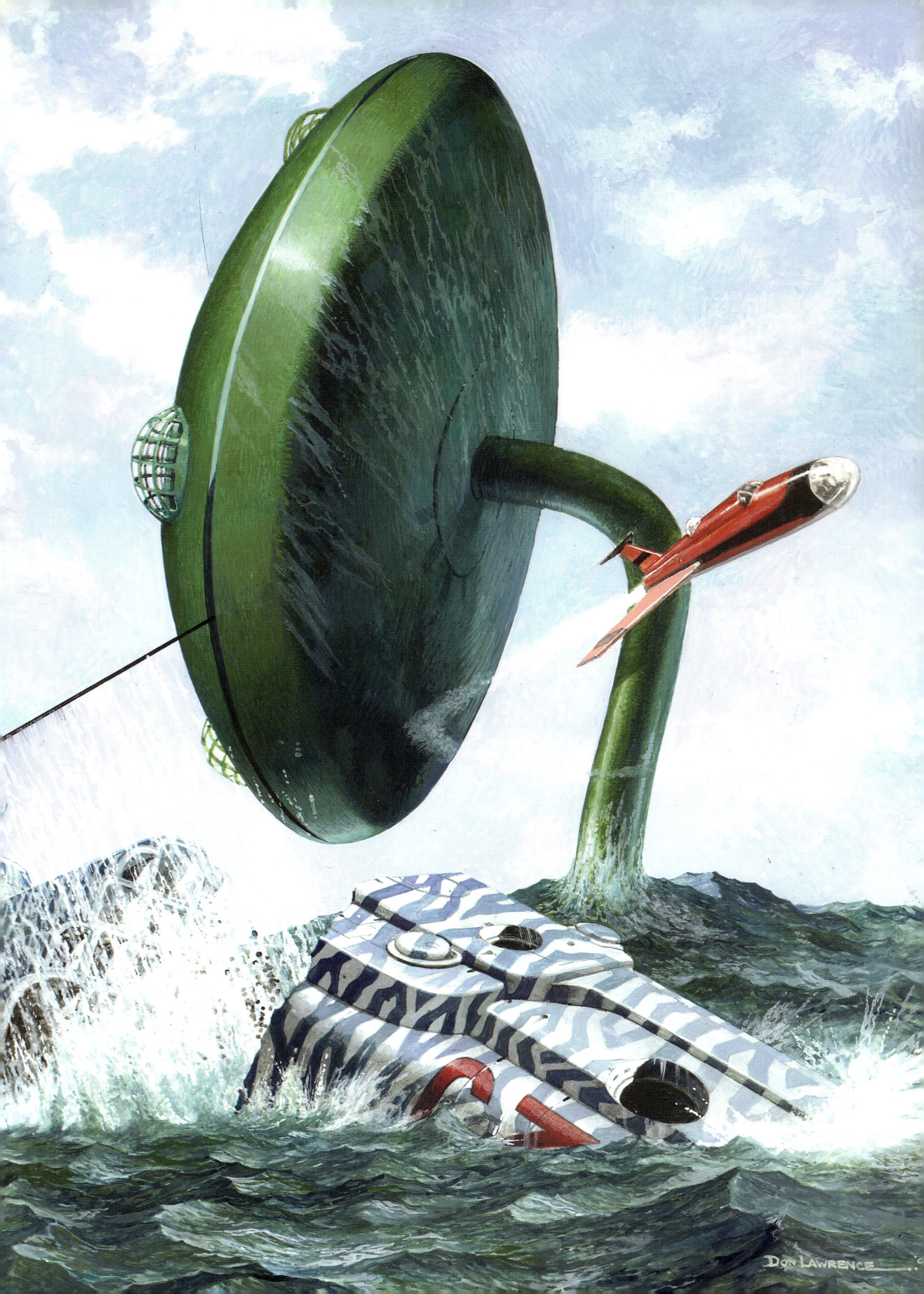
DON LAWRENCE

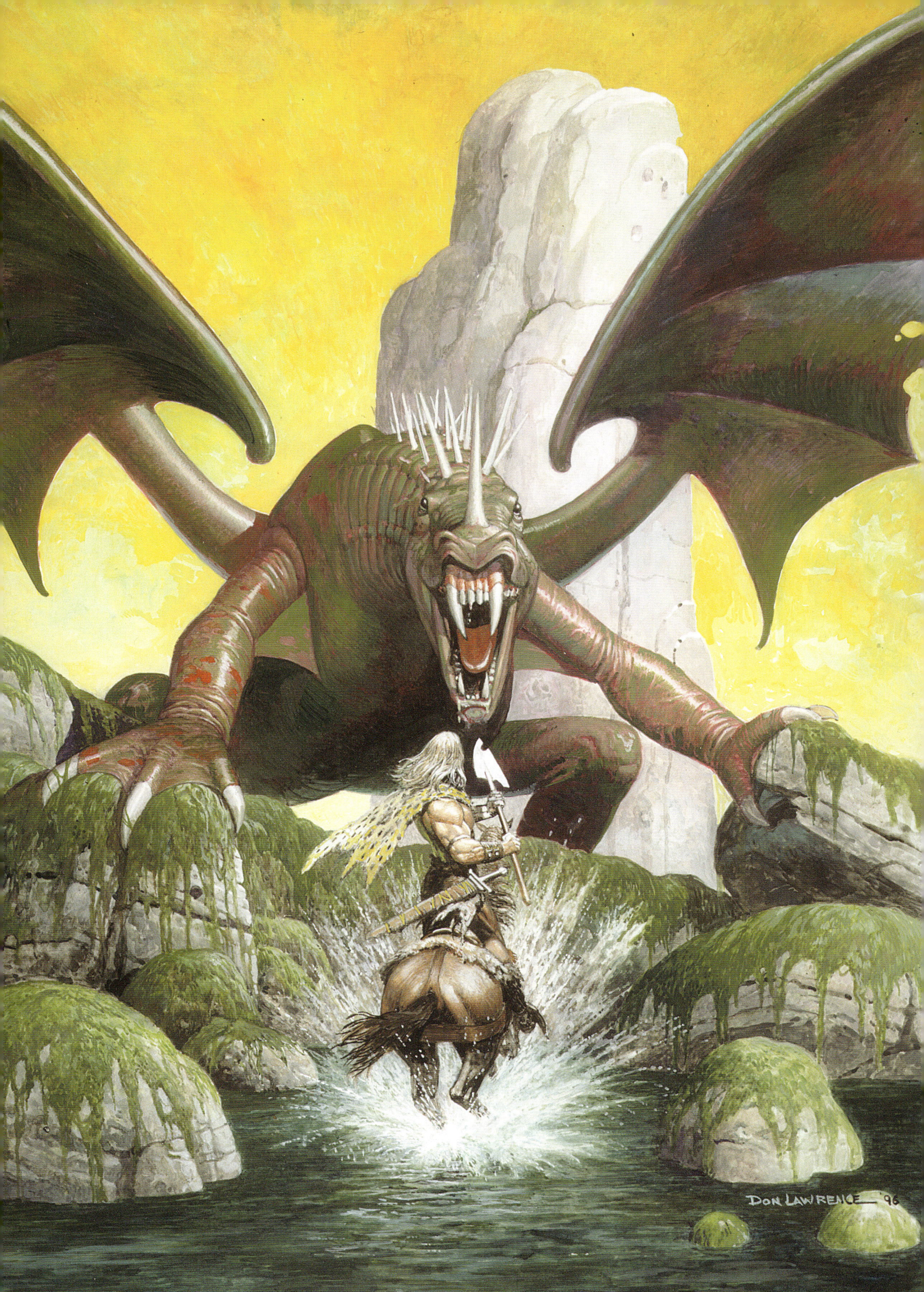
DON LAWRENCE '96

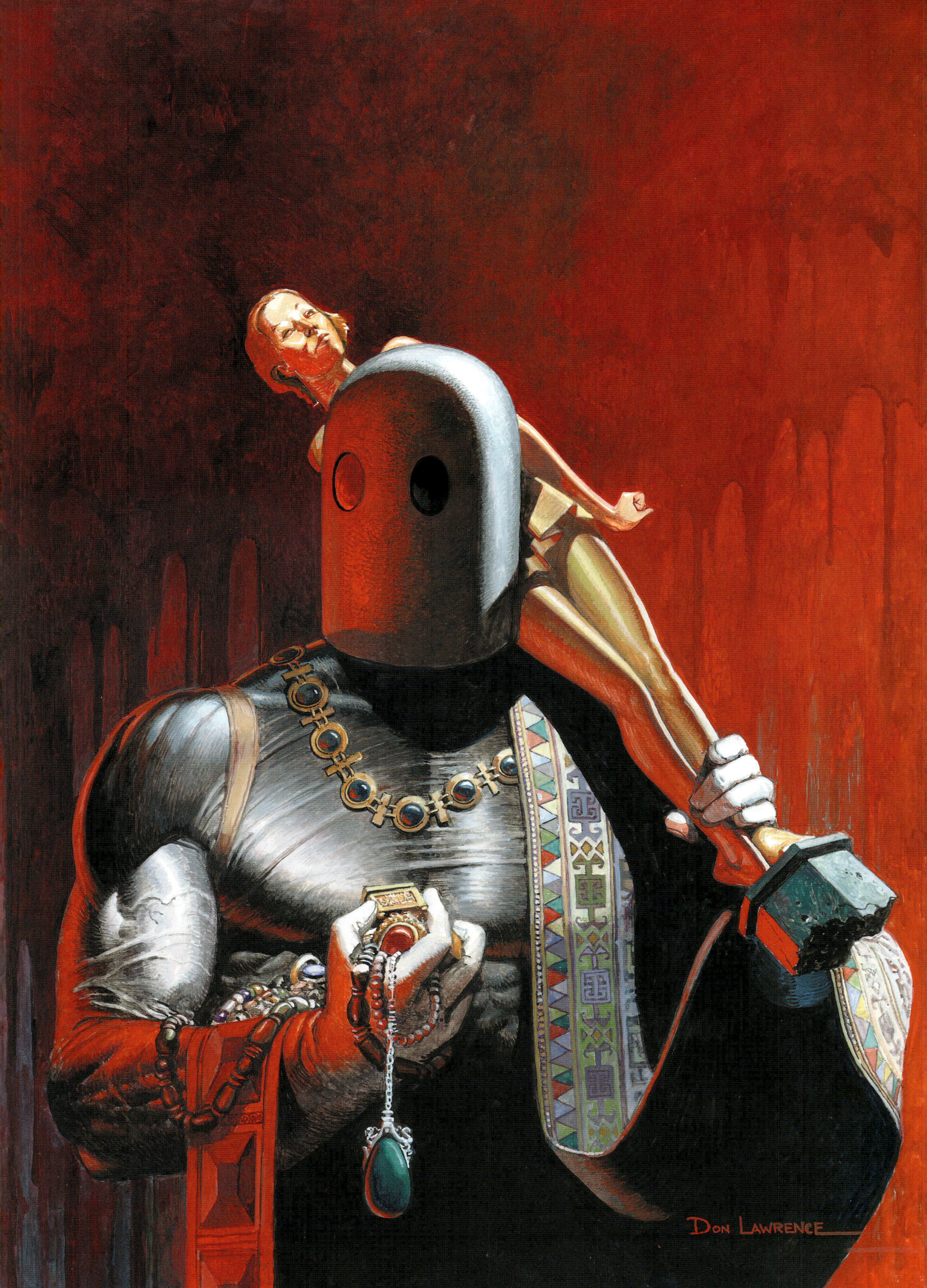
DON LAWRENCE

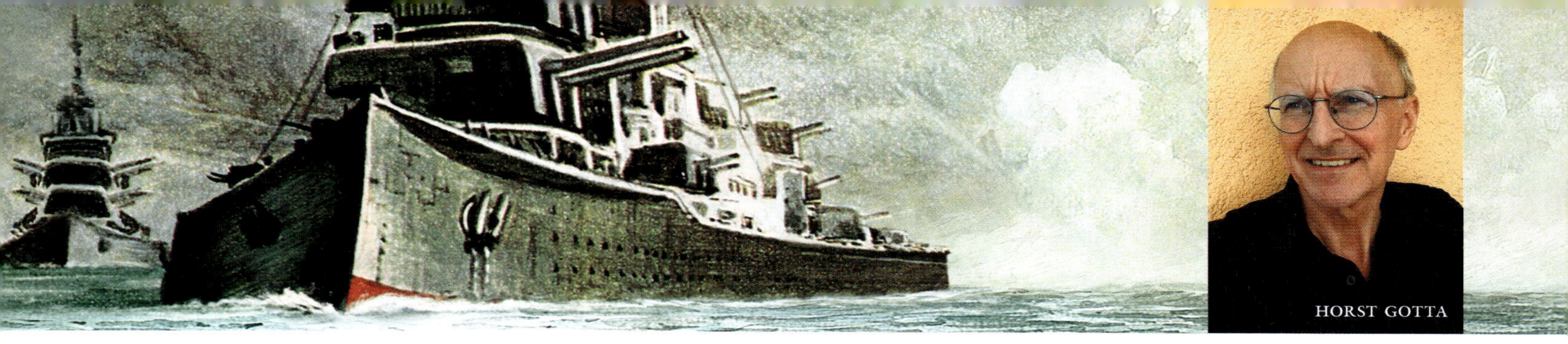

„Hut ab vor dem Original"

Die Arbeit an der *Trigan*-Kollektion hatte bisweilen durchaus ihre Tücken. Vor allem die Tatsache, dass aufgrund des nicht immer einwandfreien Grundmaterials das gewünschte Ergebnis nicht oder nur schwer zu erzielen war. Auf den folgenden beiden Seiten seht ihr, wie klassische künstlerische Handarbeit aus einer dürftigen Vorlage ein beachtliches Endergebnis schuf.

Horst Gotta, seines Zeichens Mitbegründer des Splitter-Verlages und begnadeter Illustrator, holte das künstlerische Optimum aus der Vorlage zum *Trigan*-Cover zu Band 16 heraus, der Titel-Illustration von Heft 1/1976 des niederländischen Comic-Magazins *Eppo*.

Im Interview schildert Horst Gotta seine Vorgehensweise …

RED: **Du hast das Cover zu Band 16 überarbeitet. Auf welches Basis-Material konntest du dabei zurückgreifen?**

HORST GOTTA: Durch die Arbeiten an den anderen Don-Lawrence-Werken habe ich Zugriff auf sehr viele gute Scans neueren Datums, die überwiegend das Spätwerk von Don Lawrence abdecken. So kann ich gut sehen, welcher Strich, welche Farben und welche Strukturen zur Restauration passen. Dieses Material ist dann auch die ideale Brücke zu den Frühwerken, von denen eventuell keine Originale mehr greifbar sind oder die Reproduktionen auf einem eher niedrigeren Niveau stattfanden.

Was war bei der Überarbeitung die größte Herausforderung?

Die größte Herausforderung ist, zwei gegenläufige Parameter unter einen Hut zu bekommen: die rein künstlerische und qualitative Umsetzung versus der Kalkulation des Machbaren, denn Zeit ist Geld!

Tatsächlich ist es so, dass bei der Retusche, in dem Moment, in dem sie in Richtung Neuzeichnen geht, der Zeitaufwand über dem der Original-Illu läge. Immerhin nimmt man es mit einem Don Lawrence auf. Einem Vollprofi, der nicht nur sehr gut, sondern auch sehr stilsicher und somit effizient den Pinsel geschwungen hat. Hut ab vor dem Original.

Wie schwer ist es, ein Artwork zu überarbeiten, ohne den Strich des Meisters wesentlich zu verändern?

Ich als Werbeillustrator (mit klassischer Illustrator-Ausbildung) bin es gewohnt, auch andere Stile auszuführen. Diese Arbeit ist hier nicht schwieriger als andere, denn das Don-Lawrence-Artwork ist relativ berechenbar. Was man dafür aber in jedem Fall braucht, ist eben eine ruhige Hand und relativ viel Zeit. Der Meister himself hat halt auch, Panel für Panel, aufwendig gearbeitet.

Wie stehst du persönlich zu Don Lawrence' (Lebens-)Werk?

Don Lawrence und sein Werk waren – künstlerisch gesehen – immer eins. In jedem seiner Panels und in jedem Strich sieht man ihm seine künstlerische klassische Ausbildung an. Wie er mit Anatomien, Kompositionen und dem Licht umgeht, entspricht der guten alten Schule.

Ich mag das, denn man kann sich so immer auf (s)ein Artwork freuen: Genau genommen wird man dann bei der Rezeption ebenfalls eins mit dem Künstler.

Wie wahr! Zum Beweis bitte umblättern!

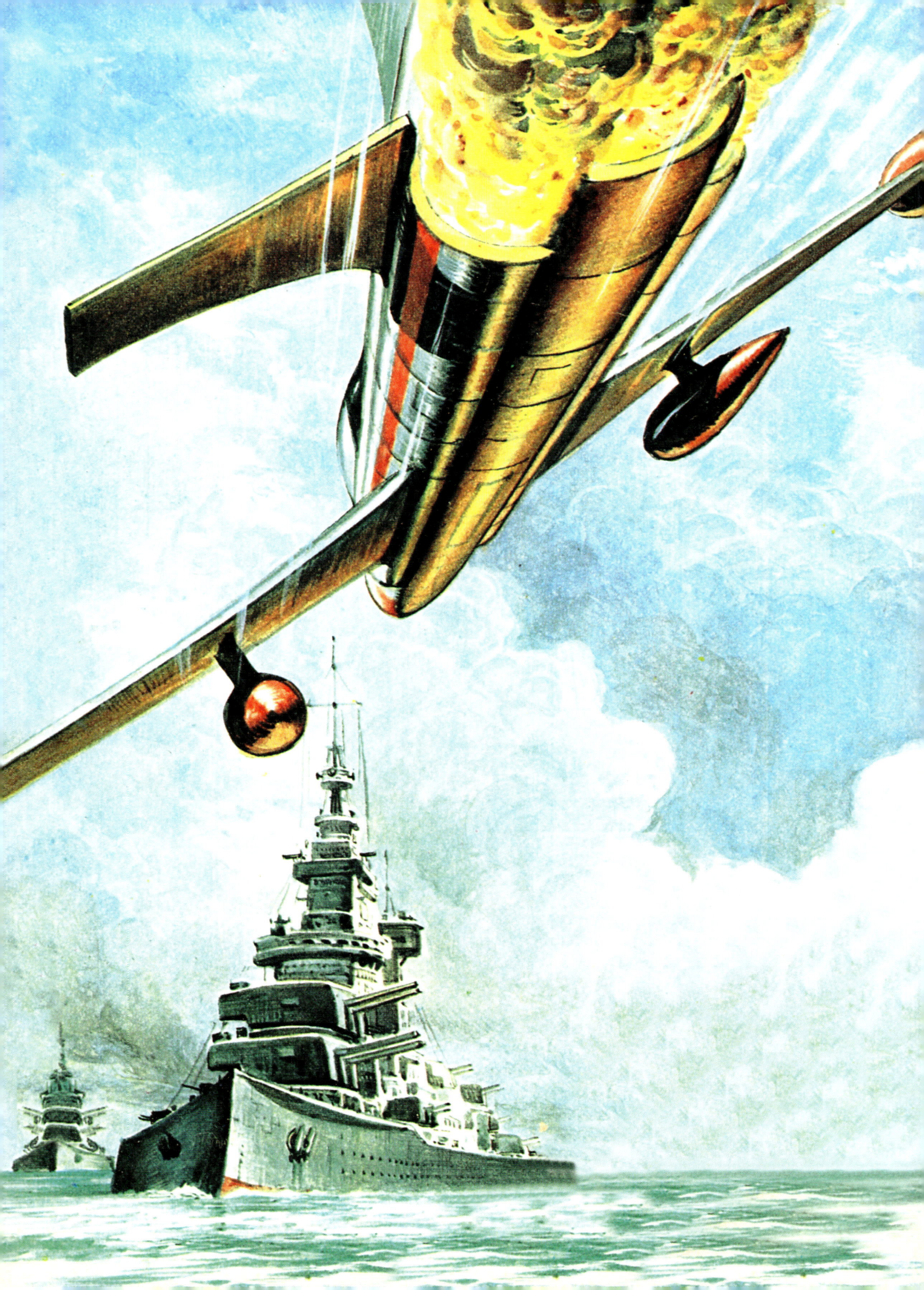

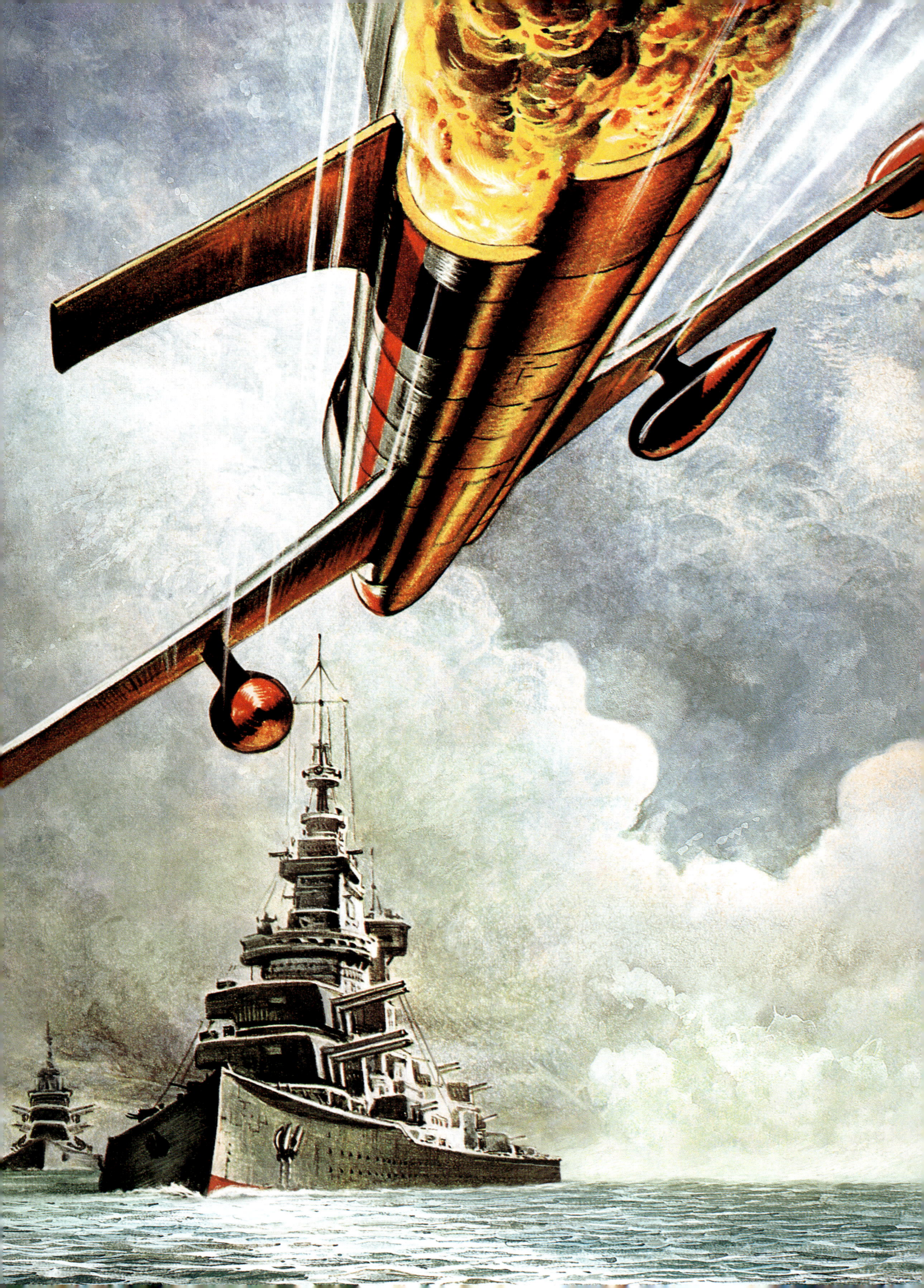

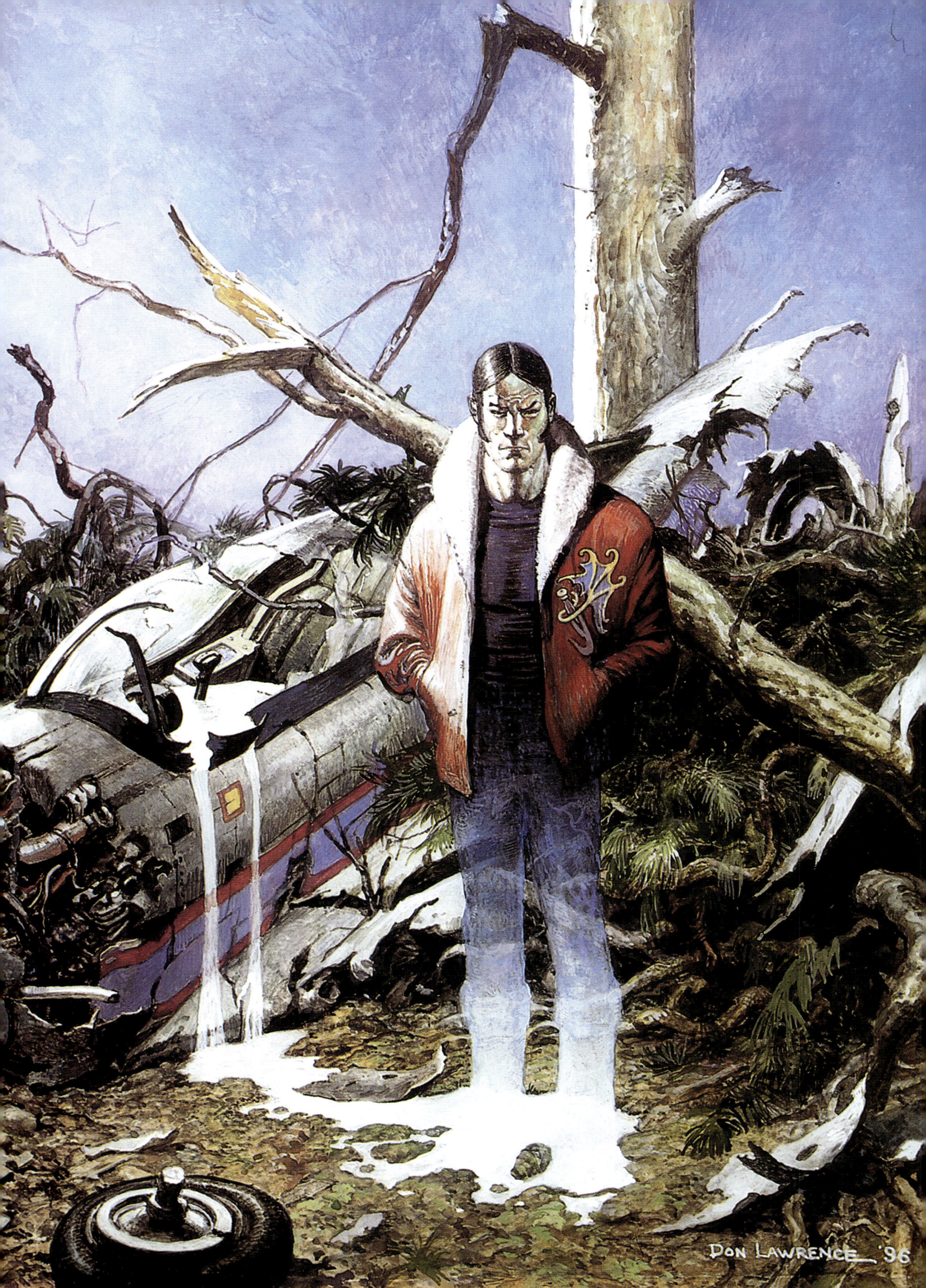
DON LAWRENCE '96

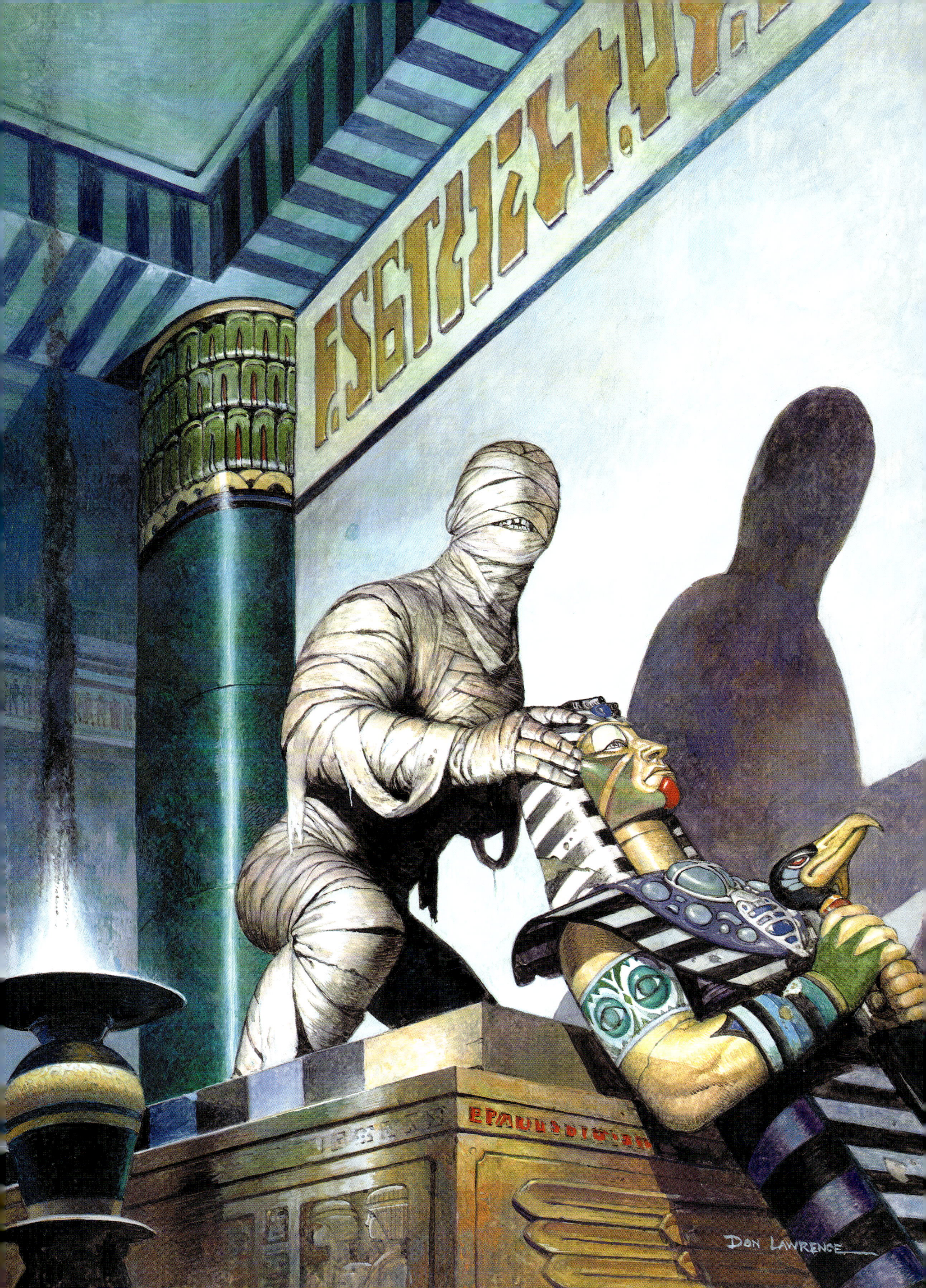
DON LAWRENCE

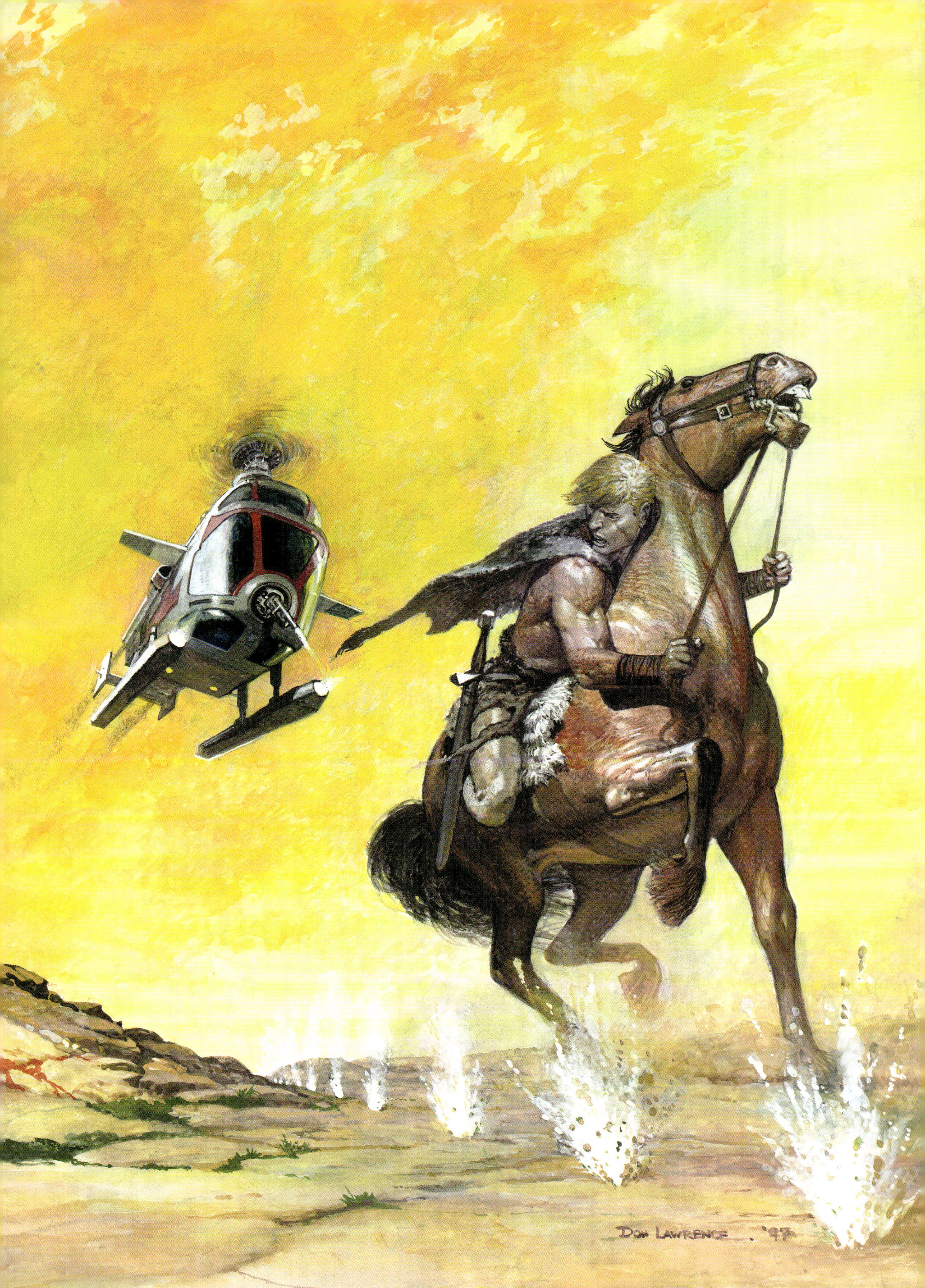
DON LAWRENCE

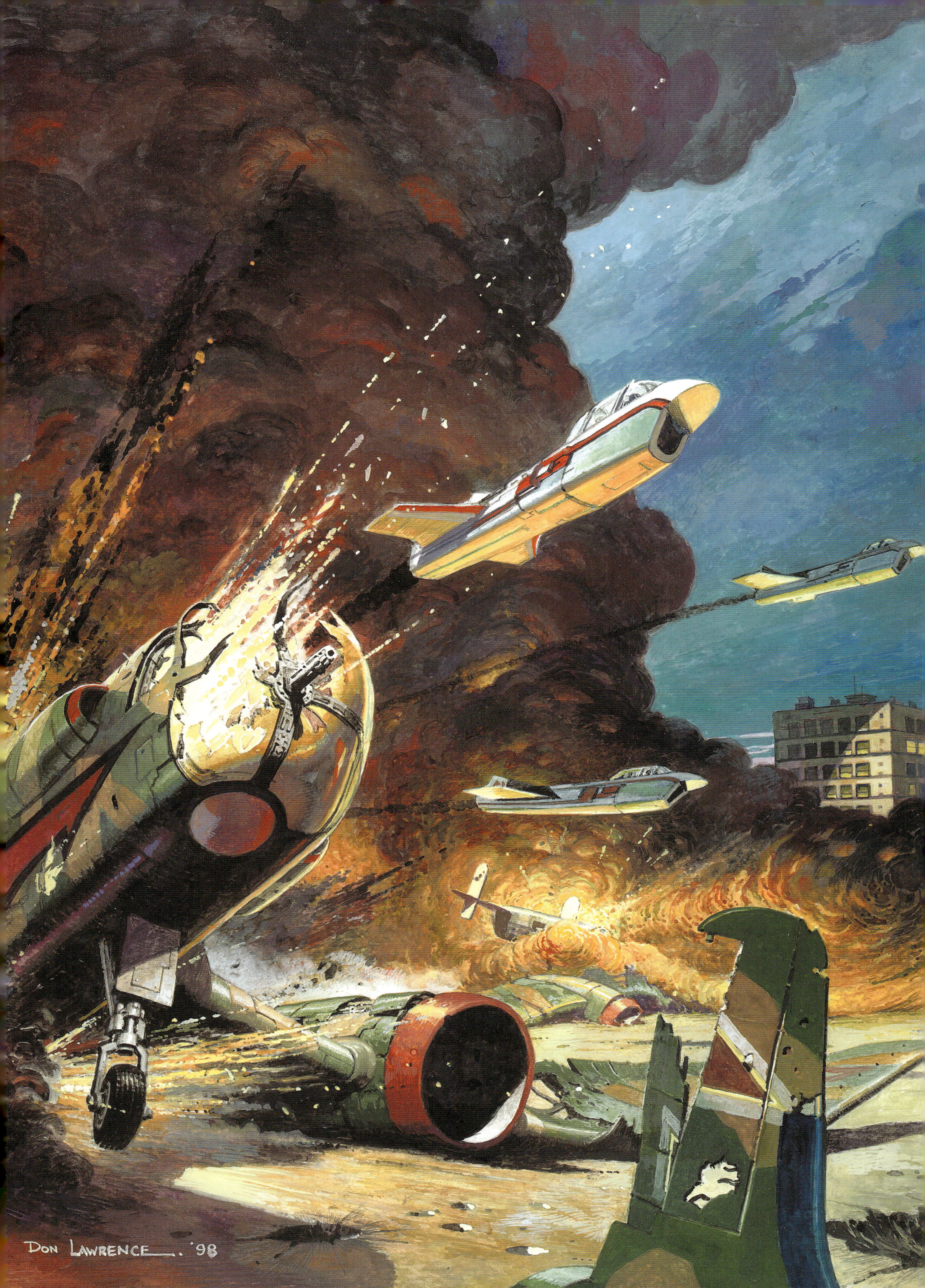
DON LAWRENCE '98

„Der Flut zum Opfer“

Dem aufmerksamen *Trigan*-Enthusiasten ist es vermutlich aufgefallen:

In Band 15 *Trigan unter Feuer* haben wir die ursprüngliche Seite 1 der Episode 45 *Die Flut* (im Original: *The melting Ice Caps*; erschienen vom 16. März bis zum 18. Mai 1974 in den *Look & Learn*-Ausgaben 635–644; Zeichner: Philip Corke) unter den Tisch fallen lassen. In besagtem Band 15 beginnt die Geschichte um die geschmolzenen Eiskappen des Planeten Elekton mit dem Anflug Jannos auf den Flugzeugträger *Daveli*. Nach seiner Landung auf dem Carrier wird der Neffe des Kaisers augenblicklich nach Trigopolis gerufen, denn es droht einiges an Ungemach durch Naturkatastrophen, Tiefseewesen und natürlich mal wieder durch die Loka.

Tatsächlich beginnt Episode 45 im Original erzählerisch aber schon früher und zwar mit der Seite, die ihr hier rechts seht. Vermutlich wird euch dann auch recht schnell klar, was uns dazu bewogen hat, auf diesen Einstieg in die Geschichte zu verzichten.

Im Grunde stellt der größte Teil des Intros nämlich in sehr gestrafften Bildern die Begebenheiten dar, wie es dazu kam, dass die Menschen der Erde überhaupt von der Existenz Elektons und des triganischen Imperiums erfahren haben. Also einen Teil des Inhaltes aus unserem Band 1 *Kampf um Elekton*.

Aufgrund der Erscheinungsweise der *Trigan*-Saga in den 1970er-Jahren ist es durchaus nachvollziehbar, dass man den Leser mit einer Zusammenfassung „abholen“ musste, außerdem sollte mit Episode 45 auch quasi ein Neustart der *Trigan*-Reihe stattfinden. Aber in unserer laufenden Reihe nach 14 Bänden plötzlich einen solchen Einstieg zu präsentieren, erschien uns dann doch eher kontraproduktiv zu sein. Daher haben wir zunächst darauf verzichtet.

Gänzlich vorenthalten wollen wir euch diese Seite aber keinesfalls, daher reichen wir sie an dieser Stelle nach.

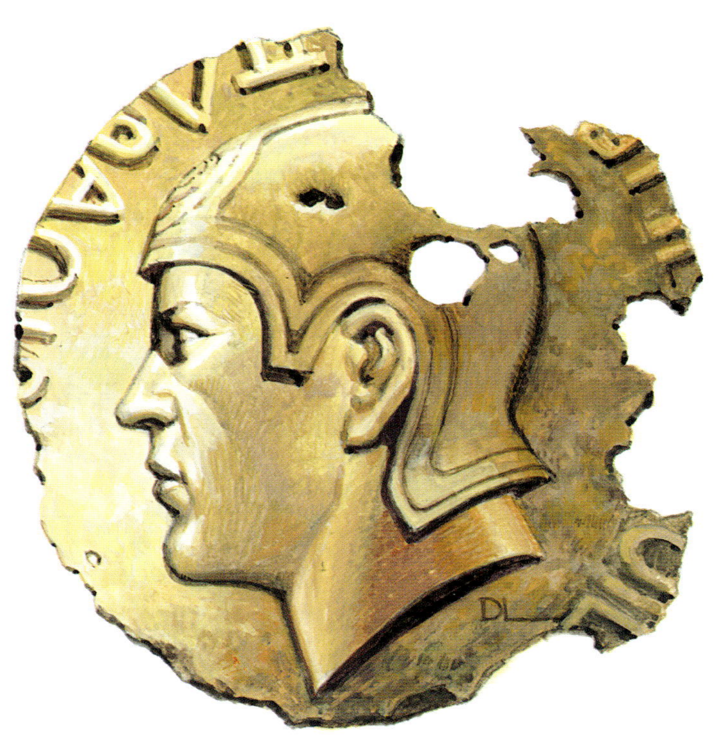

DURCH DEN ABSTURZ EINES UNBEKANNTEN RAUMSCHIFFES IN DEN SÜMPFEN FLORIDAS WURDEN DIE MENSCHEN DER ERDE AUF DIE ERSTAUNLICHE GESCHICHTE DER BEWOHNER DES WEIT ENTFERNTEN PLANETEN ELEKTON AUFMERKSAM.

NEUE ABENTEUER AUS TRIGAN

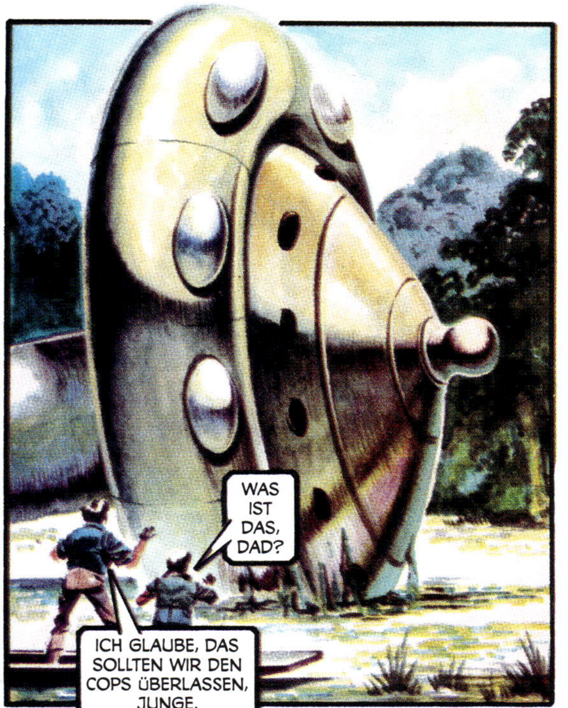

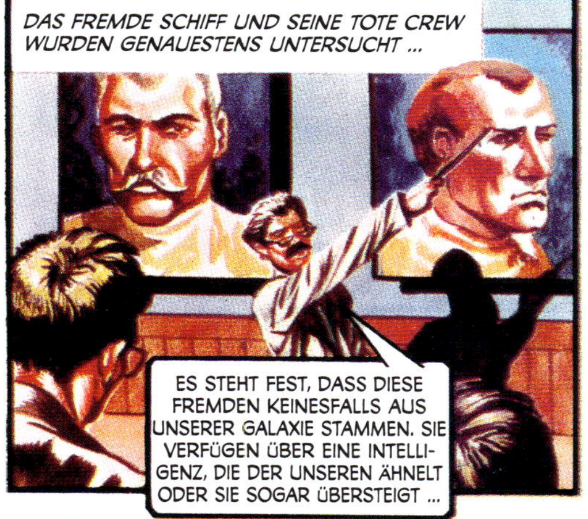

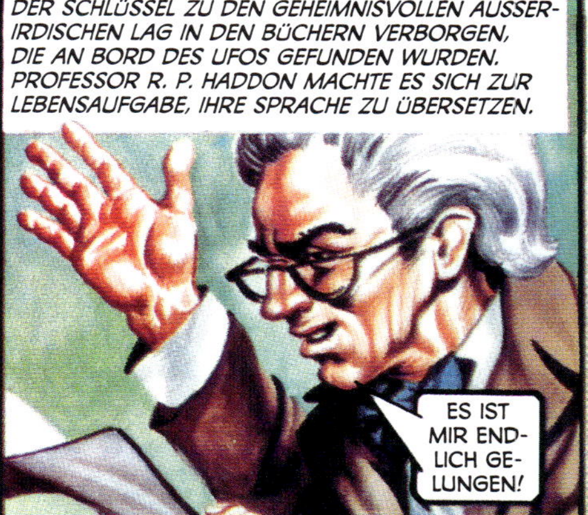

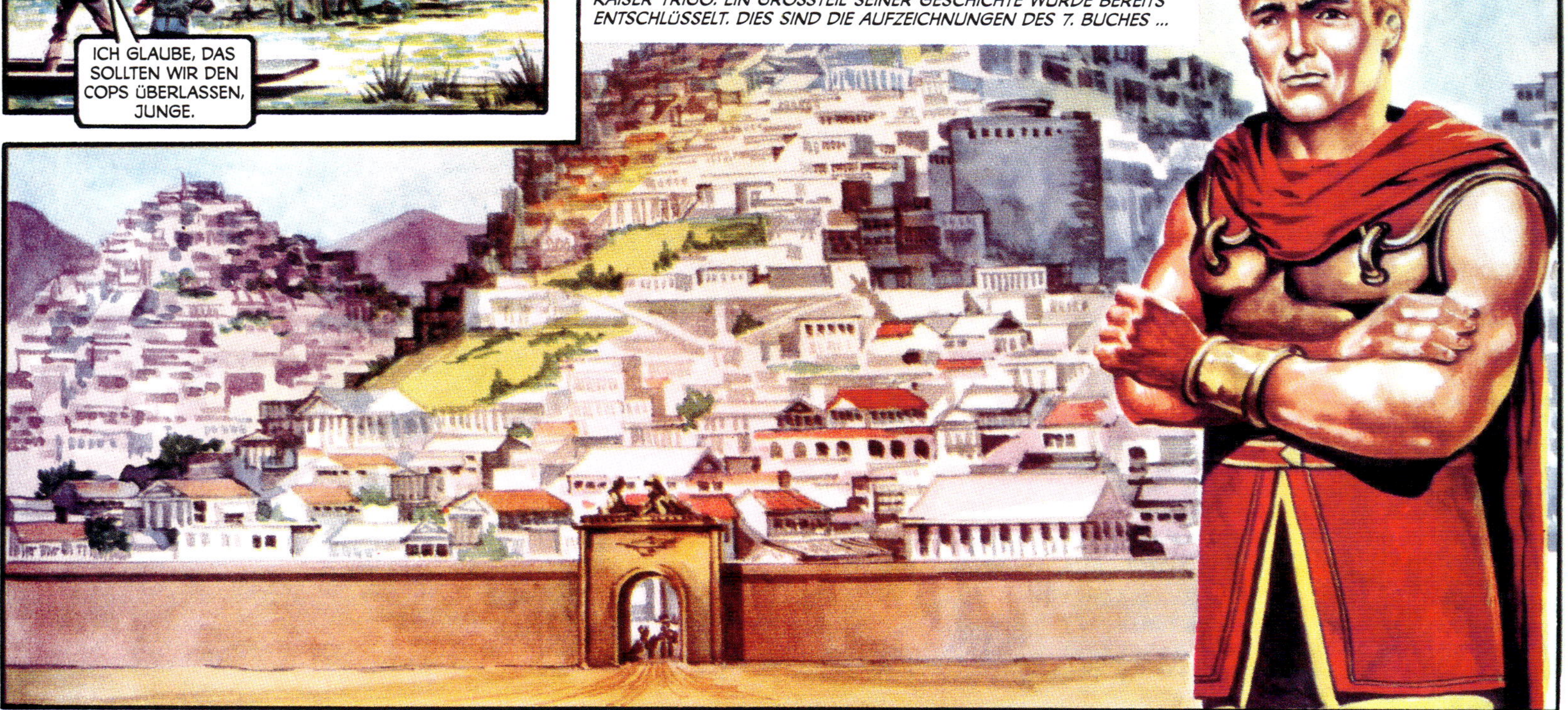

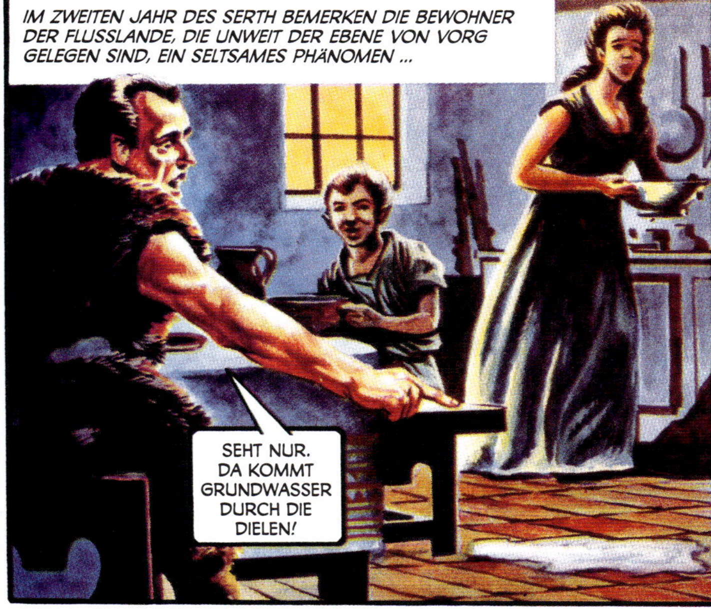

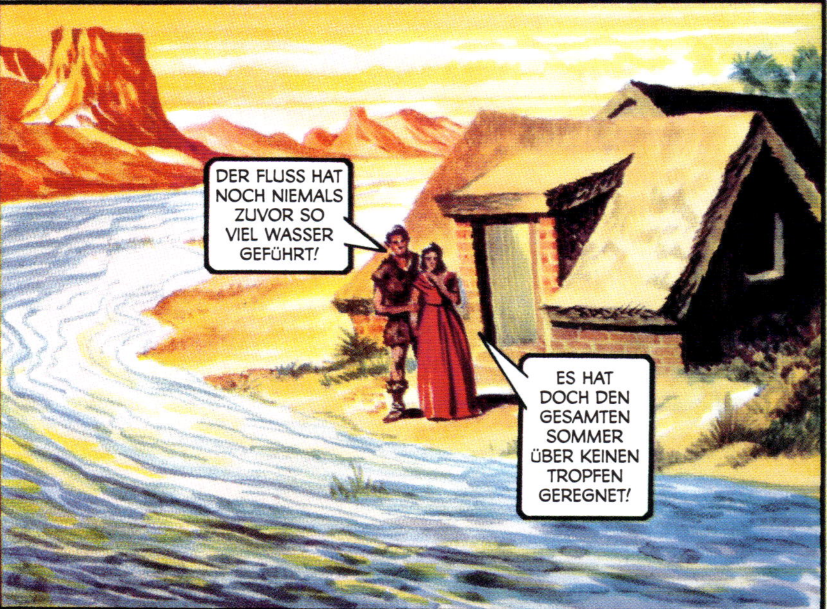

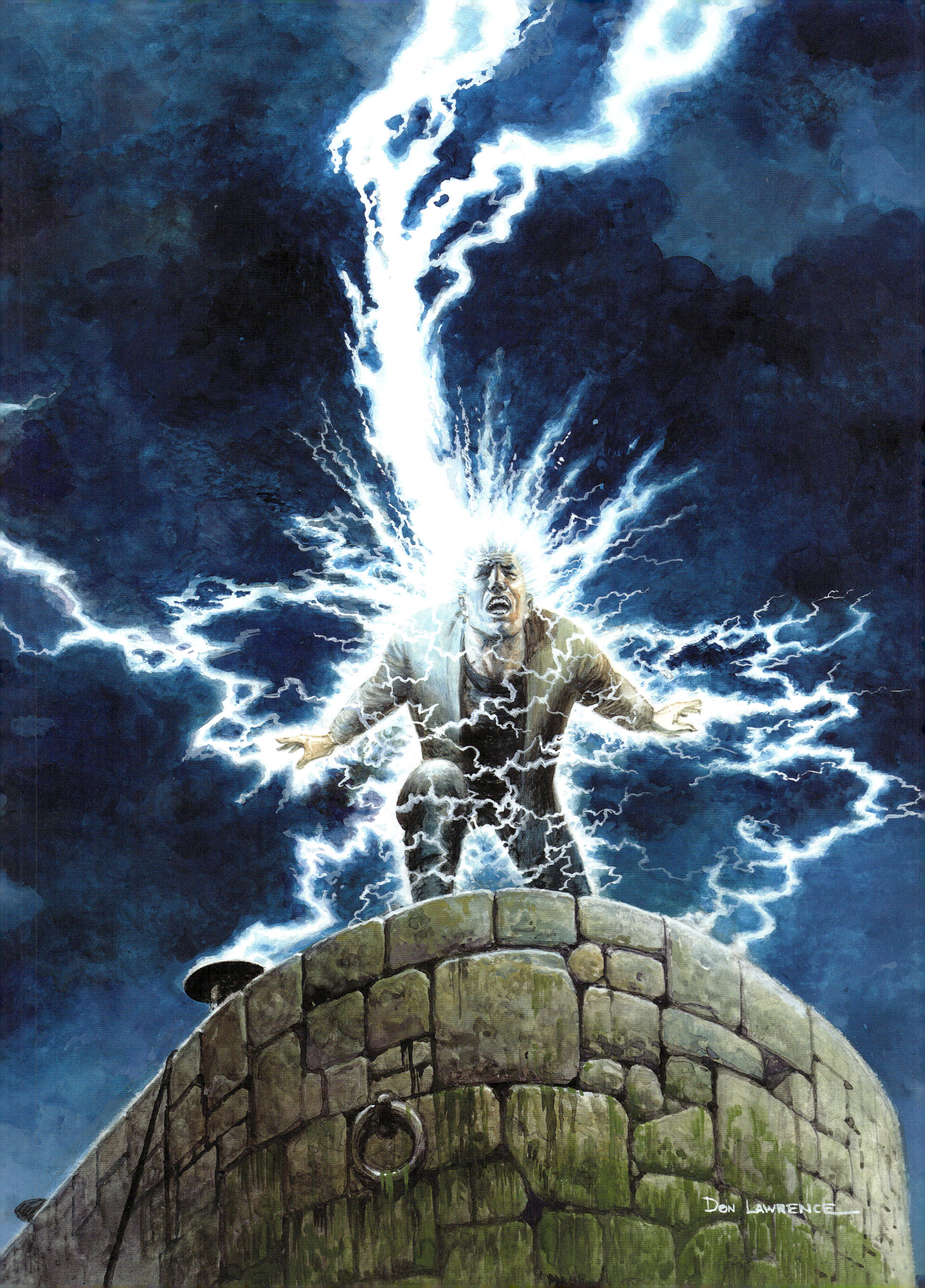
DON LAWRENCE

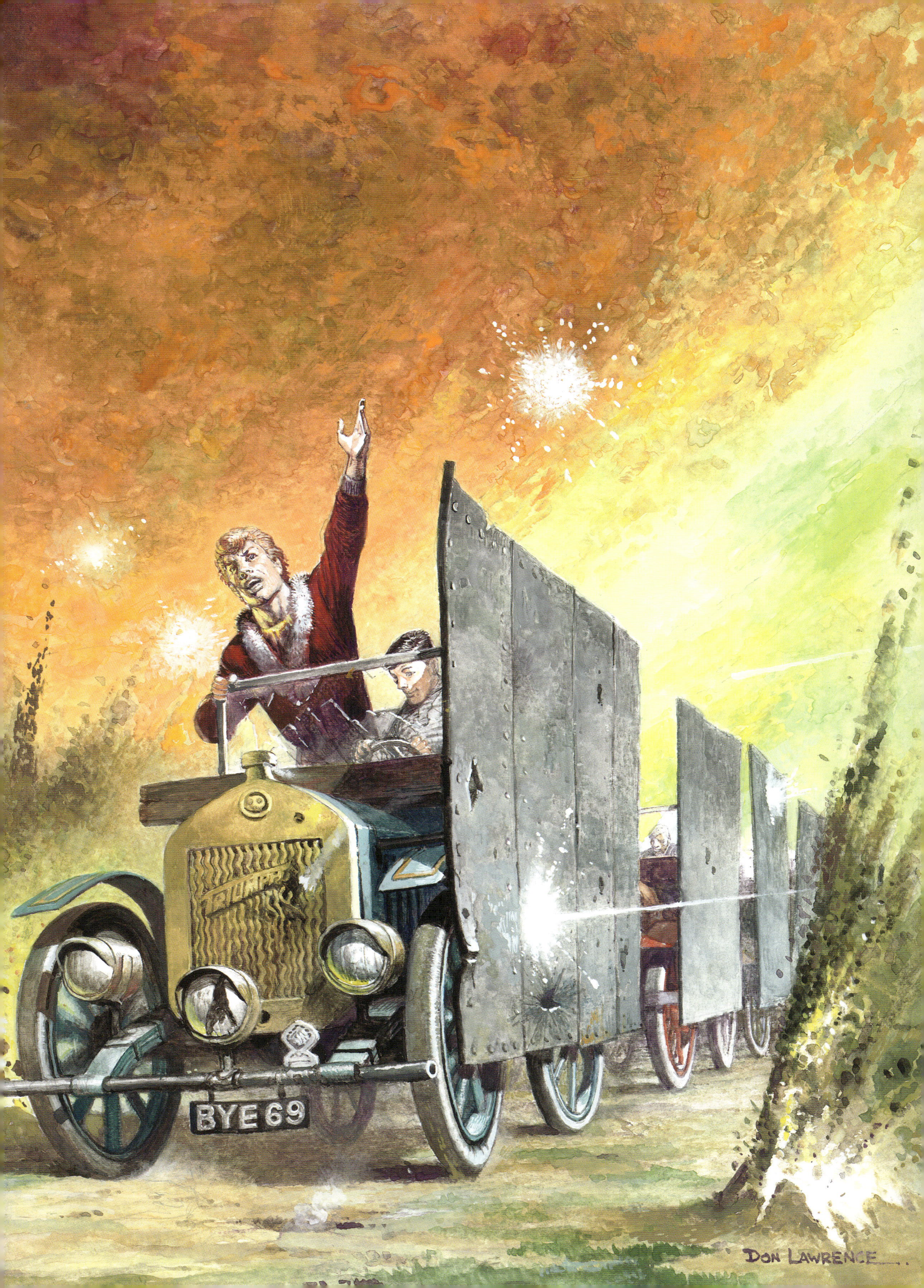
BYE 69
DON LAWRENCE

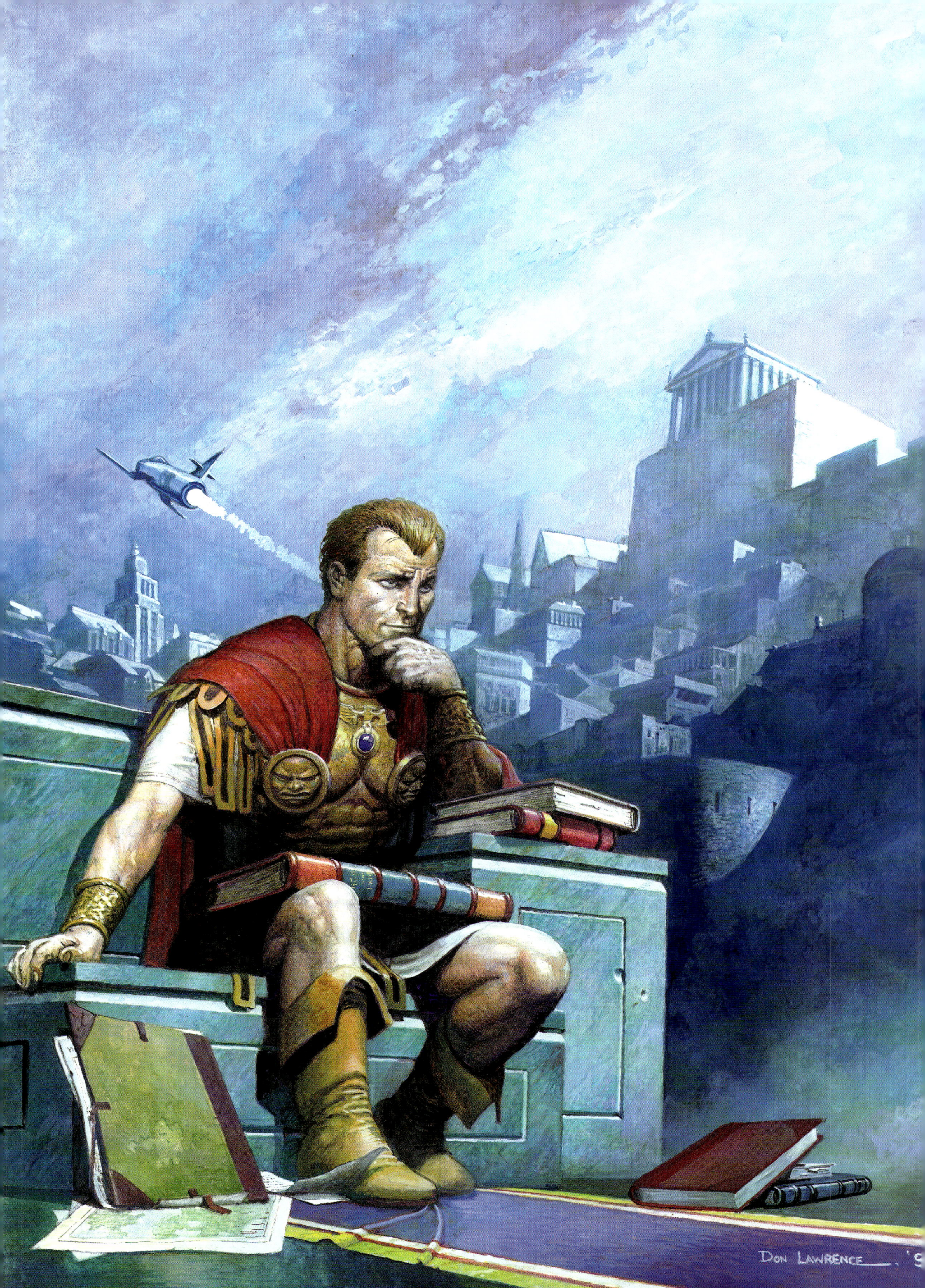
DON LAWRENCE